뿌리부터 이해하는 내러티브 탐구

일러두기

- 인명, 작품명, 저서명, 개념어 등은 한글과 함께 괄호 안에 해당 국가의 원어를 병기했습니다.
- 외래어 표기는 현행 어문 규정의 외래어 표기법을 따랐습니다.
- 각주는 모두 옮긴이가 작성한 것입니다.

뿌리부터 이해하는 내러티브 탐구

비라 케인 · 진 클랜디닌 · 숀 레서드 지음
염지숙 · 김아람 옮김

ㅎ

대한민국, 서울, 학이시습, 2024

뿌리부터 이해하는 내러티브 탐구

지은이 비라 케인 · 진 클랜디닌 · 숀 레서드
옮긴이 염지숙 · 김아람
펴낸이 박영률

초판 1쇄 펴낸날 2024년 8월 30일

학이시습
출판등록 제313-2007-000166호(2007년 8월 17일)
02880 서울시 성북구 성북로 5-11
전화 (02) 7474 001, 팩스 (02) 736 5047
learningbooks@commbooks.com
www.commbooks.com

Narrative Inquiry: Philosophical Roots, First Edition by Vera Caine D. Jean Clandinin and Sean Lessard

ISBN 979-11-288-6576-3

책값은 뒤표지에 있습니다.

역자 서문

이 책은 진 클랜디닌(Jean Clandinin) 교수와 그의 제자 비라 케인(Vera Caine), 숀 레서드(Sean Lessard)가 공동으로 저술한 『Narrative inquiry: Philosophical roots』의 번역서다. 내러티브 탐구라는 용어를 처음 사용하면서 내러티브 탐구 방법론을 발전시키고 연구해 온 클랜디닌 교수는 그동안 단독으로 또는 동료들과 다수의 책을 저술했다. 클랜디닌 교수의 이전 책들이 내러티브 탐구를 방법론 측면에서 다루거나 특정 주제를 다룬 연구서였다면, 이 책은 관계적 존재론에 토대를 둔 내러티브 탐구의 철학적 뿌리를 드러내 보여 준다는 점에서 내용은 물론 구성 방식에서도 전작들과는 확연히 다르다. 이 책에서 '뿌리'는 내러티브 탐구가 시작된 '하나의 근원'을 의미하는 것이 아니라, 내러티브 탐구가 시작되고 발전되어 가는 과정에서 연결되고 생성된 다양한 '뿌리들'을 의미한다. 연구 방법론으로서 내러티브 탐구는 연구 참여자들의 삶, 그리고 여러 학자들의 이론과 만나며 지속적으로 형성되고 재형성되고 있기 때문이다. 이 책은 저자들의 연구와 삶을 통해 이를 생생히 그려 낸다. 저자들은 책의 도입 부분에 자전적인 이야기를 풀어내면서 논의를 펼치는데, 이런 구성은 책에 담긴 아이디어가 자신들의 삶, 역사, 장소, 사회적 관계 등에서 나온 것임을 분명하게 보여 준다.

총 5부 14장으로 구성된 이 책은 장별로 내러티브 탐구에서 중요한 핵심 아이디어를 깊이 있게 다룬다. 책의 서문처럼, 각 장 또한 저자들이 오랫동안 내러티브 탐구를 해 오며 얻은 핵심 아이디어를 잘 보여 줄 수 있는 저자의 자전적 이야기로 시작한다. 그런 뒤에, 각 장의 핵심 아이디어를 저자 자신의 이야기와 연관 지어 내러티브 관점으로 풀어내기 위해 실용주의, 페미니즘, 원주민의 철학을 통해 성취한 연구와 작업을 활용한다. 저자 자신의 앎을 경험과 연결해 설명하고 이론을 끌어오는 저술 방식에서, 내러티브 탐구가 삶의 경험을 지식과 이해의 근원으로 존중하는 방법임을 쉽게 알아차릴 수 있을 것이다. 각 부의 마지막에는 방법론 노트를 수록해, 시리아 난민 가족과 함께한 저자들의 최근 연구를 통해 내러티브 탐구의 핵심 아이디어들을 실제로 연구에서 어떻게 표현해 낼 수 있는지를 보여 준다.

내러티브 탐구를 수행하는 기법, 내러티브 탐구로 논문을 작성하는 절차나 방법 등 기술적인 측면만을 강조하는 것을 우려해 왔던 저자들은, 이 책에서 상상력을 기반으로 즐겁게 노는 모습 자체를 통해 내러티브 탐구의 핵심 아이디어를 독자들에게 제시한다. 이 책에 나오는 저자들의 이야기, 그 이야기를 독자들에게 들려주는 이유, 그 이야기 속에 담겨 있는 다층적이고 복합적인 의미 등을 곱씹으며 읽다 보면 내러티브 탐구가 어떤 것이며, 내러티브 탐구로 연구할 때 어떤 점을 고려해야 하는가를 자연스럽게 배우게 된다.

다양한 분야의 철학자와 수많은 연구 성과를 섭렵하고 있는 이 책을 번역하는 일은 쉽지 않았다. 우리는 저자들의 의도를 충분히 파악하고 그 맥락을 고려하면서 번역하고자 했기에 가능한 한 이 책에서 언급한 모든 이론서, 논문, 문학작품 등을 찾아 읽으려고 애썼다. 내러티브 탐구자들이 지속적으로 개발하여 사용해 온 용어를 그 맥락과 함의까지 담아내며 우리말로 옮기는 일은 간단치 않았다. 각자 맡아 번역한 내용을 한 줄 한 줄 함께 읽어 가며 셀 수도 없이 수정하고 토론했다. 이러한 작업은 때로는 상대방의 의견을 의심의 여지 없이 수용하며, 또 때로는 합의점을 쉽게 도출하기 어려워 인내심을 가지고 협의를 거듭하며 이루어 낸 긴 여정이었다. 이해하기가 어렵거나 맥락을 알기 어려운 부분은 저자와 직접 이메일로 소통하면서 확인하기도 했다. 이런 과정이야말로 우리에게는 이 책에서 다루고 있는 내용의 일부인, 사랑의 인식으로 서로의 세계를 유희적으로 여행하는 것(Lugones, 1987)과 응답 공동체(response community)의 의미를 깨닫고 실천할 기회였다. 번역 프로젝트가 진행되면서, 서로에 대한 신뢰와 존중이 없었다면, 그리고 서로에게 깊이 빚지지 않았더라면 이 번역이 불가능했으리라는 것을 알게 되었다. 또한, 우리는 세 명의 저자들도 우리가 서로에게 느꼈던 신뢰, 존중, 그리고 의지와 협력을 이 책을 저술하는 과정에서 쌓아 갔음을 자연스럽게 알아차릴 수 있었다. 우리는 클랜디닌 교수에게 한국 독자들을 위한 서문을 부탁하면서, 특별히 내러티브 탐구에서 협력의 중요성과 방식에 대해 써 달라고 했고, 저자들은 우리 요청을 흔쾌히 받아들였다. 이러한 연유로 한국 독자들을 위한 서문이 시종일관 '협력'에 관한 내용으로 채워지게 되었다. 본문을 모두 읽은 후 한국어판 서문과 감사의 글을 다시 읽어 보면 그 의미를 더 분명히 이해하게 될 것이다. 아무쪼록 내러티브 탐구자들이 내러티브 탐구의 심오한 철학적 뿌리를 이해하고 연구의 깊이를 더해 가는 데 이 책이 조금이나마 도움이 되기를 바란다. 마지막으로 이 책을 번역하도록 계기를 마련해 주고, 좋은 책을 출판할 수 있도록 애써 주신 홍미소 편집자와 학이시습 관계자 여러분께 감사드린다.

2024년 4월

역자를 대표하여

염지숙

한국 독자를 위한 서문

이 책의 협력적 집필을 위한 현장 노트

한국 독자들을 위한 서문을 요청받았을 때, 우리 세 사람은 이 책을 협력적으로 공동 집필한 방식을 보여 주기로 했다. 이 서문이 한국 연구자들의 관계적 존재론을 토대로 하는 내러티브 탐구와 협력적 연구 활동에 도움이 되기를 바란다.

협력에 대한 우리의 이해는 내러티브 탐구의 관계적 뿌리에서 비롯된다. 우리는 참여자와의 관계를 형성하는 관계적 윤리에 대해 가장 자주 이야기하지만, 동시에 동일한 관계적 윤리가 우리를, 서로 협력하고 아이디어를 공유하는 연구자로서 우리를 형성한다. 협력은 내러티브 탐구자로서 우리 삶의 일부이며 내러티브 탐구 연구의 각 측면을 형성한다. 이렇게 우리는 참을성, 인내심, 호혜성, 상호 존중을 필요로 하는 협력의 삶으로 부름받았다.

우리가 협력적(collaborative) 공동 저술(co-authorship)이라고 하는 것은 협동적(cooperative) 집필과는 상당히 다른 의미를 지닌다. 연구에서 협동적 집필에 참여하는 연구자들은 종종 개요를 결정하고 여러 연구자가 한 절 또는 여러 절의 단독 집필을 책임진다. 각 절을 보다 통일된 전체로 엮어 가기 위해 토론과 대화를 할 수도 있지만, 종종 마치 조각보처럼 개별적으로 수행되고 함께 꿰매는 방식의 작업이 이루어진다.

협력적 공동 저술은 내러티브 탐구의 관계적 존재론적 헌신의 연장선상에 있다. 논문, 책의 일부 장 또는 전체를 쓰는 일은 연구 텍스트의 공동 구성으로 나아가면서 현장 텍스트(자료)를 가지고 계속 함께 작업하는 공유의 과정이다. 이러한 공동의 협력 과정은 우리가 수년 동안 살아온 것으로, 연구 수행과 연구 텍스트 작성에서 우리의 아이디어가 공동 구성되는 과정이다.

이 서문을 쓰기 위해 우리는 이 책의 공동 집필에 대한 기억을 떠올렸다. 우리는 이 책의 협력적 집필 과정에서 각기 다른 시기에 작성된 현장 노트 시리즈로 이 서문을 쓰기로 결정했다. 협력적 집필 과정에서 무엇이 중요했는가를 보여 주기 위해서다.

현장 노트 1: 탐구 장소를 공유하기

> 2023년 12월 어느 날 아침, 우리는 이 서문을 쓰기 위해 다시 연결되었다. 진과 비라는 빅토리아에 있는 진의 집에 있었고, 숀은 줌(zoom)으로 함께했다. 비라는 우리 셋이 마지막으로 진의 집에서 함께 책의 한 장을 쓴 게 언제인지 궁금해했다. 당황한 우리는 기억을 더듬으며 궁금해하기 시작했다. 팬데믹 이전이었을까? 우리가 눈보라를 맞으며 도착했을 때였을까? 그리고 우리는 웃었다. 언제 우리 셋이 모두 진의 집에 모였는지 정확히 아는 것은 그리 중요하지 않았다. 원주민 청소년과 그 가족의 경험에 대한 내러티브 탐구, 유치원에 갈 자녀를 준비시키는 원주민 부모와 조부모의 경험에 대한 내러티브 탐구, 졸업을 앞두고 고등학교를 떠나는 청소년의 경험에 대한 내러티브 탐구, 난민 가족 및 그 자녀들과 함께했던 우리 작업에 대한 내러티브 탐구 등 함께한 수많은 공동 연구 프로젝트를 생각하니 하나의 시기가 다른 시기로 흐릿해진다. 우리의 협력은 15년 전으로 거슬러 올라간다.

우리가 함께한 길고 다양한 역사는 우리가 연구에, 삶의 글쓰기에 참여하는 방식에서 중요한 역할을 한다. 우리 자신의 경험과 다른 사람들의 경험을 탐구하는 방식은 이 책을 쓸 수 있게 해 준 중요한 특징이다. 우리는 여러 연구를 통해 내러티브 탐구의 아이디어와 철학적 작업에 머물러 왔으며, 이러한 아이디어는 확장되어 왔고, 우리가 내러티브 탐구를 방법론과 연구 중인 현상으로 더욱 발전시키도록 했다. 이는 또한 함께 글을 쓰고, 함께 가르치고, 학회와 초청 강연에서 우리 연구와 이해를 발표하면서 우리의 삶과 참여자들의 삶에 주의를 기울일 것을 요구했다. 이러한 아이디어를 유지하는 것 외에도 우리는 서로에 대한 책임, 공동체에 대한 책임, 연구 참여자에 대한 책임, 우리의 관계적이고 개념적인 이해에 대한 책임 등 상호 책임을 공유한다.

현장 노트 2: 상상력을 발휘하여 좋아하는 책과 논문을 재방문하기

진의 집 거실에 앉아 비라는 따스한 햇살을 느낀다. 시간이 지나면서 해가 사라지며 주변에 어둠이 내려앉은 것을 비라는 거의 알아차리지 못했다. 우리는 비라가 비비언 페일리(Vivian Paley)의 책에 빠져드는 모습을 지켜보았다. 비라와 진이 계속 책을 읽는 동안 진은 천천히 책장에서 페일리의 책을 모두 꺼냈다. 비라는 책에서 단어나 문장, 문단을 자주 불러냈다. 그날 오후 비라의 몸과 우리의 대화에는 놀라운 기쁨이 가득했고, 그 기쁨은 지금도 생생하게 느껴진다. 우리는 미국교육연구학회(American Educational Research Association) 학술대회에서 내러티브 특별 관심 그룹(Narrative Special Interest Group) 기조 연설자로 초청된 비비언 페일리의 강연을 들었던 것을 기억해 내며, 자신이 쓴 이야기를 들려주는 페일리의 기쁨, 아이들의 삶을 이해하려는 열정, 끊임없는 호기심을 떠올렸다. 그날 오후, 진의 거실에 앉아서 우리는 놀이성(playfulness)의 중요성을 다시금 깨달았다.[1] 페일리가 저서 『따돌림 없는 교실』[2]에서 소개한 까치는 상상력의 중요성을 일깨워 주는 마법의 새였다. 그날 오후와 저녁, 비라의 마음속에는 유치원 교사였던 어머니와 함께한 유년기의 추억, 유치원 시절의 이야기가 떠올랐다. 그러나 우리의 생각을 형성한 것은 텍스트를 읽고 다시 읽고 싶은 욕구뿐만 아니라 그날 나누었던 대화였다. 우리는 대화를 통해 내러티브 탐구에서 놀이성과 상상력이 어떤 역할을 하는지 생각해 볼 수 있었다.

책과 논문을 다시 읽고, 우리의 아이디어를 형성하는 데 영

---

1) 12장 '놀이성'을 참고하라.

2) 원제는 '놀 수 없다고 말할 수 없다(You can't say you can't play)'다.

향을 준 사람들을 만났던 장소를 은유적으로 여행하는 것은 계속 진행 중인 우리의 작업에서 매우 중요하다. 응답 공동체 내에서, 우리는 놀이성에 참여하고 함께 '다르게' 상상하는 책임의 중요성을 깨달았다. 이는 결국 아이디어를 재방문(revisiting)할 수 있는 열린 공간뿐만 아니라 텍스트와 아이디어에 대한 다양한 이해, 그리고 그 중요성에 도전할 수 있는 공간을 마련하려는 협력에 대한 헌신을 형성했다.

현장 노트 3: 글쓰기에 우리 삶을 가져오기

> 오늘 우리는 진의 거실에 모여 조금 전에 쓴 우리의 경험 이야기를 공유했다. 우리는 각자 글을 읽으면서 서로의 이야기에 귀를 기울였다. 각각의 이야기는 독특했고, 우리 경험의 특수성과 우리 작업과 이론적 개념이 연결된 방식들로 가득했다. 숀이 그의 글을 다 읽었을 때의 침묵은 왠지 모르게 달랐고, 우리는 모두 오랫동안 앉아 있던 몸을 움직여 주변을 산책할 시간이 되었다는 것을 느꼈다. 현관에 서서 우리는 모자, 부츠, 코트를 착용했다. 동네로 나가면서, 우리는 나란히 걸었다. 숀은 자신이 아버지에 대한 이야기를 쓴 적이 없었다는 사실과, 아버지가 자신을 위해 아이스링크를 만든 이야기를 조용히 들려주

> 었다. 숀이 그 이야기를 읽을 때, 우리 세 사람은 모두 눈물을 흘렸다. 그 산책은 숀의 자전적 이야기가 내러티브 지식의 체현에 대한 그의 이해를 어떻게 형성했는지 생각해 볼 수 있는 시간이 되었다. 우리는 숀이 자신의 글을 공유할 때 그의 몸에 흐르는 긴장을 감지했고, 함께 걷고 이야기하면서 시간, 장소, 관계에 대해 내러티브적으로 사고한다는 것이 무엇을 의미하는지에 대한 연결고리를 보기 시작했다. 돌아와서 거실에 다시 마주 앉은 우리는, 숀의 아버지에 대한 이야기가 생생하게 살아나고, 숀의 스케이트가 얼음 위를 미끄러지는 소리가 들리고, 이른 아침 고요한 스케이트 소리가 들리는 등 우리의 이야기가 살아 숨 쉬는 공간을 만드는 것이 중요하다는 사실을 깨달았다.

함께 있고, 산책을 하고, 식사를 하며 대화를 나누는 것은 협력적 집필의 중요한 측면이 되었다. 우리 작업에는 글쓰기 시간을 허용하는 리듬이 있었고, 무엇보다도 대화와 침묵을 위한 시간이 많았다. 이러한 시간을 통해 산책, 대화, 침묵, 글쓰기가 서로에게 탐구와 배움의 과정이 되는 탐구에 대한 감각, 새로운 배움의 감각이 생겼다. 때로는 현장 노트에 적힌 이야기처럼 우정의 윤리가 깃든 방식으로 서로의 삶에 관심을 기울이도록 하는 이야기들이 남아 있기도 했다.

응답 공동체 내에 중첩된 협력적 집필

서문의 현장 노트에는 응답 공동체의 다양한 특성이 포함되어 있다. 우리에게 응답 공동체는 내러티브 탐구와 협력적 집필의 중심이다. 응답 공동체 내에서 살아가는 것은 우리에게 되기(becoming)의 공간이자 협력의 의미를 숙고해 볼 수 있는 공간을 제공한다. 우리가 함께 일하는 방식의 과정에 초점을 맞추고, 연구에서 우리가 누구이며 서로 어떤 관계를 맺고 있는지를 고려하는 것이 중요하다. 응답 공동체에 긴밀히 참여하면 시간을 초월한 우리의 관계, 아이디어에 대한 지속적인 탐구, 협력이 우리의 지속적인 삶을 어떻게 형성하는지에 주목하게 된다. 이러한 협력 과정을 통해 우리는 복잡한 이론적, 철학적 아이디어로 사고하고 내러티브 탐구를 형성하는 것이 무엇인지를 보다 선명하게 가시화할 수 있다. 서로 함께하는 우리의 협력 작업은 우리 연구와 연구 중인 현상을 형성하는 이론적 아이디어의 깊이를 강조하는 데서 중요했다.

우리의 오랜 동료인 염지숙 교수와 내러티브 탐구에 많은 관심을 갖고 있는 김아람 박사가 이 책의 번역을 위해 열심히 함께 노력한 것을 알고 있다. 두 학자의 열정과 노력에 깊이 감사드린다. 내러티브 탐구에 관심이 있는 한국 연구자들이 내러티브 탐구에 즐겁게 참여하면서 새로운 가능성을 열어

가는 데 이 책이 도움이 되기를 바란다.

2024년 1월
캐나다 빅토리아에서
비라 케인, 진 클랜디닌, 숀 레서드

감사의 글

이 책은 우리가 내러티브 탐구를 현상이자 방법론으로 발전시키고 실천하기 위해 노력하면서 수년 동안 우리 마음속에 품어 온 것이었다. 이 저술 작업은 마이클 코넬리와 진 클랜디닌이 ≪교육 연구자(Educational Researcher)≫에 "경험 이야기와 내러티브 탐구(Stories of experience and narrative inquiry)"라는 논문을 발표한 이후 우리가 30년 넘게 읽어 왔던 많은 책과 논문들을 다시 읽고 다시 살펴볼 기회가 되었다. 오래된 참고 문헌을 찾고 책장에서 책을 찾는 일은 활기차고 창조적인 과정이었다. 우리는 잊고 있던 구절을 다시 읽으며 "이것 좀 들어 봐" 하며 서로를 불렀다. 여러 날 동안 우리는 오랜 친구와 대화를 나누는 듯한 기분을 느꼈다.

운 좋게도 우리는 이 책을 집필하는 3년 동안 캐나다 서부 해안에 있는 진의 집에서 많은 날을 함께 보낼 수 있었다. 거의 매달 정기적으로 함께 집중적으로 글을 쓰는 날이 있었다. 이 집필 수련회 기간에, 우리는 진행 중인 우리 삶의 한가운데에서 읽고, 쓰고, 말하고, 걷고, 함께 식사를 나누었다.

우리는 연구자와 교사로서 우리 삶에서 중요한 것을 다른 방식으로 상상했다. 우리는 각자에게 응답과 공동체의 문제가 얼마나 중요한지 알고 있다. 또한 우리 삶과 다른 사람들의 삶에 관심을 기울이는 것이, 삶을 내러티브적으로 사고하고 내러티브적으로 연구하는 것이 무엇을 의미하는지 상상할 가능성을 만들어 낸다는 것을 알고 있다. 코로나19 팬데믹 속에서 글쓰기를 지속하는 방법을 찾는 것은 어려운 일이었지만, 우리가 이 작업을 함께할 수 있어 다행이었다. 팬데믹 기간에 오랜 친구들을 은유적으로 방문함으로써 우리를 지탱할 수 있었고, 과거를 돌아봄으로써 미래를 바라볼 수 있었다.

이 책에서 우리는 내러티브 탐구의 이론적 토대에 주목했지만, 수년에 걸쳐 다양한 참여자들과 함께한 오랜 기간의 연구 없이는 이 책을 쓸 수 없었을 것이다. 이를테면, 졸업하기 전 학교를 그만둔 청소년, 시리아 난민으로 캐나다에 온 부모와 자녀들, 앨버타대학교(University of Alberta) 아트클럽에서 알게 된 원주민 청소년과 가족, HIV[3] 양성 판정이라는 어려운 상황 속에서 삶을 구성하고 있던 젊은 여성, 한 비영리 기관('Growing Young Movers') 활동에 참여한 원주

3) HIV(Human Immunodeficiency Virus)는 후천성면역결핍증(AIDS)을 일으키는 원인 바이러스다.

민 청년, 자녀를 도시 학교 부설 유치원에 보내기 위해 준비시키던 원주민 어머니와 할머니, 경력 초기에 교직을 떠난 교사, 불안정한 주거 환경에서 생활하는 여성과 어린이들과 함께 일했던 사람 등이다. 연구 참여자들 중 많은 이들의 소식을 아직도 듣고 있으며, 우리가 그들의 삶에 존재하듯 그들 또한 우리 삶 속 인물들이 되어 우리를 형성하고 우리로 하여금 내러티브 탐구를 더 깊이 이해할 수 있게 해 주었다.

우리는 다양한 연구 프로젝트에 참여하며 지역사회 구성원들과 원주민 원로들, 특히 우리가 함께 배울 수 있는 공간을 기꺼이 마련해 준 원로 이자벨 쿠트네이(Elder Isabelle Kooteney)에게 많은 것을 배웠다. 우리가 연구 참여자들과 함께 연구할 때, 그들은 우리에게 이론에 대한 그들의 살아있는 지식을 공유해 주었다. 그들은 은유적으로 그리고 실제로도 우리를 집으로 데려갔다. 우리는 아름다운 시골 풍경에 둘러싸인 식탁에 함께 앉아서, 그리고 긴 침묵의 산책을 함께 하며 배웠다.

우리는 또한 앨버타대학교와 전 세계 다른 대학의 많은 대학원생과 함께 일하며 지속적으로 새로운 아이디어, 경이로움과 독서를 공유하는 축복을 누렸다. 그들은 우리와 많은 대화를 나누며, 내러티브적으로 사고한다는 것이 무엇을 의미하는지 고민하도록 했다. 또한 우리는 내러티브적으로 사고하기에 대한 우리의 열정을 공유하는 여러 장소에서 동료들을 만나고 함께 일했다. 이들 중 다수는 우리의 소중한 친구이기도 하다.

우리는 수년 동안 여러 프로젝트로 연구비를 지원받았다. 특히 캐나다 사회과학 및 인문학 연구위원회(Social Sciences and Humanities Research Council of Canada), 캐나다보건연구소(Canadian Institute for Health Research), 앨버타 지역사회 · 아동 · 가족 연구센터(Alberta Centre for Community, Child, Family and Research, 현재 Policy Wise), 여성과 아동 건강 연구소(Women's and Children's Health Research Institute), 우리 본교인 앨버타대학교에서 지원을 받아 왔다. 또한 블룸즈버리출판(Bloomsbury Publishing)의 마크 리처드슨(Mark Richardson)과 이밴절린 스탠퍼드(Evangeline Stanford)의 친절한 지원에 감사를 전한다.

언제나 그렇듯이 우리의 가족, 특히 복잡한 세상에서 자신의 삶을 협상해 가는 동안 그 이야기에 귀 기울일 수 있도록 지속적으로 영감을 주는 자녀와 손주들에게도 감사의 마음을 전한다.

차례

2부 시간성

3부 전경 안팎에서 살아가기

4부 상상력, 탐구, 경이로움과 놀이성: 리미널리티와 불확실성으로 들어가기

5부 관계성

도입

우리는 함께 모여 앉아 이 책에 대한 아이디어를 꿈꿨다. 우리 생각, 삶, 글을 모아 내러티브적으로 사고하기의 일부이자 필수인 것에 대한 이야기를 들려주는 꿈이었다. 우리가 꾸는 꿈은 방법론에 대한 문제와 특정 연구 프로젝트, 특정 연구 퍼즐에 초점을 맞춘 작업과는 다소 다른 방식의 글쓰기를 요구한다. 이 책에서 우리는 내러티브 탐구의 중심 아이디어, 즉 많은 연구 프로젝트에 참여한 여러 참여자와 함께 생활하고 탐구하면서 얻은 아이디어뿐만 아니라 다양한 학문과 직업, 다양한 국가적 맥락과 시대적 배경을 가진 학자들의 연구를 읽으면서 떠오른 아이디어로 돌아간다. 이 책에서 우리 목표는 방법론이자 현상으로서 내러티브 탐구의 철학적 뿌리를 가시화하는 것이다. 이러한 핵심 아이디어를 각 장에서 다룬다. 따라서 이 책 전체를 통해 내러티브 탐구의 철학적 아이디어를 볼 수 있을 것이다. 각 장의 끝에는 방법론 노트를 실어 방법론으로서 내러티브 탐구와 우리 사고의 연결고리 및 관련성을 보여 줄 것이다.

지금, 왜 이 책인가?

이 책을 쓰게 된 이유를 추적하면서 우리는 여러 가지에 이름을 붙였다. 지금까지 수년간, 우리는 내러티브 탐구 연구에 참여하며 연구 중에 있는 현상을 내러티브라고 명명해 왔다. 우리는 그 과정에서 많은 것을 배웠고, 이 책에서는 우리가 연구자로서 성장하고 내러티브 탐구 분야를 발전시키기 위해 노력한 방식뿐만 아니라 우리의 철학적 뿌리를 추적한다. 우리는 대학원생에게 철학적 작업이 중요하다고 굳게 믿지만, 대학원생이 철학적 독서를 접할 기회는 거의 없다. 지난 수년 동안 우리의 일을 변화시키고 의도적이든 아니든 우리가 시간을 보내는 방식을 지배해 온 학술 기관과 연구비 지원 기관에서는 더 큰 내러티브가 작용하고 있다. 이는 업무 방식의 변화, 성과 측정에 대한 압박의 증가, 더 이상 호기심에 의해 주도되지 않는 연구 어젠다 등에서 종종 드러난다. 우리에게 철학을 한다는 것은 지식(넓은 의미로 이해되며, 2장에서 다시 다룰 것이다)과 탐구에 대한 애정, 즉 세상에 존재하고 우리 자신의 삶은 물론 우리와 교류하는 사람들의 삶을 형성하는 아이디어에 참여하는 것을 말한다. 수년 동안 우리는 경험을 이해하는 방식뿐만 아니라 경험에 대한 사고의 실제적인 결과를 형성하는 삶의 철학(philosophy of life)과 윤리철학(philosophy of ethics)에 특히 관심을 가져 왔다.

내러티브 탐구의 철학적 뿌리에 대해 글을 쓰면서 직면하는 어려움 중 하나는 내러티브 탐구의 시작점이 사람들의 경험에 있다는 점을 놓쳐서는 안 된다는 것이다. 경험은 내러티브 탐구의 시작과 끝이 되는 곳이다. 경험에는 언제나 삶(life)과 생활(living)의 복잡성이 엮여 있다. 우리가 경험의 한 측면만을 다룰 수는 없다. 그 경험을 하고 있는 개인에게 해를 끼치지 않고 경험의 나머지 측면, 삶의 나머지 부분을 제쳐 놓을 수는 없기 때문이다.

예를 들어 우리가 정체성, 공동체, 상상력 등과 같은 개념에서 시작한다면 그 개념이 펼쳐질 것이고, 그 개념의 복잡성, 그리고 아마도 그 개념이 경험 속에서 살아 있는 방식에 이르는 데까지 이어질 것이다. 개념은 정리의 틀을 제공한다. 개념은 경험을 이해하기 위한 출발점으로 배치되어 특권을 누린다. 내러티브 탐구자로서 우리의 임무는 상당히 다르다. 개념을 먼저 파악한 다음 경험에서 '그것'을 볼 수는 없다. 우리는 경험에서 시작해 처음에는 복잡하게 얽혀 있는 실타래를 보며, 각각의 실타래가 중요하고 해결할 필요가 있다는 것을 안다. 그러나 경험의 실 한 올을 뽑아내면 언제나 나머지 경험도 함께 존재한다는 것을 알게 된다.

그런 점에서 이 책은 특히 집필하기 어려웠다. 개념을 먼저 선택한 다음 경험을 이해하는 데 그 개념을 적용할 수도 없고, 특정 학문 분야의 이론가나 이론가 집단을 선택할 수도 없기 때문이다. 그럼에도 우리 임무는 우리 작업이 얼마나 이론적인지, 다양한 이론가들과 그들의 저술이 현상과 방법론으로서 그리고 윤리로서 내러티브 탐구를 발전시키는 데 어떻게 기여했는지 보여 주는 것이다. 우리는 페미니스트 학자, 실용주의 철학자, 저항의 철학을 포함한 다양한 이론적 출처에서 개념과 아이디어를 도출한다.

우리가 대규모 대학원 과정이 있는 연구 중심 대학에서 가르치고 있다는 점을 감안해, 대학원생과 그들이 소속된 지적 공동체에도 세심한 주의를 기울였다. 점점 더 많은 대학원 과정에서 학생들이 실질적인 분야의 지식을 습득하고 졸업하는 것뿐만 아니라, 연구비를 지원받을 수 있는 연구 과정을 선택하는 것에 관심을 기울인다는 것을 알고 있다. 이는 종종 연구 방법론과 실질적인 탐구 영역이 위계적으로 조직되거나 서로 대립하는 것을 의미한다.

갈수록 더 많은 학생과 신임 교수진이 연구 중인 현상과 방법론의 철학적 뿌리를 탐구하는 것을 외면하는 모습을 본다. 또한 학계에서 종종 연구를 방법론에 초점을 맞춘 기술적 연습으로 만드는 경향에 대해서도 깊이 우려하고 있다. 학계와 공공 영역 모두에서, 세상을 생각하고 보는 다양한 방식에 대해서뿐 아니라 방법론적으로 전환하는 방식에 대한 철학적 논의가 부재하다. 우리는 존재론과 인식론의 문제를 너무 자주 간과한다. 또한 실질적인 질문에만 집중하여,

탐구를 형성하는 철학적 토대와 관심에 대한 호기심이 부족하다고 느낀다. 기술적인 것(technical), 교훈적인 것, '연구하는 방법'으로 관심의 방향이 전환되고 있다. 다른 연구자들도 여러 학문 분야와 글로벌 맥락에서 비슷한 고민을 하고 있다는 것을 안다. 이 책에서는 내러티브 탐구의 핵심 아이디어, 즉 이론적 이해와 실천적 이해에 기반한 아이디어를 가시화함으로써 이러한 우려에 대응하고자 한다.

내러티브 탐구의 존재론적, 인식론적 토대를 가지고 사고하면 복잡하고 상호 연결된 세계에 대해 생각할 가능성이 열린다. 우리는 기술적인 접근에 저항하며 경험을 이해하고 의미 있게 만드는 데 도움이 되는 철학적 아이디어로 사고하는 방법을 제시한다. 오랜 시간에 걸쳐 다양한 학술적 글을 지속적으로 집필하면서, 기술적인 것으로의 전환에 저항하고 표준화된 프로토콜과 면담 일정 및 분석 과정을 갖춘 연구 방법론으로서 내러티브 탐구의 기술적 수행에 초점을 맞추는 것에 저항해 왔다. 이러한 저항은 내러티브적으로 이해되는 경험에 초점을 맞추는 것이 연구 중에 있는 현상을 내러티브적으로 이해하는 것임을 스스로 상기하는 데서 비롯된다.

내러티브 탐구자로서 우리 관심은 삶, 결과적으로는 경험에 초점을 맞춘다는 점에서 가장 강하게 드러난다. 이론을 경험, 삶, 실천과 반대 또는 대조되는 위치에 놓을 수도 있지만 우리는 이론이 그와 훨씬 더 긴밀하게 연관되어 있다고 본다. 이 책을 통해 우리가 아이디어를 가지고 어떻게 생각하는지, 탐구를 하면서 어떻게 유희적으로 작업하는지, 연구자로서 우리 아이디어와 경험이 시간이 지남에 따라 어떻게 전개되는지 가시화할 수 있기를 바란다.

책 소개: 자서전적 기원

이 책에 대한 아이디어는 학계뿐만 아니라 우리 연구에 참여하고 여러 방식으로 가능성을 실현하도록 도와준 사람들과 공동체와의 관계 속에서 수년에 걸쳐 성장했다. 이 책에서 우리는 아이디어에 대한 글만큼이나 삶을 살아가는 방식에 대한 글도 많이 썼다. 미래 지향적인 이야기를 만들기 위한 하나의 방법으로 지금 우리 아이디어와 삶에 대해 글을 쓰지만, 우리가 생각하게 된 아이디어는 역사, 장소, 우리가 살아온 사회적 맥락에 큰 영향을 받았다는 사실을 안다. 한 걸음 앞으로 나아가는 것은 과거를 돌아보고 아이디어와 그 아이디어를 형성한 사람 및 장소와의 초기 관계를 떠올리게 하는 선물을 제공한다.

> 엄마, 아빠의 하얀색 작은 차는 정말 대단했다! 주말과 저녁이면 뒷좌석에 최대한 많은 아이를 태우고 도예 수업에

가거나, 호수로 변한 동네 웅덩이에서 수영하기처럼 모험과 재미가 있는 장소로 우리를 데려다준 차였다. 우리는 그렇게 돌아다녔다! 매주 이모네 집에서 열리는 가족 모임에도 이 차를 타고 갔는데, 내 기억 속에서 그 모임은 지금의 나를 상당 부분 형성한 멋진 모임이 됐다. 그 하얀색 작은 차를 생각하면, 그 차에 무슨 일이 있어 우리가 더 이상 그 차를 타고 다니지 않게 되었는지 기억이 나지 않는다. 차에는 라디오가 있었고, 나이를 먹으면서 부모님께 라디오를 켜 달라고 자주 부탁했던 기억이 나는데, 항상 돌아오는 대답은 "노래를 부르는 곳이 우리가 있을 곳이야. 악한 사람에겐 노래가 없지"였고, 아버지는 항상 "라디오는 악한 사람 것이다"라고 덧붙이곤 하셨다.[4] 라디오는 한 번도 틀어 본 적이 없는 것 같고, 대신 라디오를 틀어 달라고 할 때마다 부모님이 노래를 부르셨다. 약간의 망설임과 눈짓 끝에 우리는 모두 함께 노래를 불렀다. 목적지에 도착할 때까지 계속 불렀다. 아마도 오빠, 여동생, 나 모두 악한 존재로 여겨지기를 원치 않았을 것이다. 지금도 그 노래가 생각나고, 가사가 여전히 공중에 떠 있는 것 같다. 노래에 대한 아버지 말씀에 함축된 의미는 노래가 사회적 관계를 불러일으키고 촉진한다는 것이었다.

4) 원서에는 따옴표 안의 문장이 독일어로 되어 있다.

여러 사람의 목소리, 리듬, 가사, 소리에 주의를 기울여야 했지만 더 중요한 것은 서로에게 주의를 기울여야 한다는 것이었다.

사회적 관계의 중요성은 일찍부터 비라에게 심어졌고, 비라는 가족으로서 자신이 하는 일상적인 일 속에서 이를 살아냈다. 그것은 사회적 관계가 행동 속에서 형성되며 헌신이 필요하다는 인식을 비라의 삶에 일찌감치 심어 주었다.

열일곱 명의 학생이 사망한 플로리다주 파크랜드고등학교 총격 사건이 발생한 목요일 오후, 나는 미국 주요 도시와 접한 학교에서 3학년 손자의 교실에 앉아 있었다. 학교는 봉쇄 훈련을 하고 있었고 나는 학교 방문자로서 선생님과 8, 9세 어린이 20여 명과 함께 교실에 있었다. 문을 잠그고 불을 끄고 창문을 닫은 후 카펫이 깔린 작은 공간에 모인 어린이들에게 선생님은 조용히 하고, 몸을 가만히 두고, 창문에서 멀리 떨어져 있고, 바닥에 몸을 낮추고, 해를 입히려는 사람의 눈에 띄지 않도록 노력하는 것이 중요하다고 이야기했다. 나도 바닥에 앉아 누가 총기를 소지해야 하는지와 총격범이 학교에 왔을 때 어떻게 해야 하는지 답하려고 노력하는 선생님을 조용히 지켜보았다. 나는 어린이들의 두려움과 불안감을 느꼈고 선생님이 직면한 상황의 심각성을 깨달았다. 무슨 일이 일어날지 모른다는 공포를 느끼며 조용히 앉아 있는 동안 나는 교사의 책임, 반 친구들에 대한 각 어린이의 책임, 서로에 대한 관계에서 우리 각자가 짊어진 책임에 대해 생각했다.

조용히 학교를 빠져나오는 동안 그 순간이 오래도록 기억에 남아 있었다. 내 생각은 캐나다 서부 시골 마을에 있는 작은 자급자족 농장에서 보낸 어린 시절로 거슬러 올라갔다. 부모님은 땅과 동물, 내 주변에 사는 사람들과 함께 책임감 있는 삶을 살았고, 나에게 그런 책임감 있는 삶을 살도록 가르치셨다. 이웃이 배고프면 우리 가족은 빈약한 식량을 끌어모아 음식을 나눴고, 시골길에서 동물이 위험에 처하면 길에서 벗어나도록 도왔고, 부모님은 농작물이 잘 자라지 않으면 밭의 지력을 유지하기 위해 돌려짓기를 하셨다. 나는 나와 내 가족에게 옳고 최선인 것에만 집중하는 것이 아니라 다른 사람에 대한 책임감을 가지고 더 큰 공동체의 일원으로 살아가도록 배우며 자랐다. 그 책임감의 일부에는 무언가를 해야 할 때 행동을 취하는 것이 포함되었다. 무엇을 할 필요가 있는지, 무엇을 해야 하는지를 아는 것만으로는 충분하지 않았다. 책임감 있게 산다는 것은 무언가를 해야 한다는 것을 의미했다. 나 자신을 넘어 내가 살고 있는 지역사회의 사람들을 위한 행동이 요구됨에도 행동하지 않는 것, 계속되는 삶에 변화를 가져오는 무언가를 하지 않는 것은 선택 사항이 아니었다.

나는 손자의 학교 선생님이 어린이들에게 전한 메시지, 즉 위험에 처할 수 있는 순간에는 자신과 타인을 책임져야 하며, 조용히 해야 하고, 학급에 주의가 쏠리지 않도록 떠들거나 움직이지 않아야 한다는 메시지를 다시 한번 생각했다. 나는 그 메시지가 마음에 들었지만, 공포와 상상 속 장면들이 계속 머릿속에 빠르게 스며들었다. 어린 시절에 형성된, 나의 살아가고자 하는 이야기[5]는 나에게 주변 사람들과의 상호 연결과 책임, 그들에 대한 책임감을 깨닫게 해 주었다. 지금 이 순간 나의 책임은 무엇이고, 누구에 대한 책임일까?

---

5) '살아가고자 하는 이야기(stories to live by)'는 정체성에 해당하는 내러티브 용어다. 코넬리(Michael Connelly)와 클랜디닌은 여러 학자와 집필한 책 『전문적 정체성 형성하기(Shaping a professional identity)』(1999)에서 교사의 일하는 삶이 이야기에 의해 형성되며, 살아가고자 하는 이야기가 교사의 정체성을 구성한다고 주장한다. 클랜디닌(Clandinin, 2013/2015)은 살아가고자 하는 이야기 개념이 우리 각자가 살아내는 이야기와 우리가 누구인지, 어떤 사람이 되어 가고 있는지에 대한 이야기를 할 수 있게 해 주며, 이는 시간이 지남에 따라 다양한 관계와 다양한 전경 속에서 여러 줄거리를 중심으로 삶을 구성하고, 살아내고, 이야기하는 우리 각자의 삶의 다양성을 강조하는 개념이라고 설명한다(Connelly & Clandinin, 1999; Clandinin, 2013/2015).

가족과 농촌 공동체에서 보낸 어린 시절부터 현재 손자와 함께 학교에서 보내는 시간까지, 진의 이야기를 통해 책임감이 그의 삶을 어떻게 형성해 왔는지 알 수 있다.

"길에서, 길고 좁은 길에서, 나는 물이 흐르는 곳으로 돌아간다." 나는 이 짧은 문장을 검은색 여행 일기장에 몇 번이고 반복해서 적었다. 비행기에서나 자동차 여행 중에도 연필을 손에 들고 같은 지점에서 글을 쓰기 시작한다. 그때마다 첫 줄은 다양한 방향으로 확장되어 여러 페이지를 채우기도 하고, 부분적인 단어 스케치만 남기기도 한다. 나는 호수의 얼음이 깨지고 물이 여러 길로, 급류한다고 알려진 데로 흐르기 시작하는 봄에, 원주민 공동체로 귀향하는 것의 중요성을 상기하기 위해 이 글을 시작한다.

수년 동안, 매해 나는 이곳을 기리고 공동체와 함께 모이기 위해 고향으로 긴 여행을 떠난다. 곧게 뻗은 대초원 도로와 넓은 들판을 지나 좁은 자갈길로 바뀌는 지형의 변화에 주목하며, 나는 북부 서스캐처원의 고향 마을에 가까워진다. 집에 가까워질수록 길 양옆으로 소나무의 포근함이 나를 반겨 주며 오랜 시간 동안 알게 된 또 다른 친숙한 장소로 나를 맞이한다. 사색에 잠길 수 있는 시간을 제공하는 이 자동차 여행이 즐겁고, "길에서, 길고 좁은 길에서"의 첫 부분이 구체화되기 시작한다. 구체화될수록 나는 그 의미가 더욱 풍성해지는 것을 느낀다.

이 자동차 여행과 지형의 변화는 내 안의 무언가를 변화시키고 나를 중요한 경험으로 이끈다. 나는 이 여행에서 종종 이곳에 존재하는 이야기들을 궁금해한다. 나는 나무와 숲을 생각한다. 눈이 녹기 시작하고 얼음이 깨지기 시작하는 이맘때면 엘크, 곰, 순록, 늑대 등 많은 동물의 움직임이 달라지기 시작하는 모습을 상상해 본다. 이곳에는 모든 것을 변화시키는 계절적 표시(marker)가 있다. 나는 이 장소의 일부인 조상과 관계들을 더 명확하게 생각한다. 나무에서 나를 지켜보고 있을 조상들을 떠올리고, 이런 생각을 하다 보면 이곳에서 조상들의 삶이 어땠을지 궁금해지기 시작하며, 상상력을 발휘해 여행을 떠나게 된다. 숲속 미로로 어떻게, 그리고 어디로 이동했을지 궁금해진다. 도시와 도시 전경에서 벗어나 이 의미 있는 장소와 다시 연결되기 시작하면서 나는 이 변화의 경험을 즐긴다. 지난 몇 년 동안 나는 이 급류와 고향 여행의 중요성을 이해하게 된 새로운 여행자들, 내 두 딸과 함께했다.

나는 내 경험과 이야기를 형성하는 중요한 장소를 강조하기 위해 이 내러티브를 공유한다. 이러한 회고의 순간들은 내가 알고 있는 것보다 더 많이 내 안에, 심지어 내가 현재 구성하고 있는 도시 생활 속에도 존재한다. 아마도 눈이 녹고 지난 계절에 노란 짚처럼 덮여 있던 것 사이로 초록색 풀이 돋아나기 시작하는 모습이 내 안에서 이 기억을 떠올리게 하는 것 같다. 그것은 다시 '물이 흐르기 시작하는 때'라는 지리적 알림이자 감각적 표시다.

숀의 경험을 통해 우리는 장소와 기억의 연결이 얼마나 중요한지 알 수 있다. 이는 이야기가 장소에 존재함으로써 사람들의 기억에 어떻게 심어지는지를 볼 수 있기 때문에 내러티브 탐구에서 특히 중요하다.

이 짧은 단편(fragments)[6)]들을 공유함으로써 우리는 각자가 어떤 사람인지에 대한 감각을 제공하고, 우리의 철학적 전념에 대한 이해를 돕고자 한다. 이 단편들은 우리 삶의 부분이며 우리가 어떻게 그 글을 구성하게 되었는지 보여 준다. 또한 연구자나 방법론가가 아니라 사람으로서 살아온 우리 삶이 만들어 낸 이야기다. 우리는 우리 삶이 장소와 시간

---

6) 이 책 다른 장이나 저자들의 다른 책에서는 'story fragments', 'narrative fragments', 'fragments of narrative accounts'의 표현도 쓰인다. 내러티브 탐구에서 연구저널이나 현장노트 같은 현장 텍스트의 일부분 또는 때때로 중간 연구 텍스트의 형태를 갖춘 이야기의 일부를 지칭한다. 여기서는 더 긴 내러티브의 일부분을 의미하도록 'fragments'를 단편, 'story fragments'를 이야기 단편으로 번역했다(Clandinin, 2013/2015; Clandinin, Cain, Lessard, & Huber, 2016 참고).

뿐만 아니라 더 큰 사회적, 문화적, 가족적, 제도적 내러티브에 의해 형성된다는 점을 알고 있다.

실용주의, 페미니즘, 원주민 아이디어 안에 위치하다

우리가 어떤 사람인지, 우리의 삶 만들기(life-making)가 실용주의 철학에 부합하는 아이디어에 도달하는 데 어떤 영향을 미쳤는지 독자들이 이해할 수 있도록 의도적으로 간단한 자서전적 단편으로 시작했다. 그러나 개인적 삶의 이야기로만 보일 수 있는 것이 더 큰 사회적, 문화적, 제도적 내러티브에 깊이 뿌리를 두고 있다는 점을 분명히 하고자 한다. 에린 매키나(Erin McKenna)와 스콧 프랫(Scott Pratt)의 연구는 우리 삶을 형성하는 더 큰 사회적, 문화적 내러티브를 파악하는 데 도움이 될 수 있다.

『미국 철학: 상처 입은 무릎에서 현재까지(American philosophy: From wounded knee)』(McKenna & Pratt, 2015)라는 책은 우리를 낳은 더 큰 내러티브가 철학적 내러티브라는 것을 알게 해 주었다. 저자들은 1894년부터 현재까지 미국 실용주의 철학의 역사를 추적했다. 그들은 철학적 고찰이 정치적, 사회적 행동과 사건에 얼마나 깊이 얽혀 있었는지 보여 준다. 우리는 미국이 아닌 캐나다와 독일에서 생활했기 때문에 그 책을 읽으면서 익숙하지 않은 국가적 사건과 사람들 속에 있는 우리 자신을 발견했다. 캐나다, 독일 및 기타 지역의 다양한 장소와 사람들도 우리의 이해를 형성했다. 이 책을 쓰면서 우리는 익숙한 사건, 사람, 장소를 끌어들이려고 노력했다.

『미국 철학』에서 제인 애덤스(Jane Addams), 키킹 베어(Kicking Bear), 존 듀이(John Dewey) 등과 같은 초기 철학자들은 우리 상상력을 즉시 사로잡았다. 애덤스와 헐하우스(Hull House),[7] 샬럿 길로이 퍼킨스(Charlotte Gilroy Perkins)의 삶과 업적을 읽으면서 우리는 그들이 공동체, 책임, 젠더, 포용, 보다 공정한 목적을 향한 사회적 행동에 관한 철학적 사상을 바탕으로 삶을 만들어 가는 데서 무엇이 중요한지 생각하는 방식에 매료되었다. 우리가 듀이와 애덤스 시대에 살았다면 그들의 실용주의 철학에 부합하는 방식으로 우리 삶을 형성했을지도 모른다는 사실을 깨달았다. 우리는 그들의 생각과 삶을 만들어 가는 방식이 우리 생각과 공명한다고 느꼈다. 우리는 도덕적 책임감, 사람들과 그들의 삶에 대한 헌신에 공명감을 느끼며 삶을 구성해 왔다. 책 속의 철학자들이 철학적 입장에 기반한 행동으로 사회적, 정치적 결과에 직면했듯이, 우리 역시 우리가 하는 일이 실제 삶에 가져올 결과

7) 애덤스가 1989년 시카고에 세운 복지 시설이다.

를 인식하면서, 다른 가능성을 가진 다양한 공간을 만들기 위해 고군분투하는 '그렇지 않으면(otherwise)'[8]의 감각을 가지고 살아왔다.

시간적으로 우리는 『미국 철학』과 관련해 논리적 실증주의(logical positivism)와 미국식 경험주의(empiricism)가 부상한 제2차 세계대전 이후 몇 년 동안의 삶을 살펴본다. 그러나 그 책의 저자들이 1800년대부터 현재에 이르기까지 오랜 시간에 걸쳐 반향과 반복을 거듭한 이론을 제시했다는 점을 안다. 제2차 세계대전 이후 전쟁 및 국가 징치와 맞물려 오랫동안 이어져 온 철학적 논쟁을 읽으면서, 우리는 "언어의 형식적 논리 구조를 분석하는 데 초점을 맞춘 중립적 방법(neutral method)에 대한 비전을 행동주의(activist) 철학의 비전"(McKenna & Pratt, 2015:157)이 대체했다는 점에 주목한다. 우리는 이러한 철학적 전통이 자리를 잡아 가고 있음을 알 수 있었다. 우리가 연구자로 일을 시작할 무렵에는 캐나다 주요 대학 철학과에서 이러한 전통이 자리 잡고 있었다. 논리적 실증주의로의 전환은 엘런 라그만(Ellen Lagemann)의 고전적인 저서(Lagemann, 1989)에서 이미 읽은 적이 있다. 그는 "20세기 미국 교육의 역사를 이해하려면 에드워드 엘 손

8) 이 책에서 'otherwise'는 문맥에 따라 그렇지 않으면, 다르게, 다른 가능성, 다른 것 등으로 번역했다.

다이크(Edward L. Thorndike)가 이기고 존 듀이가 졌다는 사실을 깨달아야 한다"(Lagemann, 1989:185)고 말했다.

객관성과 중립성이라는 철학적 담론에서 우리 자신을 찾을 수 없었기 때문에, 우리는 부분적으로는 교육과 간호 분야 연구에서 철학을 외면했다. 그래서 진은 학교에서 교사, 상담사로 일하고 나중에 대학의 교사교육 분야에서 일할 때 초기 실용주의자들의 아이디어, 즉 고전적 실용주의자들의 아이디어와 일치하는 공간을 만들었다. 진은 또한 자신의 작업이 '저항의 전통'이라 불리는 것(McKenna & Pratt, 2015)과 관련이 있다고 생각한다.

찰스 퍼스(Charles S. Peirce), 윌리엄 제임스(William James), 존 듀이는 탐구의 실천, 자아의 개념, 민주주의의 본질을 재인식함으로써 기존 철학의 한계를 보여 주려고 노력했다. 찰스 이스트먼(Charles Eastman), 아서 파커(Arthur Parker), 거트루드 보닌(Gertrude Bonin), 루터 스탠딩 베어(Luther Standing Bear)를 비롯한 아메리칸 인디언 사상가들은 북미 원주민 전통에 기반한 공동체와 장소의 아이디어를 제안함으로써 원주민 말살 정책과 동화(assimilation)에 도전했다. 윌리엄 듀보이스(W. E. B. Du Bois)와 제인 애덤스는 산업 자본주의에 도전하며 애덤스가 '측면적 진보'라고 불렀던 아이디어를 중심으로 공동체를 재구성하고자 했다. 조사이아 로이스(Josiah Royce), 알랭 리로이 로크(Alain LeRoy Locke), 호러스 캘런(Horace Kallen)은 삶의 다양성 맥락에서 경험을 설명할 수 있는 경계 논리(logic of borders)를 중심으로 공동체 개념을 제시했다. 이러한 저항의 전통은 미국 철학에 대한 논의에서 거의 자리를 찾지 못했는데, … (부분적으로는 그것이) 자기만족을 불편하게 만들고 독단적인 것을 의심하게 만드는 것을 목표로 했기 때문이다.

McKenna & Pratt, 2015:xii~xiii

우리는 듀이의 작업에 깊이 빠져 있었지만 다른 철학자들 중 다수는 잘 알지 못했다. 그러나 이들의 연구물을 읽을 때 그 아이디어는 우리 각자에게 깊은 공명을 불러일으켰고, 우리 삶이 저항의 전통에 의해 형성되었으며 이러한 전통이 학교, 지역사회 보건, 원주민 공동체와 고등교육 분야에서 우리 연구를 형성했다는 느낌을 받았다. 이와 같은 철학적 아이디어에는 현상 유지에 저항하는 우리의 정신, 관계성(relationality)을 불러일으키는 방식으로 삶을 구성하는 우리의 감각, 형평성(equity)과 사회 정의에 대한 도덕적 헌신이 담겨 있다.

이 책의 구성

내러티브 탐구에서 우리는 더 큰 문화적, 사회적, 가족적, 제도적, 언어적 내러티브에 의해 위치되고 형성되는 사람들의 경험과 삶에 초점을 맞춘다. 그러나 그렇다고 해서 경험의 현상을 이해하는 데서 이론이 내러티브 탐구와 통합적으로 엮이지 않는다는 의미는 아니다. 우리는 우리가 선택한 이론을 내러티브 탐구에 활용하기도 하는데, 이러한 이론이 현상에 대해 내러티브적으로 사고하는 것의 핵심 아이디어 중 일부를 이해하는 데 관련이 있거나 도움이 되기 때문이다. 우리는 내러티브적으로 사고할 때 하나의 이론적 입장을 취하지 않고, 사람들이 살아내고 들려주는 삶과 이야기를 통해 사고하는 데 도움이 되는 여러 철학자의 아이디어를 사용했다.

때때로 우리 연구나 우리 학생들의 연구를 읽은 사람들이 연구가 이론적이지 않거나 이론이 충분하지 않다고 말한다. 비평가들은 "삶은 너무 많은데 이론화는 부족하다"라고 말하기도 한다. 우리는 내러티브 탐구가 이론적이라는 대답을 자주 해 왔는데, 그때마다 다음과 같은 철학자들을 언급했다. 듀이, 마크 존슨(Mark Johnson), 데이비드 카(David Carr) 같은 철학자, 앤서니 커비(Anthony Kerby), 시어도어 사빈(Theodore Sarbin) 같은 심리학자, 애덤스, 벨 훅스(bell hooks), 캐럴린 헤일브룬(Carolyn Heilbrun), 마리아 루고네스(Maria Lugones) 같은 페미니스트 학자 등이다. 우리는 이 작업을 계속하면서 이론에 대한 인식의 부족은 아마도 이론이 경험, 삶, 내러티브적으로 사고하는 것과는 다른 관계에 있었기 때문일 수 있음을 깨달았다.

우리는 매키나와 프랫(McKenna & Pratt, 2015)이 애덤스나 길로이 퍼킨스 같은 학자들을 텍스트에 포함시키며 철학의 정전을 확장했다고 쓴 것을 다시 떠올렸다. 이들은 전통적인 철학 정전에는 포함되지 않았을 인물들이다. 또한 원주민 원로, 소설가, 시인, 수필가 등을 포함하도록 이론적 자료의 범위를 넓혔다. 우리는 원주민 유산을 가진 사람들뿐만 아니라 다양한 장소를 고향으로 지칭하는 저자와 작가도 포함했다. 다양한 분야의 학자들을 폭넓게 섭렵해 우리 작업에 대한 이론적 근거를 마련했다.

목차

이 책은 일련의 아이디어를 중심으로 5개의 부로 나뉜다. 부는 장으로 구성된다. 각 장은 내러티브 탐구에서 중요한 특정 아이디어에 대한 독립적 에세이다. 우리는 각 아이디어에 대한 이해를 형성한 이론적 작업과 그것이 내러티브적으로 사고하는 데 중심이 되는 방법을 가시화한다. 각 장은 이러한 아이디어와 특정 저자들이 시간이 지남에 따라 우리 작업에 어떤 영향을 미쳤는지 추적하는 것으로 시작한다. 또한 각 장에서 우리는 우리 앎을 우리 자신의 경험에 비추어 설명한다. 장소, 정체성, 공동체와 같은 단일한 개념에 머무르는 데는 어려움이 있다. 경험에서 출발할 때, 사람을 파편화해서 보거나 개념적 아이디어의 구현체로 보는 것은 불가능하다. 각 부의 마지막에는 방법론 노트를 작성했다.

방법론 노트

방법론 노트에서는 시리아에서 온, 어린 자녀를 둔 난민 가족과 함께한 가장 최근의 연구를 바탕으로 아이디어와 그에 대한 이해를 가시화한다. 우리는 최근 캐나다에 도착한, 즉 캐나다에 도착한 지 2년이 채 되지 않은 열한 가족과 연구를 진행했다. 우리는 시간이 흐름에 따라 그들이 어떤 경험을 하는지, 학교와 같이 보다 공식적인 기관과 상호 작용할 때 어떤 경험을 하는지에 관심이 있다. 열한 가족과 함께 시간을 보내면서 우리는 그들의 경험에 대한 이야기를 듣고, 그들 모두가 낯선 곳에서 자신의 길을 협상하는 동안 그들과 함께 살아갔다. 이 노트에서 우리는 아이디어를 내러티브적으로 사고하는 것이 내러티브 탐구 방법론의 일부이며 그것이 우리의 방법으로 어떻게 표현되는지 드러낸다.

1부
경험에 대한 특정 관점으로 시작하기

경험은 내러티브 탐구의 핵심적인 측면이다. 인간이 세상을 경험하는 방식에 대한 탐구는 개인의 경험뿐만 아니라 사회적, 역사적, 언어적, 정치적, 가족적, 기타 맥락에 놓인 경험도 강조한다. 경험을 통해 사고함으로써 사람들이 말하고 살아온 이야기, 관계 속에 있는 사람들의 이야기를 이해하게 된다. 이러한 방식으로 우리는 내러티브 탐구를 '경험에 대한 경험'으로 이해한다(Clandinin & Connelly, 2000:189). 클랜디닌과 코넬리는 존 듀이의 연구를 바탕으로 경험에 대한 탐구가 교육의 핵심이라는 주장을 전개했다. 듀이의 연구를 읽다 보면 경험, 교육, 삶이 분리될 수 없음을 알 수 있다. 1장에서 우리는 개인의 삶 전체에 관심을 기울이는 관점에서 경험에 초점을 맞춘다. 2장에서는 지식이 경험과 밀접하게 연관되어 있음을 보인다. 클랜디닌에 따르면 지식은 "한 사람의 존재를 구성하는 모든 경험에 스며들어 있다. 그 의미는 개인의 경험적 역사에서 파생되며, 그러한 경험의 관점에서 이해된다"(Clandinin, 1985:362). 내러티브 탐구로 수행하는 연구는 종종 말이나 텍스트에 광범위하게 의존하는 것으로 보이지만, 3장에서 우리는 내러티브의 체현(embodiment)에 주목한다. 이 체현은 우리 삶의 생생한 모습과 침묵 속에서 모두에서 볼 수 있다.

1장
경험

개요

이 장에서는 경험에 대한 우리의 이해를 가시화한다. 내러티브 탐구자에게 경험은 가장 중요한 용어 중 하나다. 우리에게 중요한 측면 중 하나는 경험이 지식의 근원일 뿐만 아니라, 14세기에는 경험이 "어떤 사람에게 영향을 준 사건"(온라인 어원 사전)이라는 의미로 사용되었다는 점이다. 경험이라는 단어의 어원에 반영된 지식과 의미의 상호 작용은 매우 중요하다. 우리가 경험을 받아들이는 방식에는 듀이와 같은 실용주의자들의 영향이 반영되어 있다. 초기 실용주의자들의 연구는 우리의 사고를 형성했으며, 많은 초기 실용주의자들에게 경험은 중심 개념이었다. 듀이는 다음과 같이 썼다.

> 생명체와 환경 조건의 상호 작용이 삶의 과정에 관여하기 때문에 경험은 지속적으로 일어난다. 저항과 갈등의 조

> 건에서, 이러한 상호 작용에 관여하는 자아와 세상의 여러 측면과 요소는 감정과 아이디어로 경험에 자격을 부여함으로써 의식적인 의도가 나타나게 한다.
>
> Dewey, 1934:36

경험에 대한 이러한 관점에는 삶이 항상 한가운데(in the midst)[9] 있고, 경험은 항상 진화하며, 경험은 경험 위에 쌓인다는 의미가 있다. 따라서 경험은 항상 만들어지고 있는 무엇이며, 시간이 지남에 따라 새로운 상황에 직면하면서 형성되고 재형성되는 것이다. 경험은 고정된 것도 아니고 확실한 것도 아니다.

경험으로 전환하기

> 나의 사춘기 시절 사건들은 거의 항상 서로 섞여 있어서 사건이 일어난 특정 연도를 알아내기 위해 나이, 학교, 학년을 떠올리는 것이 불가능하다. 내 인생에서 중요한 시기였고, 많은 흔적을 남겼으며 경험(나와 다른 사람들의 경험)의 중요성에 대한 깊은 이해를 형성한 시기였다. 순

9) 4장 '한가운데서'를 참고하라.

응을 중시하는 학교 시스템 안에서 점점 더 소외감을 느낀 나는 새로운 방식으로 사물을 보고 경험할 수 있는 사람과 장소로 눈을 돌렸다. 이러한 경험의 대부분은 의도치 않은 만남과 관계의 결과였지만, 그 경험은 나에게 우연한 발견(serendipity)에 대한 감각을 남겼고, 무엇보다도 내가 이해하게 된 세계 너머에 다른 세계가 있다는 것을 느끼게 해 주었다. 이러한 세계를 탐색하면서 나는 새로운 경험을 찾고 있을 뿐만 아니라 경험이 펼쳐지는 방식에 가장 관심이 많다는 사실을 깨달았다.

7학년 혹은 8학년 때, 딱딱하고 불편한 나무 의자에 앉아 있는 것을 더 이상 견딜 수 없는 날이면 나는 교정을 떠나곤 했다. 자신을 시인이라고 하던 당시 남자친구 마르쿠스(Markus)와 함께 시장으로 향하곤 했다. 장터에는 대형 분수대와 봄, 여름, 가을의 따뜻하고 화창한 날에 사람들이 앉아서 쉴 수 있는 벤치가 있었다. 시장 가장자리에는 우리가 새로 알게 된 패스트푸드점이 몇 군데 있었다. 나는 아직도 동네 패스트푸드점에서 먹던 스프링 롤을 기억한다. 아무것도 먹지 않았는데도 기름 냄새가 배를 가득 채우던 곳이었다. 우리는 단골손님이 되어 항상 스프링 롤을 세 개, 여섯 개, 때로는 아홉 개를 주문했는데, 우리를 늘 지켜보던 아저씨와 나눠 먹기에 충분했다.

그 남자의 이름은 기억나지 않지만, 내 경험을 다시 이야기하며 브루노(Bruno)라고 부르겠다. 브루노의 자전거와 주의를 끌지 않도록 눈에 띄지 않게 깔끔하게 묶어 둔 개인 소지품 가방이 기억난다. 자전거 프레임에 묶여 있던 가방의 무게로 자전거가 불안정했던 기억도 난다. 시간이 지나면서 알게 된 사실이지만 브루노는 그에게 중요한 소지품을 도난당해 돌려받지 못할까 봐 항상 자전거를 가까운 곳에 보관했다. 브루노는 이 지역 출신이 아니었고, 이 지역 사람이나 장소와 깊은 정서적 관계를 맺지 못한 채 몇 달 동안 그저 지나가는 사람일 뿐이었다. 브루노는 무시하기 어려웠고, 공공장소에서 그의 몸은 많은 사람이 그를 외면하게 만드는 방식으로 존재했다. 시장에서 그의 존재는 눈에 띄었고, 어딘가 어울리지 않는 것처럼 보였으며, 그의 몸에서 풍기는 냄새는 거의 항상 압도적이었다. 그럼에도 마르쿠스와 나는 그에게 끌렸다. 아마도 그가 우리에게 너무나 낯선 세계에 살고 있다는 점이 우리를 매료시킨 것 같다. 하지만 우리가 그와 공유한 부분은 시와 글쓰기에 대한 관심이었다. 시간이 흐르면서 천천히, 기름기 가득한 스프링 롤을 나눠 먹으며 브루노는 우리에게 이야기를 들려주기 시작했다. 전후 독일에서 자란 어린 시절의 경험, 이혼을 하고 모든 가족 관계를 잃은 이야기, 성적 욕망으로 가득 찬 이야기, 작가가 되고 싶다는 열망에 대한 이야기 등이었다.

학교를 빼먹고 마르쿠스와 함께 장터 중앙 광장의 벤치에 앉아서 보내는 시간이 갑자기 더는 공허하지 않았다. 우리는 매일 학교 수업 중은 물론 방과 후에도 브루노를 찾기 시작했다. 브루노는 불의와 불평등, 가능성이 거의 없는 미래로 가득 찬 그의 세계로 우리를 끌어들이는 말솜씨를 가졌다. 브루노는 마치 나는 듣지 말라는 것처럼 마르쿠스의 귀에 속삭이듯 이야기를 들려주곤 했지만, 내가 들을 수 있을 만큼 큰 소리로 말하곤 했다. 그의 인생에서 여성, 어머니들과 딸들, 성적 만남, 욕망과 욕구에 관한 이야기였다. 그 이야기들 중 일부는 그의 삶에 대한 생생한 설명이 되었는데, 나는 혐오스러우면서도 신비롭다는 느낌을 받았다. 브루노는 우리가 매일 방문하는 것을 즐기는 것 같았다. 내 기억에 매일의 방문이 우리에게 결코 일상적인 것이 되지는 않았지만, 그의 경험 이야기를 들으면서 가난과 약물 사용이라는 일상적인 경험이 더 현실적이고 실감 나게 다가왔다는 것을 느꼈던 기억이 난다. 브루노는 낯선 침대에서 잠을 자고, 사랑 때문이 아니라 대가로서 낯선 사람의 몸에 들어가는 것이 어떻게 보면 일상적인 일이라는 것을 우리가 알 수 있도록 열심히 노력했다. 시장 주변 벤치에 앉아서 나는 브루노와는 너무나 다른 세상을 살아온 우리 부모님 같은 낯선 사람들의 시선을 느낄 수 있었다.

브루노가 자전거를 타고 마을을 벗어나는 길에 임시 쉼터나 피난처를 제공하는 장소로 우리와 함께 갈 때가 있었다. 그 장소들은 브루노를 향한 시장의 시선에서 벗어난 도로와 도랑 근처에 있었다. 브루노는 이런 곳에서 더 조용해지고 위축되었다. 거기서 그는 마르쿠스에게 자신의 시를 읽어 달라고 부탁했고 침묵과 고요함, 때때로 느껴지는 절망감을 채울 방법으로 우리가 누구인지 이야기를 들려 달라고 했다. 나이가 들면서 브루노의 몸은 점점 연약해지고 굳어졌으며, 따뜻한 체온을 갈망하는 낯선 사람들이나 어머니들과 딸들의 몸에 들어가지 않는 밤에 매트리스가 되어 주는 바위 바닥에 편안하게 누울 수 없게 되었다. 적어도 그가 들려준 이야기는 그렇다.

어느 날 브루노가 사라졌다. 마르쿠스와 내가 그의 인생에 갑자기 나타난 것과 같은 방식으로 그는 사라졌다. 브루노의 시신과 자전거, 그가 무사한지 알 수 있는 소지품의 잔해를 찾느라 정신이 없었던 기억이 난다. 브루노의 존재와 갑작스러운 부재는 경험에 대한 나의 이해에 깊은 영향을 미쳤다. 브루노와 함께한 경험이 나를 돌봄으로 향하게 했고, 경험을 복잡한 인간의 노력으로 이해할 수 있게 해 주었다.

경험을 위치 짓기: 듀이를 불러오기

비라의 경험을 생각하면서 경험에 대한 우리 이해가 듀이의 연구에 기반을 두며 경험이라는 개념에는 삶에 대한 감각이 있음을 상기하게 된다. 경험은 적극적으로 참여하는 것이지, 경험에 대해 이야기하고 다시 이야기하는 것을 통해 오는 사후의 생각이 아니다. 비라는 자신의 청소년기를 **'많은 흔적을 남겼으며 경험의 중요성에 대한 이해를 깊게 형성한 시기'**라고 언급한다. 이러한 흔적은 피부와 몸에 새겨질 뿐만 아니라 우리 몸과 세계가 새로운 방식으로 성장함에 따라 형성되고 있다.

경험은 우리가 행하는 것이다. 마치 우리가 전경의 일부이듯이, 우리는 경험의 일부다. 동시에 경험에 대한 우리 이해의 특징은 변화와 미래를 향한 지향이다. 브루노와의 만남은 비라를 변화시켰고, 사회적 차이와 불평등을 이해하는 방식에 변화를 가져왔다. 비라는 브루노, 마르쿠스와 함께하면서 경험이 불평등을 나타내는 가장 민감한 지표 중 하나라는 사실, 즉 경험에 주목할 때 우리가 차지하고 있고 각자의 삶을 형성하는 사회적, 문화적, 정치적, 역사적 위치를 외면할 수 없다는 점을 처음 깨달았다. 브루노의 갑작스러운 실종은 여전히 걱정거리로 남아 있으며, 비라에게 경험이나 관계를 당연한 것으로 여기지 말고 깨어 있을 것을 요청한다. 브루노의 실종은 계속해서 비라의 연구에 영향을 미치고, 그의 부재는 비라에게 돌봄을 촉구한다. 역경과 사회적 차이 속에서 관계가 어떻게 유지되는지, 현실과 상상 모두에서 관계가 어떻게 행위성(agency)[10]을 반영하는지에 대한 질문으로 가득 찬 그의 실종 경험은 비라에게 오래도록 남아 있다. 브루노는 비라의 미래 경험을 바꾸고 변화시켰다. **이러한 세계를 탐색하면서 나는 새로운 경험을 찾고 있을 뿐만 아니라 경험이 펼쳐지는 방식에 가장 관심이 많다는 사실을 깨달았다.** 듀이가 "어떤 경험도 스스로 살다가 죽지 않는다. 욕망이나 의도와는 전혀 무관하게 모든 경험은 이후의 경험에 살아 있다"(Dewey, 1938:27)고 했듯 말이다.

경험이 이후의 경험 속에 살아 있다는 이러한 감각은 경험과 밀접하게 연결된 지식 또한 항상 변화하고 진화함을 의미한다. 이 책은 철학적 뿌리에 주목하지만, "듀이의 개념은 철학적 실천으로 간주되는 것을 경험과 다시 연결함으로써 철학적 실천의 방향을 재조정한다"(Pratt, 2002:17)는 점을 인식하는 것이 중요하다. 지식과 경험의 이러한 긴밀한 연결은 지식이 평범하며 일상에 살고 있음을 보여 주기 때문에 중

---

10) 'agency'는 주로 행위주체성으로 번역되어 왔으나, 이 책에서는 행위성으로 번역했다. 내러티브 탐구의 관계적 존재론을 고려할 때 'agency'는 어떤 사람, 동물, 사물이 소유하는 것이 아닌 관계 속에서 구성되는 것이기에, 행위성이 적절하다고 판단했다.

요하다. 이러한 평범함에 대한 감각은 듀이의 저서 『경험과 자연』(1958)에서 분명하게 드러난다.

> 경험에는 인간이 **무엇을** 하고 고통받는지, **무엇을** 위해 노력하고 사랑하고 믿고 인내하는지, **어떻게** 행동하고 행동에 영향을 받는지, 인간이 행동하고 고통받고 욕망하고 즐기고 보고 믿고 상상하는 방식, 즉 **경험하는** 과정이 모두 포함된다. '경험'은 심은 밭, 뿌린 씨앗, 거둬들인 수확물, 밤과 낮, 봄과 가을, 습함과 건조함, 더위와 추위 등의 변화를 관찰하고 두려워하고 갈망하는 것을 가리킨다. 그것은 또한 심고 거두는 사람, 일하고 기뻐하는 사람, 희망하고 두려워하고 계획하고 마법이나 화학을 불러내 그를 돕는 사람, 낙담하거나 승리하는 사람을 가리키기도 한다. 그것은 행위와 물질, 주체와 객체 사이의 구분을 일차적 완전성(integrity)으로 인식하지 않고, 분석되지 않은 전체성(totality) 속에 둘 다를 포함한다는 점에서 '이중적'이다. '사물'과 '사고'는 … 단일적이며, 일차적 경험에서 성찰을 통해 구별된 산물을 말한다.
>
> Dewey, 1958:8[11]

11) 강조는 원문(Dewey, 1958)을 따랐다.

듀이의 말을 생각하면서 비라와 마르쿠스의 행동이 경험의 일부였다는 점을 인식하는 것이 중요하다. 호기심에 이끌려 타자, 미지의 것, 낯선 것을 추구하는 감각, 경험을 추구하는 것이 행동의 한 방식이었다. 그것은 고통, 사랑, 인내, 세상을 다시 상상하려는 열망을 이해하는 방법이었다. 비라와 마르쿠스는 브루노에 대해 자주 이야기했고, 그가 사라지고 한참이 지난 후에도 브루노가 그들에게 어떤 영향을 미쳤는지 궁금해했다. 마르쿠스에게 브루노는 시인으로서 그를 진지하게 받아들인 최초의 사람들 중 한 명이었으며, 행과 단어 사이에서, 그리고 글 속에서 이미지를 불러일으키는 능력이 있는, 언어에 재능이 있는 사람이었다. 이런 식으로 브루노는 마르쿠스에게 가능한 미래를 제시하고 확신을 심어 주었을 뿐만 아니라, 서로의 글에 대한 사랑을 중심으로 우정을 쌓아 갔다.

듀이의 말이 이해되기 시작하는 것은 바로 여기서부터다.

> 경험은 단순히 사람의 내부에서만 진행되지는 않는다. 경험이 욕망과 목적에 대한 태도를 형성하는 데 영향을 미치기 때문이다. 그러나 이것이 이야기의 전부는 아니다. 모든 진정한 경험에는 경험이 이루어지는 객관적인 조건을 어느 정도 변화시키는 능동적인 측면이 있다.
>
> Dewey, 1938:39

브루노는 마르쿠스와 비라의 경험이 일어나는 조건을 바꿨고, 그 역시 새로운 경험을 일으켰다. 여기서 우리는 "개인과 당시 환경을 구성하는 것 사이에서 일어나는 교호 작용(transaction)"(Dewey, 1938:43)이 경험의 핵심임을 알 수 있다. 듀이에게 경험을 나타내는 두 가지 기준은 연속성과 상호 작용이다. 두 기준은 "경험의 종적 측면과 횡적 측면"(Dewey, 1938:44)을 형성하기 때문에 분리될 수 없다.

연속성

경험은 항상 만들어지고 있으며, 시간이 지남에 따라 새로운 상황에 직면하면서 형성되고 재형성된다. 내러티브적으로 이해되는 경험은 항상 한가운데에 있으며, 과거를 회상하면서뿐만 아니라 미래의 순간을 계속해서 살아가면서 만들어지고 다시 만들어지는 과정에서 형성된다. 경험에 대한 이런 아이디어는 상황을 만들어 내기 위해 상호 작용과 연속성이 함께 엮이는 방식, 즉 듀이의 경험에 대한 아이디어에서 우리가 도출한 것을 계속해서 형성하고 있다. 스티븐 크라이츠(Stephen Crites)는 현재란 "회상하는 '나'가 자신의 자아를 되찾는 중추적 지점이며, 현재는 '정적인 지점'이 아니라 항상 미래로 기울어져 있고, 미래로 자신을 투영하고 있다. … 나는 미래에 대한 관심에서 과거를 회상한다"(Crites, 1986:163)라고 말한다. 비라가 브루노, 마르쿠스와 함께 장터에 앉아 있을 때 비라를 현재에 붙잡아 두는 것은 기름 냄새, 스프링 롤의 맛, 그를 따라다니는 시선이지만 비라가 미래를 생각하고 어쩌면 다시 생각할 가능성을 만드는 것은 과거로 돌아가는 브루노의 방식이다. 크라이츠는 "우리는 사실 우리의 개인적인 과거를 미래에서 적절히 활용한다"(Crites, 1986:164)라고 말한다. 브루노의 존재는 비라의 관심을 미래에 집중하게 만들고, 비라는 딱딱한 나무 의자, 학교가 제공한 융통성 없는 교육, 지식으로 간주되는 것에 대한 편협한 생각에 갇혀 있던 순간들을 기억하며 과거를 돌아보게 된다. 이 순간 비라는 자신의 미래뿐만 아니라 자신이 누구였는지, 지금까지 어떤 사람이었는지 다시 생각해야 한다.

이러한 연속성의 감각을 통해 비라는 브루노의 삶 속으로 들어갈 수 있었고, 브루노의 부재를 이해할 수 있게 되었다. 브루노와 함께한 비라의 경험은 그에게 "육체적으로뿐만 아니라 지적, 도덕적으로 발전하는 것으로서 성장하기 또는 성장이 연속성 원리의 한 예시"(Dewey, 1938:28)라는 것을 보여 주었다. 브루노는 비라의 시선을 그를 바라보는 것에서 그의 경험을 통해 생각하는 것으로 전환했다. 이 변화는 그 이후로 비라의 삶에 큰 영향을 미쳤으며, 브루노는 비라가 경험을 관계적인 노력으로 보도록 했다.

상호 작용

듀이(Dewey, 1938)에게 연속성과 교차하는 두 번째 기준은 상호 작용으로, 이는 경험의 객관적이고 내적인 조건을 나타낸다. 객관적이고 내적인 조건들 간의 상호 작용은 우리 주변에서 일어나는 일뿐만 아니라 우리 내부에서 일어나는 일에도 주목하도록 하기 때문에 중요하다. 객관적인 조건은 중요하고 보통 충분히 고려되지만, 개인을 그 상황에서 배제할 수는 없다. 개인, 객관적 조건, 다른 사람들 간의 상호 작용은 중요하다. 내적 조건은 사람들의 내면에 존재하는 욕구, 욕망, 혼란을 말하며, 사람들이 세상을 보고 경험하는 방식을 형성하고, 사람들이 배우는 내용도 형성한다.

비교육적인 경험

듀이에게 경험은 교육의 수단이자 목표였다. 그는 "실제 경험의 과정과 교육 사이에는 밀접하고 필수적인 관계가 있다"(Dewey, 1938:25)라고 말하면서 이를 명확히 했다.

> 진정한 교육은 예외 없이 경험을 통해 이루어진다는 믿음이, 모든 경험이 진정한 또는 똑같은 교육임을 의미하지는 않는다. 경험과 교육은 서로 직접적으로 동일시될 수

> 없다. 어떤 경험은 비교육적이기 때문이다. 어떤 경험이라도 후속되는 경험의 성장을 저지하거나 왜곡하는 결과를 가져온다면 비교육적인 것이다. 어떤 경험은 무감각을 초래할 수도 있는데, 그러한 경험은 감수성이나 감응의 결핍을 초래할 것이다. 그리하여 미래에 더 풍부한 경험을 할 가능성을 제한한다.
>
> Dewey, 1938:25~26

비라가 보기에 학교는 주로 경험의 객관적인 조건에 초점을 맞추었기 때문에 그는 일찍이 학교를 등졌다. 학생들은 어떤 식으로든 대체될 수 있는 존재였고, 지식을 보유한 살아 숨 쉬는 인격체로 간주되기보다는 몸과 대화하는 대상으로 여겨졌다. 비라에게 학교는 비교육적인 장소였지만, 비라가 학교 밖으로 밀려났다고 느꼈을 때 이러한 상황은 브루노를 만날 새로운 가능성을 열어 주었다. 브루노와 비라의 상호 작용은 교육적이라고 볼 수도 있지만, 비교육적인 순간도 있었다. 비라는 브루노가 마르쿠스와 성관계에 대해 이야기했던 때를 아직도 기억한다.

> 그의 인생에서 여성, 어머니들과 딸들, 성적 만남, 욕망과 욕구에 관한 이야기였다. …브루노는 낯선 침대에서 잠을 자고, 사랑 때문이 아니라 대가로서 낯선 사람의 몸에 들

어가는 것이 어떻게 보면 일상적인 일이라는 것을 우리가 알 수 있도록 열심히 노력했다.

브루노는 자신의 삶에 대한 생생한 이야기를 들려줄 때 비라가 누구인지 묻거나 고려하지 않았다. 사랑을 원했을 뿐만 아니라 사랑이 가능하고 사랑에는 약속이 있다고 믿었던 10대 소녀 비라의 취약성을 전혀 인식하지 못했다. 지금도 비라는 에리히 프리트(Erich Fried)(1979)의 시를 다시 읽도록 소환된다. 당시 비라와 마르쿠스는 프리트의 작품을 읽고 있었는데, 그의 시 〈당신과 함께 있고 싶다(Bei dir sein wollen)〉는 함께 있고 싶은 열망으로 점철된 사랑의 감정을 이야기했다. 브루노는 약속과 바람(desire)을 배제하는 방식으로 사랑의 가능성에 대한 의심을 심어 주었다. 듀이의 말을 빌리자면, 그것은 "후속되는 경험의 성장을 저지하거나 왜곡하는 결과"(Dewey, 1938:25)를 가져왔다. 그 나이에는 비교육적이었던 것이 지역사회 간호사와 연구자로 일하는 비라에게는 교육적인 것이 되었지만, 그것은 훨씬 나중의 일이다. 아마도 여기서 "모든 경험의 질에는 두 가지 측면이 있다. 동의하거나 동의하지 않는 즉각적인 측면이 있고, 이후의 경험에 미치는 영향의 측면이 있다. 전자는 분명하고 판단하기 쉽다. 경험의 효과는 겉으로 드러나지 않는다"(Dewey, 1938:27)는 사실을 더 잘 이해할 수 있을 것이다.

경험의 내러티브 질 생각하기

크라이츠는 경험에 내러티브 질(narrative quality)을 부여하는 세 가지 중요한 요소, 즉 성스러운 이야기(sacred stories), 일상적인 이야기(mundane stories), 시간성(temporality)을 살펴보는 데 도움을 준다(Crites, 1971; 1986). 크라이츠에 따르면, 내러티브 또한 조직화 기능을 지닌다. 내러티브를 통해 우리는 시간의 흐름에 따른 일관성을 표현할 수 있다(Crites, 1971). 이러한 일관성은 그것이 우리의 진행 중인 삶 만들기를 형성한다는 점에서 중요하다. 내러티브는 우리가 누구이고 시간이 지나면서 어떤 사람이 되어 가고 있는가를 생각하는 데 도움이 된다.

경험을 이해하기: 성스러운 이야기와 일상적인 이야기

성스러운 이야기, 즉 권위를 지닌 이야기와, 현재 진행 중인 이야기를 그와 관련하여 이해할 수 있게 해 주는 이야기를 분별하는 일은 크라이츠에게 중요하다. 일상적인 이야기는 성스러운 이야기에 반영되어 있지만, 그것은 평범한 이야기다. 크라이츠에게 이야기는 우리에게 도덕적 나침반을 제공하는 것이다. 크라이츠는 시간에 대한 인식을 통해 기억에 대한 우리의 주의를 환기하기도 하지만, "인과관계의 환상"(Crites, 1986:186)을 경고한다. 시간은 중요한 요소지만 경험을 형성하는 선형적인 개념으로 이해할 수는 없다. 경험에 내러티브 질을 부여하는 것은 성스러운 이야기, 일상적인 이야기, 시간성이라는 세 가지 요소다. 실용주의 철학자들과 다른 철학자들의 연구로 돌아가는 동안, 우리는 로버트 콜스(Robert Coles) 같은 사람들의 영향을 받기도 한다. 콜스는 초기 작업에서 레지던트 시절과 정신과 의사가 되기까지의 경험을 연대순으로 기록해 우리를 경험의 삶 속으로 끌어들인다(Coles, 1989). 그가 펼쳐 내는 경험과 그와 함께 일하는 사람들의 경험은 우리가 삶의 전체성(wholeness)을 이해해야 하며, 각각의 삶과 경험이 다른 사람들에 의해 형성된다는 것을 상기시켜 준다.

> 브루노는 무시하기 어려웠고, 공공장소에서 그의 몸은 많은 사람이 그를 외면하게 만드는 방식으로 존재했다. 시장에서 그의 존재는 눈에 띄었고, 어딘가 어울리지 않는 것처럼 보였으며, 그의 몸에서 풍기는 냄새는 거의 항상 압도적이었다. 그럼에도 마르쿠스와 나는 그에게 끌렸다. 아마도 그가 우리에게 너무나 낯선 세계에 살고 있다는 점이 우리를 매료시킨 것 같다.

콜스와 크라이츠는 비라로 하여금 경험의 평범하고 일상적인 부분이 실제 우리가 누구이고 어떤 사람이 되어 가는지를 경험하는 데 매우 중요하다는 사실을 깨닫도록 도와주었다.

경험을 이해하기 위한 방식으로서 커버스토리에 주목하기

몇 년이 지나서야 우리는 경험에 대해 계속 내러티브적으로 사고할 수 있도록 새로운 아이디어를 제공하는 크라이츠(Crites, 1979)의 연구를 더 많이 발견했다. 초창기에 우리는 사람들이 하는 이야기, 그 이야기 속에 살아 있는 이야기, 즉 그 사람의 경험을 덮거나 은폐할 수 있는 이야기들을 가끔 궁금해했다. 우리 연구에 참여했던 사람들이 기만적이고 자기 경험에 대해 '진실'을 말하지 않을 것이라고 주장하는 사람들이 많았다. 크라이츠는 그가 "자기기만(self-deception)의 미학"(Crites, 1979:107)이라고 부른 것, 즉 사람들이 지배적이거나 요구되는 내러티브에 맞추고 싶을 때 커버스토리(cover stories)를 말하는 방식에 대해 생각하도록 도움을 주었다. 그러나 그는 우리가 커버스토리를 너무 자주 들려주어 그것을 믿게 될 때, 즉 그 커버스토리가 실제 이야기라고 믿도록 스스로를 속였을 때, 우리 자신과 우리 삶의 내러티브 일관성(narrative coherence)에 대한 위험을 경고했다. 이러한 커버스토리는 우리의 더 일관된 이야기를 덮어쓰고 우리가 살아온 체현된 경험을 배신할 수 있다.

브루노는 우리에게 이야기를 들려주기 시작했다. 전후

독일에서 자란 젊은 시절의 경험, 이혼을 하고 모든 가족 관계를 잃은 이야기, 성적 욕망으로 가득 찬 이야기, 작가가 되고 싶다는 열망에 대한 이야기 등이었다.

처음에는 지배적인 내러티브에 맞추기 위한 목적으로, 즉 자신을 숨기려는 일종의 방법으로 들려줬을지도 모를 이야기들이 이제는 우리가 우리 경험에 대한 '진실한' 이야기라고 믿는 이야기가 되었다. 크라이츠를 읽으면서 비라는 브루노가 말하고 살았던 이야기가 궁금해졌다. 그가 끊임없이 이사를 다녔다는 이야기, 도랑이나 낯선 사람의 침대에서 잠을 잤다는 이야기는 깊은 상실감과 다른 무언가에 대한 갈망을 감추기 위한 커버스토리였을까?

내러티브 일관성 찾기

기억이 없다면, 사실 경험은 일관성이 전혀 없을 것이다.

Crites, 1971:298

몇 년 후 우리는 다시 크라이츠를 발견했다. 이번에는 1986년에 시어도어 사빈이 편집한 『내러티브 심리학: 인간 행동의 이야기된 본성(Narrative psychology: The storied nature of human conduct)』이라는 제목의 책에서였다. 그 책에서 크라이츠는 시간성과 경험에 대한 그의 초기 연구를 바탕으로 '스토리타임: 과거를 회상하고 미래를 투영하기(Story-time: Recollecting the past and projecting the future)'라는 장을 집필했다. 그는 1971년 논문에서 발표한 아이디어, 즉 체현된 경험에 대한 내러티브 개념화에서 나온 자아 개념으로 돌아간다. 그는 경험에 대한 내러티브 개념화에서 우리가 도출하는, 정체성에 대한 아이디어를 가지고 작업한다.

> '나', 즉 지금 말하는 이 자아는 어린 시절로 거슬러 올라가는 단편적이고 간헐적인 기억을 가지고 있지만, 현재의 자아가 오랜 시간 동안 존재했다는 느낌을 주기에 충분한 과거와의 연결고리를 형성한다. 기억의 연대기에는 많은 빈틈이 있지만, 기억하는 사람이 자기 것이라고 주장하는 과거, 즉 많은 변형(metamorphoses)을 통해 정체성에 접근할 수 있게 해 준다.
>
> Crites, 1986:156

정체성에 대한 크라이츠의 아이디어, 즉 정체성이 단순히 성숙을 통한 "신체의 유기적 연속성 문제"(Crites, 1986:156)가 아니라는 생각은 경험에 대한 우리의 내러티브 아이디어에서도 드러난다. 자기 얼굴에 대한 시각적 이미지, 이전부터 익숙한 주변 환경, 청각적 기억(그가 귀의 경험이라고 부르는 것)은 "'나'가 동일성을 유지하는 과거에 뿌리를 두고 있다"(Crites, 1986:156)는 감각에 기여한다. 그러나 그는 "자기 동일적 자아(self-identical self)는 경험의 전제 조건이 아니라 그 결과"(Crites, 1986:158)라고 주장하는 데 도움을 준다. 크라이츠는 우리의 내러티브 이해와 마찬가지로 "경험은 그 자체로 코드화된 소리, 이미지, 언어에 의해 매개되며 이 모든 것은 그러한 형식의 방대한 사회적 처리를 전제로 한다"(Crites, 1986:158)라고 주장한다. 우리와 마찬가지로 크라이츠에게도 "기억된 과거는 그것이 다시 수집되는(re-collected) 현재와의 관계 속에 위치한다"(Crites, 1986:158). 경험이 일어난 장소와 경험이 다시 수집되는 장소 모두에서 장소는 경험이 계속 살아가고(lived), 이야기되고(told), 다시 살아가고(relived), 다시 이야기되는(retold) 방식을 형성한다.

> 그러한 미학적 수단에 의해, 지금 '나'라고 말하는 이 '나'는 초기의 간주관적 기억의 흐름에서 경험의 연속성을 적극적으로 만들고, 모으고, 다시 수집한다. … 이야기와 같은 내러티브는 이야기를 말하거나 단순히 회상하는 사람의 단일 관점에서 기억된 에피소드를 무한히 연결할 수 있기 때문에 특히 강력한 개인적 연속성을 확립한다. 이 단일 관점은 지금 말하거나 회상하는 '나'이며, 내 이야기

> 를 자리매김하고 다른 이야기와 구별하는 이 '나'는 시간이 지남에 따라 자아라고 부르는 것을 정체성 안에 고정한다.
>
> Crites, 1986:159

크라이츠의 아이디어를 경험에 대한 개념화에 적용하면서, 우리도 그가 쓴 것처럼 경험이 다음과 같음을 알게 되었다.

> 일관성 있는 경험의 삶은 단순히 주어진 것이 아니며, 생활 속에 정해져 있는 트랙도 아니다. 일관성 있는 정체성을 획득하기 위해서는 많은 함정이 있는 이야기 같은 산물(story-like production)을 만들어야 하며, 때로는 회상하는 '나'의 어떤 새로운 상황의 관점에서 처음부터 끝까지 끊임없이 수정해야 한다.
>
> Crites, 1986:60

> 말하고 회상하는 '나'는 철저하게 육체적인 존재이지만, '나'가 내 것으로 소유하고 있는 과거로부터 회상하는 자아는 사실 비육체적이며, 그것이 정신적인 실체이기 때문이 아니라 더 이상 물리적으로 존재하지 않는 것에 대한 내러티브 회상이기 때문에 더는 존재하지 않는다.
>
> Crites, 1986:162

크라이츠(Crites, 1971)는 우리가 미래를 예측하고 과거를 적절히 활용할 때 서로 다른 전략이 작용한다고 주장한다. 그는 우리의 과거로부터 이야기를 하는 것과 현재 이야기를 계속 살아가며 말하는 것의 관계에 대해 보다 복잡한 이해를 제공한다.

크라이츠가 내러티브 일관성과 관련해 시간의 중요성을 인식하는 데 도움을 주었다면, 데이비드 카는 내러티브 구조와 경험 및 행동의 연관성을 더 탐구하도록 해 주었다. 카는 "내러티브 구조의 개념이 경험과 행동뿐만 아니라 경험하고 행동하는 자아의 조직 원리라는 것을 보여 주려고 함으로써 한 단계 더"(Carr, 1986:73) 나아간다. 이러한 내러티브 일관성은 우리 삶의 핵심적인 측면이다. 비라가 브루노, 마르쿠스와 함께한 경험으로 돌아가는 과정은 서서히 드러나는 방식으로 이 점을 주목하게 한다. 비라의 아들은 비라가 브루노를 만났던 나이가 되었으며, 이러한 경험을 회상하는 것은 비라에게 질문을 불러일으켰다. 이제 비라는 아들이 새로운 방식으로 사물을 보고 경험하도록 도와줄 수 있는 사람과 장소가 무엇인지 스스로에게 자주 묻는다. 아들과 함께 이러한 새로운 공간을 열어 갈 비라는 어떤 사람인가?

도덕적 나침반으로서 경험

경험에 주의를 기울일 때 우리는 경험이 도덕적 나침반 역할을 할 수 있다는 것을 안다. 경험에 주의를 기울이면 우리가 말하고 살아가는 이야기를 변화시킬 수 있다.

> 만약 경험이 여기서 내러티브 질을 갖는다면, 우리의 다차원적 이야기에는 우리의 자아 정체성뿐만 아니라 삶을 의식하는 경험적, 도덕적 우주가 함축되어 있다. 따라서 실제로 의식을 변화시키는 전환이나 사회 혁명은 인간 이야기의 충격적인 변화를 필요로 한다는 것이 분명해진다.
>
> Crites, 1986:307

사람들의 삶에서 예외적이고 힘든 경험에 대해 생각할 때, 우리는 에바 호프만(Eva Hoffmann)의 글을 떠올린다. 자신의 글에서 호프만은 홀로코스트에 대한 가족의 경험으로 돌아간다. 그는 "홀로코스트 경험은 … 인간이 되는 것이 무엇인지에 대한 더 깊은 감각과 시야의 확대로 이어져야지, 축소로 이어져서는 안 된다"(Hoffmann, 1994:n.p.)라고 말한다. 여기서 삶과 경험, 행동의 깊은 연관성을 느낄 수 있다. 우리는 과거를 설명하는 방식으로 미래를 고려하라는 요청을 받는다. 이러한 이야기로의 전환은 "살아 있는 과거를 회복하고, 미래를 다시 믿고, 행동하는 사람에게 의미 있는 행동을 할 수 있게 해 준다. 그렇게 함으로써 경험의 인간적 형태를 회복한다"(Crites, 1986:311). 비라는 브루노와 함께했던 경험으로 되돌아감으로써 돌봄은 경험, 즉 사람들이 자기 삶에 대해 말하는 이야기에 기반을 둔다는 사실을 깨달았다. 이런 식으로 경험은 돌봄에 대한 도덕적 나침반 역할을 한다.

요약

이 장에서 우리는 듀이의 관점을 중심으로 경험에 대한 우리의 내러티브 관점을 설명했다. 듀이가 제시한 연속성과 상호작용의 기준은 우리의 내러티브 이해에서 중요한 의미가 있다. 그러나 내러티브와 경험을 보다 밀접하게 연결한 것은 카와 크라이츠의 연구다. 이 책의 뒷부분에서 카와 크라이츠로 다시 돌아가겠지만, 그 전에 내러티브, 경험, 지식, 탐구의 연관성을 살펴보자.

2장
지식

개요

이 장에서는 지식과 앎에 대한 우리 생각을 가시화한다. 우리는 다시 한번 듀이와 도널드 쇤(Donald Schön) 같은 실용주의 학자들로 돌아간다. 지식과 경험의 연관성을 탐구하면서 우리는 지식을 개인, 행동, 궁극적으로 내러티브와 연결한다. 동시에 지식이 계속해서 펼쳐지고 있으며 문화적, 사회적으로 형성되는 더 큰 맥락에 내포된다는 사실을 이해하게 되었다. 지식에 대한 우리 이해가 발전함에 따라 페미니스트 학자, 나중에는 원주민 학자에게 점점 더 많은 영향을 받았다.

경험으로 전환하기

창문이 없는 작은 세미나실은 큰 테이블과 너무 많은 의자로 꽉 차 있었다. 한쪽 의자에 앉자마자 공기가 충분하지 않은 방처럼 답답한 느낌이 들기 시작했다. 붐비는 강의실을 둘러보며, 나는 학교에서 너무 여러 해를 근무한 뒤 처음으로 듣는 박사 과정 수업이라는 생각을 했다. 필수적인 소개가 끝나고 강사 마이클 코넬리가 존 듀이와 그의 경험 이론에 대해 이야기하기 시작했다. 나는 학부 시절 듀이가 쓴 『경험과 교육』(1938)을 읽은 기억이 났다. 어쩌면 나는 이 강의의 내용 일부를 이미 알고 있을지도 모른다고 생각했다. 강사는 프리마 엘바즈(Freema Elbaz)와 함께한 자신의 연구, 즉 그들이 실천적 지식이라고 불렀던 일종의 경험적 지식을 이해하는 데 중점을 둔 연구에 대해 이야기했다. 나는 조금 더 똑바로 앉아서 조금 더 집중했다. 이것은 내가 오래전에 철학 수업에서 배운 지식이 아니었다.

실천적?
아니, 나는 지식이란 확실히 분석적이고 개념적인 것이라고 배웠다.
실천 지향적?

아니, 지식은 논리, 명확성; 진실에 관한 것이라고 배웠다. 경험적?

아니, 철학자들이 이야기할 때 지식은 사람과 그들의 삶에 관한 것이 아니었다.

무슨 말을 하고 있는 건가? 지식에 대한 이러한 관점은 무엇일까? 이것이 어떻게 지식이 될 수 있을까?

내 생각은 세미나실을 벗어나 작은 농장에서 자라던 어린 시절로 돌아갔다. 내가 처음 떠올렸던 생각은 부모님에 대한 것이었다. 왠지 모르게 내가 듣고 있던 내용에서 부모님에 대한 기억이 떠올랐다. 지금, 이 순간을 다시 떠올리면서, 나는 지식과 내가 본 부모님이 살아오신 삶 사이에 연결고리가 있다는 가능성을 깨달았다. 이 연결이 나에게 큰 울림을 주었다.

봄에 아버지와 함께 새로 갈아 놓은 밭을 걸을 때, 아버지가 무릎을 꿇고 손가락으로 흙을 만지며 수분, 온도, 흙의 결을 느끼던 모습이 기억난다. 아버지는 씨를 뿌릴 때가 언제인지, 올해 이 밭에서 어떤 작물이 가장 잘 자랄 수 있는지, 토양을 풍성하게 하기 위해 무엇이 필요한지 부드러운 목소리로 말씀하셨다. 나는 아버지의 이야기를 듣고, 그가 어떻게 알고 있는지, 무엇을 알고 있는지, 그가 알고 있는 것을 어떻게 알게 되었는지 궁금했다. 하지만 아버지도 나도 지식에 대해 말하지 않았다.

오래된 잡지와 카탈로그에서 갖고 싶었던 새 옷의 사진을 찾았던 기억이 난다. 어머니가 자급자족 농장에서 일곱 명의 가족을 먹여 살리느라 바쁘다는 것을 알기에 나는 그 사진을 어머니께 가져다드렸다. 어머니와 나는 모두 매장과 카탈로그에서 내가 동경하던 옷을 살 돈이 없다는 것을 알고 있었다. "저런 옷 하나 만들어 주실 수 있나요?" 나는 마음에 드는 드레스를 가리키며 물었다. 어머니는 하던 일을 멈추고 사진을 열심히 바라보며 그런 드레스를 만드는 데 필요한 천의 종류와 양에 대해 큰 소리로 궁금해했다. "코듀로이인가, 벨벳인가?" 어머니는 궁금해했다. "체크무늬인가, 격자무늬인가? 어떤 종류의 원단이 저렇게 주름 잡히는 거지?" 어머니는 천의 종류와 천에 인쇄된 패턴이 드레스를 재현하는 데 필요한 것에 어떻게 영향을 미치는지에 대해 이야기했다. 어떤 원단이 적합할까? 얼마나 많은 원단이 필요할까? 어머니가 원단의 양과 비용, 재봉의 어려움을 이야기하는 동안 내 머릿속에는 그림이 그려졌다. 어머니의 말과 몸짓을 따라가다 보니 드레스가 내 상상 속에서 구체화되기 시작했다. 그리고 상상 속에서 그 드레스는 내가 학교에 갈 때, 컨트리 댄

> 스를 추러 갈 때, 가족 모임에 갈 때 입는 옷이 되었다. 그 때 나는 어머니가 어떻게 알고 있는지, 무엇을 알고 있는지, 자신이 알고 있다는 것을 어떻게 알게 되었는지 궁금했다. 하지만 왠지 어머니가 지식을 표현하는 것을 들으면서도 나중에 내가 공부하게 될, 지식으로 간주되는 것과는 거리가 멀어 보였다.
>
> 비좁은 세미나실로 다시 돌아와서 생각해 보니, 내가 방금 배운 방식으로 지식을 생각한다면 그것은 부모님이 지식을 보유하고 있다고 이야기하는 것임을 나는 처음으로 알게 되었다. 이러한 지식의 관점 속에서, 지식은 일종의 살아 있는 지식이 되었다.

지식에 대한 이러한 개념은 우리가 연구자로서 연구하는 현상에 대해 내러티브적으로 사고하는, 내러티브 탐구의 핵심에 있다. 그 세미나에서 나는 처음으로 지식에 대해 생각하는 또 다른 방식을 깨달았지만, 시간이 지나면서 지식에 대한 이러한 관점이 듀이, 쇤, 마이클 폴라니(Michael Polanyi) 같은 철학자, 제롬 브루너(Jerome Bruner) 같은 심리학자, 버지니아 울프(Virginia Woolf), 캐럴 길리건(Carol Gilligan), 넬 나딩스(Nel Noddings) 같은 페미니스트 학자, 매키나와 프랫의 저서(McKenna & Pratt, 2015; Pratt, 2002)에서 논의된 원주민 학자 등 많은 철학자의 연구에 기반을 둔다는 것을 알게 되었다.

지식과 경험을 연결하는 것으로의 전환

내러티브 탐구에서 지식에 대한 아이디어를 생각할 때, 우리는 실용주의 학자들에게 이끌린다. 특히 중요하고 무엇보다 먼저인 것은 듀이다. 듀이에게 지식은 앎의 과정에 초점을 맞추고 그 과정에 참여함으로써 생성된다. 우리는 탐구 과정을 통해 지식에 더 가까이 다가갈 수 있다. 듀이에게 지식은 우리가 행하는 어떤 것이다. 듀이의 철학에는 지식과 행동 사이의 연결고리가 있다. 지식은 행동과 별개가 아니라 탐구와 행함의 과정에서 구성된다.

그날 세미나실에서 진은 앎과 지식이 행함과 분리될 필요가 없다는 것, 즉 앎 또는 지식은 행함 속에 있는 것이지 행함과 분리된 것이 아니라는 것을 알게 되었다. 이전 학부 철학 수업에서 진은 지식이 논리적 분석의 패턴에 의해 미리 결정된다고 배웠다.

듀이 철학의 개념 안에서 연구하면서 진은 지식을 삶, 생활과 분리되지 않은 것으로 볼 가능성을 갖게 되었다. 진은 부모님에 대한 기억을 떠올리며 처음으로 부모님의 '행함'을 그들의 삶의 체현으로 생각할 수 있게 되었다. 부모님에게는 실천 속에 살아 있는 지식이 있었고, 살아 있는 지식이 바로 그들의 실천이었다.

듀이(Dewey, 1938)와 쇤(Schön, 1983), 존슨(Johnson, 2007)과 같은 실용주의 학자들에 따르면 지식은 항상 만들어지는 중이며 진행 중이다. 지식은 고정되거나 동결된 것이 아니라 항상 진행 중이며 항상 맥락에 따라 달라진다. 사람이 변화하는 상황 속에서 세상을 살아가면서, 지식도 변화한다. 진은 그날 세미나실에서 들은 이야기를 통해 농작물을 심는 토양에 관한 아버지의 신중한 행동에 담긴 지식을 생각하기 시작했다. 아버지가 무릎을 꿇고 흙을 만졌을 때, 평생 농작물을 심고 키우고 수확한 그의 다른 모든 경험에 대한 지식이 떠올랐다. 매키나와 프랫은 듀이의 연구를 바탕으로 다음과 같이 썼다.

> "개인적이든 집단적이든, 단순하든 복잡하든, 발생하는 모든 문제는 과거 경험에서 축적된 지식의 저장소에서 자료를 선택함으로써만 그리고 이미 형성된 습관을 활용함으로써만 해결된다"(Dewey, LW 11:37).[12] 그러나 성공

---

12) 'LW, 11'은 'Later Works of John Dewey, Volume 11'을 의미하는 것으로 보인다.

> 하기 위해서는 이 '저장소'를 새로운 조건에 맞게 수정해야 한다.
>
> McKenna & Pratt, 2015:91

진의 아버지는 토양을 느끼고 날씨를 고려하면서 경험적 지식을 바탕으로 밭에 어떤 작물을 심을지, 언제 파종을 시작해야 할지 결정했다. 그는 다른 해와 다른 작물에 대한 지식을 바탕으로 이미 형성된 습관을 활용했다. 그는 올해 심기 위해 저장하거나 구입한 씨앗의 발아율과 현재 날씨 패턴 같은 새로운 조건도 고려해야 한다는 것을 알고 있었다. 그는 "새로운 조건에 맞게", "과거 경험에서 축적된 지식의 저장소"(McKenna & Pratt, 2015:91)를 신중하게 수정하고 있었다.

지식에 대한 내러티브 탐구의 관점은 듀이와 다른 실용주의 학자들의 관점과 일치한다. 그들은 "지식은 지속적인 탐구의 산물이며 항상 범위가 제한되고, 실패의 대상이며, 세상의 문제가 변화함에 따라 전복될 수 있는 역동적이고 다원적인 경험 세계에 헌신"(McKenna & Pratt, 2015:4)한다는 관점을 가지고 있다. 내러티브 탐구에서 지식은 삶과 생활에 대한 지속적인 탐구에서 나오는 것으로, "항상 범위가 제한되는"(McKenna & Pratt, 2015:4) 것이다. 내러티브 탐구에서는 지식에 대한 실용주의적 이해를 공유하는데, 이는 개인의 지식이 그들의 행동 속에, 행동이 지식 속에 위치한다는 것이다. 각 사람의 지식은 그들의 행동 속에 있다.

진은 아버지와 나누지 못한, 지식에 대한 대화를 궁금해하며 이 글을 쓰고 있다. 진은 영국 콘월에서 자란 할아버지가 캐나다 서부 북쪽 대초원에서 자라는 특정 작물, 토양, 기후를 아는 방법을 아버지에게 어떻게 가르쳤는지 궁금해하지 않았다. 그는 아버지 지식의 다른 원천을 궁금해하지 않았다. 그가 어떻게 배웠는지는 교육학적 관심사지만 지식의 본질에 대한 질문과도 밀접하게 연결되어 있다. 경험적 지식은 시간과 장소에 따라 달라지며, 지식의 새로운 조건에 의해 형성되고 새로운 맥락에서 표현된다.

지식과 개인적인 것을 연결하기

내러티브 탐구에서 지식이 의미하는 바에 대한 이해를 계속 발전시키면서, 처음에 우리가 초점을 둔 것은 개인이었다. 폴라니는 지식에서 개인적인 것, 즉 개인에 대한 고려에 우리 관심을 명시적으로 끌어낸 최초의 철학자였다. 각 개인의 참여가 그 사람이 알고 있는 것을 어떻게 형성했는지에 대한 그의 직접적인 진술은, 지식이 개인의 행동에 위치한다고 본 것과 마찬가지로 지식을 개인적인 것으로 명명하는 데 도움이 되었다. 진은 폴라니의 책에서 "모든 앎의 행위(act)에는 알려지는 무언가를 알아 가는 사람의 열정적인 기여가 들어 있으며, 이 공동작용은 개인적 지식의 단순한 불완전함이 아니라 그것의 필수적인 구성 요소"(Polanyi, 1958:vii~viii)라는 진술이 특히 강력했다고 기억한다.

진은 농작물을 재배하는 아버지의 행동에 담긴 그의 지식을 다시 생각하면서, "알려지는 무언가를 알아 가는 사람의 열정적인 기여"(Polanyi, 1958:vii)가 있다는 것을 알았다. 진의 아버지가 무엇을 어떻게 알고 있었는지는 영국에서 이민 온 새로 '정착한' 농부 부모와 함께 농장에서 자란 어린 시절의 모든 경험과 그 이후 씨를 뿌리고 재배한 경험의 많은 부분, 즉 그의 인격의 많은 부분이었다. 개인적인 것은 그의 경험적 지식의 일부였다. 개인적 지식의 개념에는 지식 또한 암묵적이라는 폴라니의 이해가 녹아 있었다.

폴라니는 창의적인 행위, 특히 직관, 추측, 직감에 주목했다. 그에게 이것들은 열정의 표현이었고, 알려지는 무언가를 알아 가는 한 사람으로서 그의 열정적인 기여였다. 암묵적 지식, 즉 행동, 몸짓, 움직임, 추측, 감정에 살고 있는 지식 또한 지식에 대한 내러티브적 이해를 형성한다. 행동 속에 살아 있었던 아버지의 지식은 미소, 끄덕임, 찡그린 얼굴, 경이로움과 짐작으로 표현되었다. 토양은 작물을 심기에 충분히 따뜻했나? 충분히 촉촉했나? 일기 예보에 비가 내린다고 했나? 그의 행동에 그 순간 살았던 것이 항상 말로 표현되지는 않았으며 그 지식은 그의 발견 과정의 일부였다.

지식과 행동을 연결하기

암묵적 지식에 대한 이해는 실용주의 학자인 숀의 연구에도 반영되었는데, 반성적 실천에 대한 그의 연구는 내러티브 탐구에서 지식에 대한 이해에, 이해를 위해 중요하게 작용한다. 숀은 “지적인 행동에는 일종의 앎이 내재되어 있다”(Schön, 1983:50)고 보았다. 숀은 “일반적인 실천적 지식의 특징적 방식”인 행동 중 앎(knowing-in-action)은 행동과 분리된 사전 사고 없이 “우리가 자발적으로 수행하는 방법을 알고 있는 행동, 인식, 판단”과 같은 속성이 있다고 설명한다. 아는 자(knower)는 “보통 우리의 행동이 드러내는 앎을 설명할 수 없기 때문에”, “이런 일을 하는 법을 배웠다는 것을 알지 못한다”(Schön, 1983:54). 진은 들판에서 무릎을 꿇고 일하는 아버지를 옆에서 지켜보면서, 경험적 지식을 암묵적인 차원으로 이해할 수 있었다고 설명한다. 지식은 침묵하지만 행동, 즉 삶이 지식으로 이해되면 눈에 보인다. 듀이처럼 숀은 행동에서의 지식을 인식하고 이해하기 위해 행동에 더 면밀하게 주목하라고 했다.

지식을 경험적이고 개인적이며 실천적인 것으로 보는 이러한 아이디어는 내러티브 지식에 대한 우리의 초기 아이디어다. 이는 1985년에 “행동과 지식은 행위자 안에 통합되어 있으며, 따라서 앎에 대한 우리의 설명은 자신의 개인적인 내러티브, 의도, 열정 등을 가진 행위자에 대한 것이다”(Connelly

& Clandinin, 1985:178)와 같은 아이디어로 설명되었다. 코넬리와 클랜디닌은 개인적 실천적 지식이 "행위를 … 불러일으킨 특정 사건을 겨냥한 모든 앎의 양식을 역사 속에서, 그 순간에, 행위 속에서 체현하기 때문에 복잡하다"(Connelly & Clandinin, 1985:178)고 주장했다. 아버지와 함께했던 진의 기억으로 다시 돌아가 보자. 아버지가 무릎을 꿇고 땅을 느끼는 순간에, 무엇을 언제 어디에 심을지 결정하는 행위에서, 어쩌면 세대 간에도, 시간이 지남에 따라 그의 역사에 체현된 개인적 실천적 지식이 표현된다는 것을 알 수 있다. 코넬리와 클랜디닌은 그 순간 진의 아버지가 했던 것과 같은 그런 행동은 "삶의 경험의 내러티브 통일성(narrative unity)에서 나온 재수집(re-collection), 즉 결정화 과정(process of crystallization)"(Connelly & Clandinin, 1985:184)이라고 주장했다.

지식을 내러티브와 연결하기

심리학에서 브루너의 연구는 지식에 대한 우리의 새로운 내러티브 아이디어와 일종의 병행을 이룬 작업이었다. 브루너는 "지식이란 경험의 규칙성에 의미와 구조를 부여하기 위해 우리가 구성하는 모델이다. 지식 체계를 조직화하는 아이디어는 경험을 경제적이고 연결된 상태로 만들기 위한 발명품이다"(Bruner, 1962/1979:120)라고 했다. 브루너는 "내러티브와 패러다임적 사고 양식(Narrative and paradigmatic modes of thought)"(1985)에서 사람들이 자신의 경험을 해석하고 이해할 때 사용하는 두 가지 사고 양식에 대한 견해를 제시했다. 패러다임적 사고 양식은 체계적인 분류와 개념화를 사용해 형식적인 과학적 서술과 설명의 이상을 실현하려고 시도하는 반면, 내러티브 사고 양식은 이야기를 통해 경험에 부여된 의미에 관심을 갖는다. 이야기는 사람들이 무엇을 원하는지, 그것을 어떻게 성취하는지에 대한 그들만의 설명을 포착한다. 브루너가 심리학에서 내러티브 사고 양식의 개념을 제시함과 동시에, 코넬리와 클랜디닌(Connelly & Clandinin, 1988)은 내러티브 탐구에서 개인적 실천적 지식이라고 불리는 것에 대한 아이디어를 다음과 같이 정의했다.

> 현재의 위급한 상황에 대처하기 위해 과거, 그리고 미래의 의도를 재구성하는 특정한 방법 … 사람에 대한 내러티브적이고 교육과정적인 이해는 유연하고 유동적이며, 따라서 사람들이 상황에 따라 다른 말을 하고 다른 행동을 하며, 반대로 상황에 따라 경험의 다른 측면이 상황에 영향을 준다는 것을 인식하는 이해다.
>
> Connelly & Clandinin, 1988:25~26

지식에 대한 그들의 내러티브적 관점에서는 개인적 실천

적 지식의 시간적 특성뿐만 아니라 상황적 또는 맥락적 특성이 더욱 눈에 띄고 뚜렷해졌다. 개인적 실천적 지식은 개인적이고 전문적인 삶의 경험이 함께 엮여 있기 때문에 상황에 따라 달라지고 지속적으로 구성되는 것으로 정의되었다. 개인적 실천적 지식은 도덕적, 정서적 지식이었으며 각 개인의 존재를 사건과의 상호 작용으로 적극 이끌었다. 개인적 실천적 지식으로 살아가는 것은 각 개인의 삶의 개인적, 전문적 내러티브와 밀접하게 연결되었다. 얼마 후 폴킹혼(Donald Polkinghorne)은 "사건의 시간적, 도식적 연결성"을 지닌 내러티브 지식이 "개인의 행동과 자서전을 이해하는 데 사용되는 종류의 앎"(Polkinghorne, 1988:111)이라고 확언했다. 시간의 흐름에 따라, 아마도 세대에 걸친 삶의 사건과 행동의 시간적 전개에 주목하는 일은 내러티브 탐구에서 우리가 지식으로 간주하는 것의 일부다.

펼쳐지고, 맥락적이며, 문화적이고 사회적으로 형성된 것으로서 지식

그러나 내러티브 탐구에서 지식에 대한 이해를 이러한 차원으로만 남겨 둔다면, 우리는 내러티브 탐구에서 지식이라고 생각하는 것에 대해 우리가 아는 것을 아직 충분히 보여 주지 못한 것이다. 아마도 어머니의 지식에 대한 진의 경험으로 돌아가면 내러티브 탐구의 지식에 대한 강화된 관점을 보여주는 데 도움이 될 것이다. 어머니와 함께한 경험에 대한 이야기에서, 진은 카탈로그와 잡지에서 어머니가 자신을 위해 만들어 줄 수 있는 예쁜 옷에 대한 아이디어를 찾아본 것에 대해 말했다. 진이 본 카탈로그와 잡지들은 대부분 유럽과 북미의 지배적인 문화적, 제도적 내러티브에 위치한 드레스, 스커트, 블라우스 차림의 백인 여성과 소녀를 보여 주는 서양의 내러티브에서 나온 것이었다. 지배적인 내러티브에 맞는 원단과 스타일로 만들어진 옷들이 있었고, 이러한 내러티브는 진과 어머니가 체현한 지식의 일부였다. 지식을 더 큰 문화적, 사회적 내러티브에 의해 형성된 것으로 이해하는 일은 내러티브 지식의 일부이며, 지식이 어떻게 형성되는지에 항상 주의를 기울이는 것은 지식을 내러티브 방식으로 이해하는 것의 일부다.

어머니에 대한 진의 이야기, 디자인과 드레스 제작에 대한 지식을 보유한 사람으로서 어머니에 대한 진의 이야기, 자신이 원하는 자신의 이야기를 살아낼 수 있게 해 주는 옷을 갖고 싶어 하는 진의 이야기에서 우리는 지식이 항상 문화적, 사회적 내러티브에 의해 형성되는 방식을 본다. 내러티브 탐구에서 이해되는 지식은 항상 진과 어머니의 관계와 같은 직접적인 맥락과 패션과 여성에 대한 문화적, 사회적 내러티브 같은 더 큰 맥락을 둘 다 포함하는, 맥락 안에 있는 지식이다.

지식을 문화적, 사회적 내러티브에 내재되어 있고 그것에 의해 형성되는 것으로 간주하는 방법은 루고네스의 연구를 읽음으로써 알 수 있다. 루고네스는 사람들이 살고 있는 세계와 각 사람이 살고 있는 여러 세계 사이를 여행하는 가능성에 대해 썼다. 세계와 "'세계'여행('world'-travelling)"에 대한 설명에서 루고네스는 "'세계'여행자인 우리는 서로 다른 '세계들'에서 다른 존재라는, 그리고 다른 '세계들'과 그 세계 속에서 우리 자신을 기억할 수 있는 능력을 갖는 뚜렷한 경험을 한다"(Lugones, 1987:11)고 기술했다. 루고네스에게 세계여행은 "한 사람이 되는 것에서 다른 사람이 되는 것"(Lugones, 1987:11)으로 전환하는 것을 포함한다. 여행은 다양한 세계에서 다르게 구성되고, 자신을 다르게 구성한다. 세계와 세계여행에 관한 루고네스의 이론은 내러티브 탐구에서 지식을 보는 방식을 이해하는 데 도움이 되었다. 우리는 특정한 세계 내에서 우리 자신과 타인을 알고 있으며, 다른 세계 내에서 자신과 타인을 다르게 알 수 있다. 우리의 지식은 이동하고 변화하며 우리가 거주할 수 있는 여러 세계 내에서 다중적이다. 어머니와의 경험에 대해 진이 기억하는 이야기를 다시 살펴보면, 진이 살고 있는 다양한 세계 안에서 어머니의 지식을 볼 수 있다. 재봉 기술뿐 아니라 원단, 디자인, 제작

등 유럽의 양재 기술을 잘 아는 세계는 어머니의 세계 중 하나이고, 그는 젊은 여성으로서 학교와 지역사회 세계에 어울리고 싶어 하는 딸의 세계도 잘 알고 있다.

1960년대 이후 북미 학계에서 지식에 대한 페미니스트의 이해가 받아들여지기 시작했지만, 어린 소녀였던 진의 학교 세계는 그에 의해 형성되지 않았다. 이제 우리는 어머니의 지식에 대한 진의 이야기를 다시 읽고 생각하면서 내러티브 탐구에서 지식에 대한 보다 복잡하고 역사적인 이해를 통해 정보를 얻는다.

내러티브 탐구에서 다루는 지식에 대한 일부 아이디어는 벤 오크리(Ben Okri)가 썼듯 "우리가 의식하지 못하는 사이에 일찍부터 쭉 우리 안에 심어진 것"(Okri, 1997:46)이다. 예를 들어, 우리는 매키나와 프랫의 저서들(McKenna & Pratt, 2015; Pratt, 2002)을 읽으면서 듀이의 아이디어가 초기 페미니스트들의 영향을 많이 받았다는 사실을 알게 되었다. 프랫은 실용주의에서 지식에 대한 아이디어가 애덤스, 길로이 퍼킨스 등과 같은 페미니스트 실용주의 학자들의 연구에 어떻게 연결되는지 보여 준다. 애덤스 같은 학자들은 듀이에 의해 알려졌고, 그 아이디어는 듀이에게 영향을 미쳤다. 듀이를 읽으며 우리는 초기 페미니스트 학자들의 영향을 받아 내러티브 탐구에서 지식에 대한 이해를 발전시켰다. 그러나 원주민과 초기 페미니스트의 연구에서 아이디어를 끌어온 초기 실용주의자들의 영향을 받고 있다는 사실은 알지 못했다. 진은 지식에 대한 이러한 상호 연관성을 인식하지 못했지만, 첫 번째 박사 과정 수업에서 코넬리와 엘바즈의 연구를 통해 지식에 대해 생각하는 새로운 방식을 접했다. 그리고 거기서 듀이의 경험적 지식 개념에 내재된, 지식에 대한 페미니스트 아이디어와도 만났다.

프랫의 저서에서 볼 수 있듯, 실용주의 전통에서 연구한 초기 페미니스트 학자들이 지식을 이해하는 원주민의 방법을 채택한 방식이 눈에 띈다. 프랫은 지식에 대한 실용주의적 페미니스트 관점은 인물이나 시간성보다는 장소에 출발점이 있다는 것에 주목하면서 '집(home)의 논리'를 끌어들인다. 리디아 마리아 차일드(Lydia Maria Child)의 1845년 작업을 바탕으로, 프랫은 다음과 같이 말한다.

> 인간의 지식은 존재와 마찬가지로 세부적인 것의 문제다. 사물 간의 연관성을 인식하는 것은 유용하지만, 사물이 무엇이고 어떻게 알려지는지는 항상 다원적이며 상호 작용의 문제다.
>
> Pratt, 2002:267

길로이 퍼킨스나 애덤스 같은 초기 페미니스트 학자들은 지식을 장소와 상호 작용에 근거한 것으로 이해하는 것이 중요하다고 보았다. 프랫은 애덤스의 저서 『민주주의와 사회윤리(Democracy and social ethics)』(2002)에 주목해 다음과 같이 설명한다.

> 문제를 상황의 관점에서 이해해야 하고 해결책을 문자 그대로 상황 자체에서 찾아야 하는 집의 논리를 채택한다. … 자신이 사는 곳의 문제에 대한 유일한 대응은 그 장소, 그 곳의 사람, 역사, 땅, 이해관계에서 해결책을 찾는 것이다.
>
> Pratt, 2002:280~281

> 애덤스가 친구 엘런 게이츠 스타(Ellen Gates Starr)와 함께 시카고의 가난한 이민자 지역에 헐하우스를 설립했을 때, 그의 작업은 네오린(Neolin)과 사고예와타(Sagoyewatha), 존스턴 스쿨크래프트(Jane Johnston Schoolcraft)와 존 로스(John Ross)의 전통에 담긴 아이디어를 구체화했다. 그들은 의미가 장소의 문제이며 장소의 번영, 즉 집을 만드는 것은 장소의 상호 작용 속에서 적합한 관계를 구축하는 데 달려 있다고 말했다.
>
> Pratt, 2002:281~282

초기 실용주의 학자들에게 지식은 항상 각각의 맥락, 각각의 상호 작용, 각각의 상황 안에 존재한다. 프랫은 차일드의 작업을 통해 다음과 같은 사실을 보여 준다.

> 차일드가 발전시킨 집의 논리에서 상호 작용의 원리는 존재론적, 인식론적으로 출발점 역할을 했다. 가정이라는 세부적인 맥락에서 사물은 그 의미와 성격을 얻는다. 차일드는 맥락에 주목함으로써 차이의 역할과 그 가치를 진지하게 받아들일 수 있었다. 또한 이해와 행동을 위해서는 자신의 집과 의미의 대안적 중심 역할을 하는 다른 집들의 존재를 인식해야 했다. 그러한 집들은 단순히 고립된 다른 개인이 아니라 사람, 땅, 역사, 이해관계가 복잡하게 얽혀 있는 관계였다.
>
> Pratt, 2002:270~271

수년 전으로 거슬러 올라가는 지식에 대한 이런 아이디어를 다시 읽고 인식하면서, 우리는 내러티브 탐구에서 지식에 대한 아이디어가 어떻게 반복적으로 형성되는지 확인하기 위해 진의 경험 이야기를 다시 읽는다. 이를 위해 새로운 통찰이 있는 이론 연구로 되돌아갈 뿐만 아니라 내러티브 탐구에서 지식에 관해 우리가 알고 있는 것을 새롭게 보기 위해 기억된 이야기로 되돌아간다. 우리는 진의 어머니의 지식이 20세기 중반 캐나다 서부의 시골 농장이라는 특정한 가족적 맥락에 의해 형성된 방식을 본다. 어머니의 집은 "사람, 땅, 역사, 이해관계가 복잡하게 얽혀 있는 관계"(Pratt, 2002:271) 속에 자리 잡고 있었지만, 어머니가 진과 함께 자신의 지식을 살아내는 동안 그나 어린 진 모두 자신들의 지식이 이러한 관계 속에 어떻게 중첩되어 있는지를 인식하지 못했다. 진은 세미나실에서 어머니와 함께한 경험에 대한 인식을 처음으로 회상하고 어머니를 지식 보유자로 명명하기 시작했을 때조차, 새롭게 떠오르고 있던 것이 어떻게 내러티브 탐구에서 지식의 관점이 되었는지 알아채지 못했다.

내러티브 탐구에서 지식을 보는 관점에 초기 페미니스트 실용주의 학자들의 연구가 영향을 미쳤지만, 우리는 지식에 대한 이해를 발전시키면서 버지니아 울프, 길리건, 나딩스 같은 다른 페미니스트 학자들의 영향을 더 많이 인식했다. 물론 내러티브 탐구에서 지식에 대한 우리 이해를 형성한 많은 페미니스트 학자들이 있었으나 여기서는 오랫동안 계속해서 우리를 도전한 세 명을 강조하려 한다. 울프(Woolf, 1977)는 글로 자신의 지식을 주장하기 위해 시간과 장소의 안전성을 확보하는 것이 얼마나 중요한지 알려 주었으며 이를 통해 시간, 장소, 관계가 개인의 지식을 형성하는 복잡한 방식을 다시 한번 확인할 수 있도록 도와주었다. 젠더, 특권, 지역, 관계에 의해 형성되고 표현되는 개인이 누구이며 어떤 사람이 되어 가는지 들여다보는 것은 우리가 지식을 이해하는 방법의 일부다. 사회적, 제도적 맥락뿐만 아니라 경험, 시간, 장소, 젠더에 의해 형성된 여성의 목소리를 이해하는 길리건(Gilligan, 1982)의 연구는 지식에 대한 새로운 이해에 또 다른 이론적 자원이 되었다. 나딩스(Noddings, 1983)는 지식에 대한 특정 페미니스트 관점을 표현한 돌봄의 윤리를 주창했는데, 이 또한 내러티브 탐구에서 지식에 대한 아이디어를 발전시키는 데 중요했다. 자신의 글에서 나딩스는 이야기가 어떻게 돌봄의 표현이며, 각 사람이 살고 있는 세계를 이해하는 관계적 방식인지를 보여 주었다.

어머니와 함께한 진의 이야기와 어머니가 경험적 지식을 어떻게 가지고 있었는지에 대한 진의 깨달음을 되돌아보면, 진이 지식을 보는 새로운 방식 안에서 자신의 어머니에게 지식이 있다는 가능성에 놀랐던 것을 알 수 있다. 진의 첫 번째 이야기를 다시 읽어 보면, 여성인 진의 어머니가 자신과 자신의 행동에 깃든 지식의 보유자라는 측면에서 거의 보이지 않는 존재였음을 알 수 있다. 진이 어머니를 지식 보유자로 명명하면서 진은 어머니를 새로운 방식으로 보게 되었다. 진의 이야기를 다시 살펴보면, 그동안 보이지 않았던 다양한 사람들이 가시화되는 것을 봄으로써 내러티브 탐구에서 수년에 걸쳐 지식을 이해해 온 방식이 형성되었다는 것을 알 수 있다. 내러티브 탐구에서 지식으로 간주되는 것의 형태는 사람과 사람들 간의 관계, 사람과 공동체의 관계, 물질세계와의 관계, 자신과의 관계 속에서 이해하는 것으로 바뀌었다.

원주민 학자들과 그들의 저술을 알게 되면서 우리는 그들의 관점이 내러티브 탐구에서 지식에 대한 관점과 어떻게 엮여 있는지 알게 되었다. 진의 아버지 이야기로 돌아가서, 우리 연구에 영향을 준 원주민 학자들의 통찰을 가지고 그 이야기를 다시 읽는다. 숀은 아는 자로서 아버지에 대한 진의 이야기를 읽고 또 읽으면서, 원주민 원로 이자벨 쿠트네이가 지식에 대해 생각하도록 가르쳤던 방식을 떠올려 본다. 땅에 대해 가르치는 원로 이자벨은 계절의 패턴과 리듬에 대한 지식을 바탕으로 메디신 휠(medicine wheel)[13]에 대한 이야기를 가르치고 들려준다. 그는 자기 가족의 지리적 고향 고유의, 특정 지역의 식물과 동물에 관한 이야기를 들려준다. 원로 이자벨은 지식을 특정 장소와 관계에 대한 세대 간의 무엇으로, 맥락적인 것으로 이해하도록 가르친다. 그는 공동체 내에서 재능 있는 이야기꾼인 어머니와 할머니의 이야기를 통해 자신의 지식이 어떻게 교류되는지 공유한다. 그는 전해

---

13) 신성한 고리(Sacred Hoop) 또는 선 댄스 서클(Sun Dance Circle)이라고도 불리는 메디신 휠은 여러 세대에 걸쳐 다양한 아메리카 원주민 부족에서 건강과 치유를 위해 사용되어 온 상징이다. 메디신 휠은 원주민 원로들의 지식에 대한 은유이기도 하며, 기도와 배움의 장소이기도 하다. 북미 원주민 지역에는 수백, 수천 개의 메디신 휠이 있다.
출처: https://news.ontario.ca/en/backgrounder/12727/the-medicine-wheel(인출일: 2023. 11. 27.)

내려오는 이야기에는 언어와 의식이 깃들어 있으며 이야기는 장소에 따라 고유한 의미를 담고 있다는 것을 우리에게 상기시켜 준다. 그의 삶은 스토니 부족[14]의 여성 지식 보유자로서 공동체 내에서 배워 왔던 전통에 의해 생명을 얻은 초기 경험으로 형성되었다.

진이 농장에서 아버지와 함께한 초기 이야기와 원로 이자벨의 세대 간 이야기는 파종 시기와 수확 시기의 연례적 일상을 넘어서는 계절적 리듬과 땅과의 특별한 관계를 강조해 숀의 공감을 불러일으킨다. 진은 농장에서의 초기 경험을 회상하며 아버지가 땅과 농작물 재배에 대한 지식을 얼마나 깊이 이해했는지, 그리고 그 지식이 지리, 토양, 날씨의 세부적인 요소에 의해 어떻게 형성되었는지 이야기한다. 숀은 원로 이자벨의 이야기와 진의 이야기를 함께 생각하면서, 원로 이자벨이 지식에 대해 어떻게 가르치는지, 지식을 보고 받아들이는 다양한 방법을 어떻게 생각하게 하는지, 단일하거나 지배적인 내러티브에 대한 표준화된 해석을 어떻게 교란하는지 알게 된다.

---

14) 스토니(Stony) 부족은 태고부터 로키산 기슭에 거주했던 원주민 부족이다.

요약

이 장에서 우리는 문화적, 사회적 맥락에서 펼쳐지고 스며드는 경험의 본질에 주목하면서 지식과 경험의 연관성을 살펴보았다. 또한 지식을 보는 다양한 관점에 대한 초기 연구가 내러티브 탐구에서 지식을 이해하는 방식에 미친 영향을 간략히 설명했다. 듀이의 연구뿐만 아니라 초기 페미니스트 연구의 중요한 영향과 원주민 실용주의에 대한 프랫의 연구 등 지식에 관한 다양한 작업을 다뤘다. 우리는 실용주의, 페미니즘, 원주민 학문을 포함한 다양한 학문적 전통을 바탕으로 지식에 대한 우리의 내러티브 관점을 제시했다. 이러한 전통을 바탕으로 분석적이고 논리적인 것으로서의 지식에 대한 아이디어를 경험적이고 개인적이며 실천적이고 내러티브적인 것으로서의 지식으로 변화시켰다. 지식에 대한 이러한 아이디어는 이 책에서 계속 등장하고 다시 등장한다. 다음 장에서 우리는 체현을 개념화하는 데 필요한 지식과 경험을 살펴본다.

3장
체현

개요

2000년에 이르러 클랜디닌과 코넬리는 존슨의 영향을 받아, 체험적인 은유로 사고하는 체현이라는 아이디어에 관심을 가졌다. 존슨(Johnson, 2007)의 연구는 체현이 인지의 중심이며, 그것이 환경과의 지속적인 상호 작용 속에 위치한다는 아이디어에 의해 형성되었다. 체현은 우리가 이야기와 경험을 어떻게 구현하는지에 주목하는 사회적 과정이다. 우리의 감정 표현은 경험을 반영하며 체현으로 간주된다(Neumann, 1997; Sarbin, 2001). 종종 이러한 체현은 경험에 대한 통찰을 제공하는데, 이는 말로 표현할 수 없거나 여러 세대에 걸쳐 몸으로 전달된다(Young, 2005). 오드리 로드(Audre Lorde)는 신체와 텍스트의 연결과 신체를 텍스트로 읽을 가능성에 주목했다(Lorde, 1984).

경험으로 전환하기

나는 고향에 가까워지고 있다는 걸 안다. 내 안에서 느낄 수 있는 그것은 기억을 끌어당긴다. 마을 가장자리에서 나는 북서스캐처원강이 세이지[15] 언덕과 대초원 풀 사이로 굽이치며 북쪽에서 남쪽으로 완벽한 길을 만들어 내는 아름다운 계곡을 만난다. 이야기를 향해 여행하면서 나는 애틋한 마음으로 그곳의 지리적 풍경을 떠올린다. 오래전에 이곳에 살았던 원주민 조상들의 초기 이야기들, 농장과 정착촌이 생기기 전, 번화한 도시가 생기기 전, 현대식 여행이 시작되기 전의 이야기들 말이다. 나는 초기 기억 속의 장소들을 생각하면서, 고향으로의 여러 여행을 떠올린다. 고향으로 돌아오면서 감각이 깨어나는 것을 오늘 내 안에서 다시 한번 느낄 수 있었다. 무척 오랜만이다.

아버지는 이 대초원 마을에서 자란 농부였다. 아버지는 도시 북쪽, 지역 주민들이 '13마일[16] 코너'라고 부르는 곳 근처에 작은 농장을 가지고 계셨다. 기억을 더듬어 고향의 옛 순간을 떠올려 보면, 이곳은 항상 나와 함께였다. 우리 가족은 내가 어릴 때 나를 입양했다. 나는 몬트리올

---

15) 약용, 향료용 허브의 일종이다.

16) 약 20킬로미터 정도의 거리다.

레이크 크리 네이션(Montreal Lake Cree Nation)[17]이라는 북쪽 공동체 출신이다.

이미지들…. 나는 대초원의 아이스링크 위로 살금살금 기어 나오는 나무와 그 긴 촉수에 둘러싸여 있고, 달은 밤에 어둠을 밀어내며 나를 지켜보고 있다. 눈이 높이 쌓인 이른 아침, 이곳은 여전히 어둡다. 나는 아버지를 찾을 수 있다. 아버지는 기억의 안개 속에 있다. 그 안개는 내가 훨씬 뒤 어른이 될 때까지 나와 함께 있다. 안개가 끼고, 홍수가 나고, 얼음이 언 오늘 아침에 밖은 너무 춥다. 그림자를 드리우면, 아버지가 일정한 방향과 리듬을 가지고 앞뒤로 움직이는 것이 보인다. 전봇대에 서툴게 매달린 농장 전구 불빛 하나로 아버지를 볼 수 있다. 그가 보인다. 나는 부엌 식탁에서 돌출창을 통해 그를 지켜본다. 나는 아버지가 일찍 일어나는 소리를 들었고 그가 하는 일이 잘될 때까지 기다렸다. 나는 아버지가 매주 이 의식을 수행하는 것을 부엌 식탁에서 자주 지켜보곤 했다. 나는 밖에 나가서 아버지를 도울 수 있으면 좋겠다고, 학교가 시작되기 전에 하키 한 게임만 더 할 수 있으면 좋겠다고

---

17) 캐나다 원주민 중에서도 고유한 역사적 문화유산을 보유하고 있으며, 공동의 정치의식을 가진 민족을 형성한다는 점에서 뚜렷이 구별되는 원주민 집단이다.
출처: https://mlcn.ca/(인출일: 2023. 12. 27.)

바랐다.

어린 시절의 그 아이스링크는 내 마음속 거대한 존재였다. 아버지는 더 이상 필요 없는 울타리의 낡은 나무판자로 아이스링크를 만들었다. 오전 6시면 물 쇼가 시작됐고, 얼어붙은 입자들이 검은 호스에서 뿜어져 나오며 공중으로 흩어지곤 했다. 아직도 그 장면이 눈에 선하다. 나는 이러한 초기 경험들이 마술을 부리고 나를 끌어당기는 것을 느낄 수 있다. … 나를 어린 시절의 야외 공간으로 밀어 넣으며 내 안에서 여행하는 것을 말이다. 아버지는 아이스링크를 짓겠다고 약속했고 매해 겨울에 그렇게 했다.

정성 들여 만든, 울퉁불퉁한 부분이 없는 매끄러운 빙판,
녹슬고 허름한, 퍽[18]을 계속 움직이게 하는 보잘것없는
임시 보드,[19]
부드러운 터치, 퍽이 얼어붙은 표면을 가로지르며
미끄러질 때의 튕김,
그렇게 미끄러지듯 춤을 추는 스케이트 날

내 아버지는 아이스맨[20]이자 나의 골리[21]였다. 아버

18) 아이스하키에서 쓰는 공으로, 원반 모양의 고무

19) 아이스하키 경기장을 둘러싼 울타리 판자

지는 스케이트를 탈 줄 몰랐다. 우리는 이 대초원에서 겨울이 길어지는 동안 거의 매일 밤 그 얼음판 위에서 놀았다. 지금도 눈을 감으면 노란색 끈이 너덜너덜해진 아버지의 커다란 검은색 부츠, 앞으로 나아가는 나를 아버지가 안아 올렸고 내가 아래를 내려다보던 것이 생생하게 떠오른다. 스케이트를 처음 탔을 때 나는 겨우 네 살이었다. 아버지는 나를 빙판 위에서… 균형을 잡으며… 침묵 속에서 한 걸음 한 걸음 조심스럽게 움직이게 했다. 회색 파카, 말 없음, 인조 모피, 추운 날씨. 이런 것들이 나와 함께하는 어린 시절 장소들에 대한 초기 기억이다.

첫눈과 함께 계절이 바뀌는 시간. 방과 후 스케이트장에 가기 위해 차선을 따라 달리던 기억이 난다. “가요, 서둘러요, 어두워지고 있어요, 놀아야 해요, 아빠.” 나는 아버지가 나를 따라오기 힘들었던 날, 짐을 천천히 꾸리거나 애써 노력했던 날이 있었을 것이라고 생각한다. 이제 나는 스케이트 끈을 혼자 묶을 수 있다. 점점 강해지고 있다. 나는 그렇게 많은 도움이 필요하지 않다. 이제 괜찮다.

시간이 지날수록 더 빠르고, 더 부드럽게 미끄러지는 스케이트 날. 대부분의 밤에 나는 혼자 밖에 있었다. 아버

---

20) 스케이트장 관리인

21) 아이스하키 골키퍼

지는 피곤해서 더 이상 예전처럼 밖에 계실 수 없었다. 나는 이 사실을 훨씬 후에야 이해하기 시작했다.

이 어린 시절의 기억은 현재에도 남아 있으며 눈이 흩날리고, 얼음이 만들어지고, 야외 링크에서 아이들의 웃음소리를 들으며 미끄러지는 것을 통해 떠오른다. 이제 나는 빙판 위를 조심스럽게 움직이기 시작하는 딸들을 안아 세운다. 스케이트를 신은 나는 아버지의 품을 떠올리며 딸들을 조심스럽게 안아 준다. 이것은 바로 좋은 이야기, 형성하는 이야기(shaping stories)다. 아이스링크에서의 경험을 통해 이런 식으로 나를 돌보는 돌봄에 헌신하는 것에 대해 글을 쓰면서 궁금해진다. 아이스링크는 우리 사이의 물리적 대상이자 다른 방식의 관계적 장소다. 우리는 이곳에서 다른 방식으로 움직이는 법을 배우고 있었다. 나는 이제 눈을 감는다. 나는 아직도 그 아이스링크가 나를 고향으로 데려가는 것을 마음속으로 느낄 수 있다.

체현을 내러티브 탐구에 연결하기

나는 이제 눈을 감는다. 나는 아직도 그 아이스링크가 나를 고향으로 데려가는 것을 마음속으로 느낄 수 있다. 숀은 아버지와 함께한 어린 시절 스케이트장에서의 경험에 대해 글을 쓴다. 그는 온몸의 반응으로 드러나는 신체적 표현이자 은유로서 고향으로 돌아간다는 것, 고향을 여행한다는 것의 의미를 재방문하면서, '고향'의 경험으로 돌아가는 것과 몸 안에서 끌어올려지는 기억에 대해 글을 쓴다. 존슨(Johnson, 2007)은 언어가 정의하는 은유를 넘어 생각할 것을 촉구하면서, 은유를 우리 행동을 형성하고 우리 행동에 영향을 미치는 일상적이고 평범한 경험에서 의미를 만드는 것으로 사고하도록 권장한다.

우리가 그리는 숀의 귀향 경험은 물리적인 아이스링크나 아버지와 빙판 위에서 스케이트를 타는 경험 또는 지리적 장소 간의 물리적 이동 그 이상으로, 일상적인 현실을 경유한다. 고향, 고향의 개념, 여행을 통한 귀향이 다층적이고 중층적인 의미를 지니는 **"고향으로 데려다주는"** 이야기 속 은유는 현재 숀의 경험을 계속해서 형성한다. 은유는 이러한 방식으로 그의 세계와 그 안에서 일어나는 상호 작용을 이해하기 위한 개념이다.

체현과 은유를 연결하기

우리는 내러티브 탐구와 관련하여 체현에 대해 생각하는 것이 중요하다는 점을 일찍이 깨달았다. 듀이를 따르는 철학자인 존슨은 내러티브 탐구의 중심이자 내러티브 탐구에서 지식에 대한 이해를 발전시키는 데서 체현된 은유(embodied metaphors)에 대해 생각하는 데 도움을 주었다. 존슨에게 은유는 경험적이고 체현된 지식이었다. 존슨은 듀이가 오늘날 살아 있었다면 당연히 "마음, 사고, 언어는 거대하고 다차원적이어서, 단지 기능하는 뇌뿐만 아니라 그것이 작용할 기능하는 신체도 필요로 한다는 점, 결과적으로 신체는 물리적, 사회적, 문화적 차원을 지닌 복잡한 환경과 지속적으로 상호 작용한다는 사실을 항상 기억해야 한다고 주장했을 것"(Johnson, 2017:56)이라고 강조한다. 체현을 이해하는 이러한 가능성을 바탕으로 우리는 경험에 대한 듀이의 관점을 따라 존슨이 제시한 체현의 아이디어로 나아갔다.

존슨은 레이코프(George Lakoff)와 함께 쓴 영향력 있는 저서에서 다음과 같이 썼다.

> 우리는 은유가 언어뿐만 아니라 사고와 행동 등 일상적 삶에 널리 퍼져 있다는 사실을 발견했다. 우리가 사고하고 행동하는 일반적인 개념 체계는 본질적으로 은유적인 성격을 띤다. 우리 사고를 지배하는 개념은 단순히 지성의 문제가 아니다. 개념은 우리의 일상적인 기능, 가장 일상적인 세부 사항까지 지배한다. 개념은 우리가 지각하는 것, 이 세계 안에서 살아가는 방식, 다른 사람들과 관계를 맺는 방식을 구성한다. 따라서 우리의 개념 체계는 일

> 상적인 실재를 규정하는 데 중심 역할을 한다. 우리의 개념 체계가 대체로 은유적이라는 제안이 옳다면, 우리가 생각하는 방식, 경험하는 것, 매일 하는 행동은 매우 은유의 문제다.
>
> Lakoff & Johnson, 1980:3

존슨은 경험적 지식이 은유적으로 표현되는 방식뿐 아니라 그러한 지식이 우리가 살아가는 방식을 형성하고 생각과 행동의 방향성을 형성하는 것에 주목했다. 우리는 1987년 출간된 저서 『마음속의 몸(The body in the mind)』에 표현된, 체현된 지식에 대한 그의 아이디어에 매료되었다. 존슨은 우리가 세상에 살면서 무언가를 알게 될 때 우리의 전 존재를 포함시키는 것이 필요하다고 보았다. 따라서 우리의 이해에는 신체적 능력과 기술, 가치관, 기분과 태도, 문화적 전통, 언어 공동체와 결속된 방식, 미적 감각 등 우리의 전 존재가 포함된다. 요컨대, 우리의 이해는 세상에 우리가 존재하는 방식이다. 그것은 우리의 신체적 상호 작용, 문화적 제도, 언어적 전통 및 역사적 맥락을 통해 우리가 세상에 의미 있게 자리매김하는 방식이다(Johnson, 2007). 존슨의 아이디어는 세상을 살아가는 사람의 체현이라는, 지식에 대한 우리의 새로운 내러티브 관점에 공감을 불러일으켰다.

숀이 강 계곡으로 차를 몰고 들어가 그 아름다움과 완벽

함을 생각하며 아버지와 함께 농장에서 자란 어린 시절을 회상하는 장면은 그의 경험에서 체현된 것이다. 그곳의 지리, 구불구불한 강, 아버지가 만들고 사랑스럽게 가꾼 농장과 아이스링크는 그의 신체적 경험을 형성하고, 그가 누구이며 그가 무엇을 알고 있으며, 세상을 어떻게 살아가는지를 형성한다. 그의 몸은 그의 마음을 형성하고 그의 마음은 그의 몸을 형성한다. 체현은 인지의 중심이며 환경과의 지속적인 상호작용 내에 위치한다(Johnson, 2007).

숀이 자신의 원주민 공동체, 조상, 물리적 공간에서의 초기 경험을 생각할 때, 그리고 이것이 과거뿐만 아니라 딸들과 함께하는 미래를 상상하는 데서 어떤 의미가 있는지 생각할 때, 상상 속의 지리는 그에게 의미를 부여한다. 귀향에 대한 숀의 글은 그가 현재 딸들과 함께 살고 있는 원주민 공동체의 모습뿐만 아니라 어린 시절에 여러 집을 옮겨 다니며 살았던 경험, 유소년 시절의 농장으로 귀향하면서 의미를 발견하기 위해 찾고 살피는 모습 등 어린 시절의 고향에 대한 이야기를 엿볼 수 있게 해 준다.

우리는 빙판 위에서 그의 옆에 있는 아버지를 묘사하는 숀의 이야기를 통해 내러티브 탐구에서 체현의 중요성을 볼 수 있다. 숀은 아버지가 빙판 위에서 네 살짜리의 몸을 똑바로 안아 세웠을 때 아버지의 부츠를 아래로 내려다보던 기억을 떠올린다. 그리고 아버지가 빙판 위에서 천천히 자신을 움직이며 스케이트를 신고 똑바로 서는 것이 어떤 느낌인지, 미끄러운 빙판 위에서 움직이는 것이 어떤 느낌인지 가르쳐 주었던 기억을 떠올린다. 이 이야기는 숀의 경험 속 다른 시간, 아버지가 만든 스케이트장이라는 또 다른 장소, 아버지와 아들 사이의 강한 사랑의 관계로 우리를 데려가는 강력한 이야기다. 우리는 숀과 그의 아버지, 스케이트, 숀의 어린 시절 매해 겨울 농장에 정성스럽게 만들고 손질한 아이스링크의 관계를 볼 수 있다. 존슨(Johnson, 2017)은 체현이 사회적 과정임을 상기시켜 준다. 체현은 이야기와 경험이 어떻게 구현되는지 볼 수 있도록 해 준다.

몸에 주목하기

숀의 이야기는 배우는 것과 관련해 몸이 갖는 의미에 주목한다. 숀의 몸은 아버지와 함께한 빙판 위 순간들로부터 배운 것을 기억한다. 숀은 스케이트를 타며 그의 몸이 미끄러운 빙판 위에서 어떻게 움직여야 하는지, 움직이고 균형을 잡는 것이 무엇을 의미하는지 여전히 기억한다. 몸이 기억하는 것은 숀이 성인이 된 지금 스케이트를 타면서, 그리고 어린 딸들에게 스케이트를 가르치면서 기억하는 것이다. 천천히 조심스럽게 빙판 위를 가로지르며 몸을 이끌던 아버지의 부드러운 손길에서 배운 것들은 지금 숀에게 체현되어 있다.

숀의 이야기로 돌아가서, 우리는 숀의 아버지가 매년 숀을 위해 스케이트장을 만들고 정성껏 돌보는 실천을 통해 숀의 몸에 숀에 대한 사랑을 새겨 넣는 것을 본다. 그는 여러 해 동안 겨울마다 숀과 함께 시간을 보내며 숀이 스케이트를 배우기 시작했을 때 참을성 있게 지도했고 하키 스틱을 다루는 법을 인내심을 가지고 가르쳤다. 숀의 아버지는 매년 겨울이 되면 매일 숀의 골리가 되어, 방과 후와 주말에 숀과 함께 빙판 위에서 시간을 보냈다. 숀의 아버지가 나이가 들어 숀과 함께 빙판 위에서 오랜 시간을 보내는 것이 어려워졌을 때도 그는 여전히 매일 숀과 시간을 보냈다. 어떤 면에서 우리는 이것을 하키에 열광하는 아버지가 아들에게 하키를 가르치는 것으로 볼 수도 있다. 그러나 이야기로 돌아와서 숀이 그 경험을 다시 떠올릴 때, 우리는 숀의 아버지가 이러한 경험을 숀의 몸에 숀에 대한 사랑을 새기는 방법으로 사용하고 있다는 것을 알게 된다. 하지만 숀이나 그의 아버지는 이 이야기를 말로 표현하지 않는다. 숀의 말 **"가요, 서둘러요, 어두워지고 있어요, 놀아야 해요, 아빠"**는 아빠를 게임으로 초대하는 말이다. 그가 한 말은 그의 경험을 말하지 않는다. 그리고 숀의 아버지는 적어도 숀이 회상하는 경험에서 대부분 침묵하고 있다. 숀의 아버지는 이 모든 순간, 수년 동안 매일의 겨울 활동에서 자신이 경험하는 것에 대해 말하지 않는다.

내러티브 탐구에서 호출하는 것은 이야기인 반면, 우리는 사빈(Sarbin, 2001)과 같은 학자들이 체현에 대해 쓴 것에도 주목하게 되었다. 그는 "정서적 삶에 대한 완전한 내러티브 이론은 내러티브가 체현된다는 관찰, 즉 울음과 웃음 같은 체현이 이야기의 중요한 특징이라는 관찰을 포함해야 한다. 나는 울음을 정서적 삶의 체현에 대한 수사적 표현으로 본다"(Sarbin, 2001:217)고 썼다. 사빈에게 "'유기체적 관여(organismic involvement)'는 현대적 의미의 '체현'과 동의어이며, 내러티브에서 영감을 받은 상상력은 신념과 행동에 영향을 줄 수 있는 수단이다"(Sarbin, 2001:217). 우리는 이 말을 상상 속에서 감정을 통한 신체의 개입(9장 참조)이 행동과 변화의 전주곡이라는 것으로 이해한다. 9장에서 상상력에 대한 사빈의 연구를 다시 다루겠지만, 이 시점에서 정체성에 대한 사빈의 내러티브 개념에서 체현이 중심이 되는 방식에 주목하는 것이 중요하다.

체현된 침묵에 주목하기

애나 노이만(Anna Neumann)은 말이 아닌 삶과 생활 속에서 체현이 표현되는 방식을 이론화하는 데 도움을 준다.

> 사람들은 이야기를 말로 하는 만큼이나 그 이야기를 살아간다. 그들은 말하지 않는 것으로도 이야기를 살아간다. 사람들은 자신의 말보다는 다른 사람의 말에 귀를 기울이며 이야기를 살아간다. 그들은 주변 사람들이 대화하는

> 동안 내면의 생각과 내면의 대화에서 오는 시선 속에서 이야기를 살아간다. 그들은 자신을 둘러싼 감정, 한숨과 표정, 몸짓에서 풍기는 감정, 단순히 자신의 존재가 다른 사람에게 불러일으키는 느낌으로 이야기를 살아간다. 이 모든 것은 말이 없어도 말하기의 형태이며, 말없이 읽고 들을 수 있는 말하기의 형태다.
>
> Neumann, 1997:107~108

살아가는 삶에 대한, 말보다는 침묵으로 관계적인 것과 사회적인 것을 표현하는 것에 대한 노이만의 글을 읽다 보면 숀의 아버지가 매일 숀의 몸에 아들에 대한 사랑을 새겨 넣는 것을 볼 수 있다. 그리고 그 사랑은 아버지가 숀과의 관계를 구성하는 방식, 숀이 세상에서 자신이 누구인지에 관심을 기울이도록 가르치는 방식 등 아버지의 삶에서 나타난다. 그리고 이제 아버지의 사랑에 대한 지식을 스케이팅으로 체현하는 것은 숀이다. 숀이 자신의 이야기를 쓰고 진, 비라와 함께 자신의 이야기를 읽을 때 "우리는 말없이 읽고 들을 수 있다"(Neumann, 1997:108). 우리는 내러티브 탐구에서 체현을 이해하면서 숀의 이야기에서 언급되지 않은 것, 침묵하는 것을 탐색하면서 숀의 이야기를 반복해서 재방문한다. "이야기된 모든 텍스트에는 완전히 공유할 수 있는 말이나 이해로 전환할 수 없는 침묵이 있다"(Neumann, 1997:92)는 노이만의 말은 우리의 모든 이야기에 침묵이 살고 있다는 것, 즉 몸 안에 살아 있는 것을 전달할 수 없는 침묵이 있다는 것을 이해하도록 도와준다. 나아가 "말없이 살아가는 이야기의 침묵 속에도, 비록 그 말하기가 예상치 못한 방식으로 이루어질지라도, 우리가 알고 이야기해야 할 텍스트가 존재한다"(Neumann, 1997:92)는 것을 이해한다. 숀의 이야기 속 침묵에는 아버지와 함께한 숀의 이야기, 숀과 함께한 아버지의 이야기가 살아 있다. 예상치 못한 숀의 이야기 쓰기를 통해 우리는 "알고 이야기해야 할 텍스트가 존재한다"는 것을 알았다. 우리 세 사람은 이야기에서 경험의 체현을 배우고 "타인의 삶을 상상하려는 모든 노력에는 공감적 상상의 모든 몸짓이 수반된다"(Neumann, 1997:92)는 것을 새롭게 알았다. "다른 사람의 삶에 대해 듣는 이야기는 부분적으로만 텍스트로 구성되고, 그 이야기들은 또한 어떤 텍스트로도 존재할 수 없는 침묵으로 구성된다는 것을 배웠다"(Neumann, 1997:92).

세대 간 침묵에 주목하기

메리 영(Mary Young)이 생생하게 보여 주는 것처럼 신체와 경험에 깃든 침묵은 세대 간 방식으로 가시화될 수 있다. 아니시나베(Anishinabe)[22] 학자인 영은 기숙사 음식을 먹고,

---

22) 캐나다와 미국 오대호 지역에 살고 있는 원주민 집단

기숙사에서 자고, 교복을 입고, 집에서 가져온 옷과 사진과 물건들을 꺼내지 못하게 하는 등 영어만 허용되는 기숙학교에서 몇 달을 지내고 집으로 돌아온 이야기를 들려준다. 북부 매니토바 공동체에 있는 가족들과 함께하기 위해 집으로 돌아왔을 때, 그는 가족들과 함께한 첫 저녁 식사를 이렇게 묘사한다.

> 내가 기억하는 한, 우리 가족은 항상 함께 식사를 했고 그날 밤도 예외는 아니었다. 우리(아버지, 자매 세 명, 형제 세 명, 손님이 한 명 있었던 것으로 기억하지만 이름은 기억나지 않음)가 자리에 앉은 후 나는 언니에게 영어로 소금과 후추를 건네 달라고 부탁했다. 아버지는 나를 쳐다보지도 않고 "우리는 이 집에서 솔토우(Saulteaux)[23]로 말한다"라고 말씀하셨다.[24]
>
> 아버지는 매우 조용한 분이셨지만 그가 말씀하실 때는 모두 귀를 기울였다. 아버지가 말씀을 마치기도 전에 나는 즉각 '우리 집에서 솔토우를 쓰는 걸 알아. 내가 왜

---

23) 캐나다의 온타리오, 매니토바, 서스캐처원, 앨버타, 브리티시컬럼비아주 원주민 집단으로 때로는 아니시나베로 불리기도 한다. 여기서는 집단에서 사용하는 언어를 가리킨다.

24) 원서에는 따옴표 안의 문장이 솔토우로 되어 있다.

잊어버리겠어?'라고 생각했다. 하지만 그 순간 나는 잊어버렸다. **아니시나베 말**을 쓰다 영어로 바꿨을 때가 아니라 영어를 쓰다 **아니시나베 말**로 바꿨을 때가 왜 이렇게 선명하게 기억 나는지 모르겠다. 아버지는 자상한 방식으로 내가 누구인지 상기시켜 주셨다. 수녀님들은 내가 누구였는지 잊고 그들이 원하는 사람이 되기를 바랐다. 내가 기숙학교에서 10개월 동안 배운 것을 어떻게 몇 시간 만에 다 정리할 수 있었겠는가?

Young, 2005:18[25]

영은 기숙학교에서의 경험이 사랑이 넘치는 아니시나베 가정에서 자라면서 자신의 몸에 새겨진 것, 체현된 것을 고쳐 쓰려는 시도였다는 것을 보여 준다. 그 순간 영의 아버지는 영에게 그의 언어를 상기시키고 그의 몸에 새겨진 것, 즉 가족 언어와 가족 이야기를 기억하라고 요청한다.

몸으로 돌아가기

내러티브 탐구에서 체현에 대한 아이디어를 처음 형성하면서 자주 생각한 학자는 존슨 등이지만, 유색인종 여성들의 연구가 내러티브 탐구의 개념화에 미친 심오한 영향을 잘 알

25) 강조는 원문(Young, 2005)을 따랐다.

고 있다. 로드, 마야 안젤루(Maya Angelou), 훅스, 토니 모리슨(Toni Morrison)과 같은 작가들은 내러티브 탐구의 일부인 체현이 서로 얽혀 있는 방식을 형성하는 데 중요한 역할을 했다. 로드는 저서 『시스터 아웃사이더』(1984)에서 모든 지식을 매개하는 신체의 심오한 영향력을 강조하고, 사람들의 감정 또는 감각이 각자의 삶에 대해 어떻게 가르치는지 보여준다. 소설가와 시인은 이야기가 우리의 미래 지향적인 이야기를 형성하고 그의 차원을 제한할 수 있는 방식으로 우리 몸에, 우리 몸 안에 새겨진다는 것을 알게 해 준다. 쇼나 싱 볼드윈(Shauna Singh Baldwin)은 우리 몸이 무엇을 기억하는지 우리가 알고 있다는 사실을 상기시킨다(Baldwin, 1999). 제이 프로서(Jay Prosser)는 "피부는 문자 그대로 그 물리적 표면에, 은유적으로는 표면 위에 재기표화(resignifing)함으로써 인종, 젠더, 나이뿐만 아니라 삶의 역사의 아주 세세한 부분까지 다시 기억(re-member)한다. … 피부는 우리 삶에 대한 신체의 기억이다"(Ahmed & Stacy, 2001:52)라고 말한다.

우리 삶은 피부의 색조, 색깔, 모양에 의해 형성된다. 우리 몸은 우리가 누구인지를 형성한다. 사라 아메드(Sara Ahmed)와 재키 스테이시(Jackie Stacey)는 『피부로 생각하기(Thinking through the skin)』에서 체현을 "피부에 **대해** 생각하는 것뿐만 아니라, 피부와 **함께** 또는 피부를 **통해** 생각하는 것"(Ahmed & Stacy, 2001:1)[26]으로 이해함으로써 내러티브 탐구에 도움을 준다. 이러한 관점에서 사고는 "생생한 체현과 관련된 열정, 감정 및 물질성과 연루된다"(Ahmed & Stacy, 2001:3). 아메드와 스테이시는 메를로퐁티(Maurice Merleau-Ponty)와 그가 강조한, 육체적이고 물질적인 것뿐만 아니라 '세속적인 것'으로서, 즉 세계와 친밀하고 살아 있는 관계에 있는 것으로서 체현(Merleau-Ponty, 1968)에 주목한다. 내러티브 탐구자로서 우리 역시 다른 신체들로 구성된 세계인 관계에 주목한다. 아메드와 스테이시가 상기시켜 주듯, 내러티브 탐구는 "체현의 사회성과 접촉"의 관계에 항상 주의를 기울일 필요가 있음을 강조한다. "사람은 항상 타자로부터 접촉되지만, 그 모두가 반드시 인간일 필요는 없다"(Ahmed & Stacy, 2001:5).

이는 내러티브 탐구의 오래된 아이디어로, 오랫동안 우리와 함께해 왔다. 내러티브 탐구에서 체현을 이해하는 방식을 풀어내면서, 우리는 예술가와 학자들의 영향력을 깨달았을 뿐만 아니라 원주민 원로와 그들이 우리에게 준 도움으로 다시 관심을 돌리게 되었다.

스토니 부족의 원로 이자벨과 함께한 것은 내러티브 탐구에서 체현의 개념을 구체화하는 데 도움이 되었다. 원로 이자벨은 수년 동안 우리와 함께 연구하고 우정을 나누었다.

---

26) 강조는 원문(Ahmed & Stacy, 2001)을 따랐다.

우리에게 연구와 우정은 함께하는 관계의 한 측면이다. 원로 이자벨이 언어, 세대 간 가르침, 의식 등에 뿌리를 둔 경험을 우리와 공동으로 구성할 때 우리가 내러티브 탐구에서 체현에 대한 이해를 심화할 수 있었던 것은 그의 친절, 인내심, 개방성 덕분이었다. 그는 동물, 식물, 계절의 가르침에 대한 이야기, 침묵의 산책, 자신의 언어로 된 기도, 오래전에 자신의 내면에 심어진 이야기를 통해 우리를 부드럽게 가르치면서 자신이 생각하고 살아가는 방식을 말하기보다는 보여 주었다. 이러한 방식으로 원로 이자벨은 계절의 리듬과 그와 상호 연결된 식물과 동물에 온몸으로 특별한 주의를 기울이는 방법을 보여 주었다. 그의 가르침과 가르침의 방식은 체현이 어떻게 내러티브 탐구의 일부인지 보여 준다. 그는 세대 간 경험을 성장시키고, 살고, 기억하는 경험을 성찰할 여러 기회를 제공했다. 세대 간 경험은 내러티브 탐구자로서 우리가 현재 체현을 이해하는 방식을 계속 이끌어 내고 형성한다.

요약

존슨이 다음과 같이 쓴 것처럼 철학자, 심리학자, 소설가, 시인, 예술가, 원주민 원로들에게 배운 아이디어는 우리의 지식을 형성하고 내러티브 탐구에서 체현을 이해하는 방식을 형성했다.

> 체현을 진지하게 받아들이는 것은 상당히 급진적인 실존적 행위다. 이는 우리를 세상에 확고하게 자리매김하고, 우리의 능력과 행동 중 일부는 공유하고 일부는 공유하지 않는 다른 동물과의 관계를 강조한다. 이는 우리가 누구이며 무엇인지가 환경(물질, 대인 관계, 문화)과의 지속적인 관계에서 어떻게 생겨나는지 보여 준다. 그것은 우리가 얼마나 주변 환경과 친밀하고 본능적으로 그와 접촉하고 있는지를 드러내며, 우리가 세상으로부터 소외되어 있으며 마음과 세상 사이의 간극을 메울 수 없다는 전통적인 회의적 주장과는 크게 대조된다. 마지막으로 그것은 우리와 같은 체현의 생명체(embodied creatures)에게 도덕, 예술, 정치, 종교, 과학, 철학 등 가장 놀라운 상상력과 창의력을 발휘하는 행위 중 얼마나 많은 것들이 가능한지를 설명한다.
>
> Johnson, 2017:228

숀의 이야기를 통해 공감을 불러일으키는 이러한 체현 개념은 아버지와 함께한 그의 초기 경험 이야기를 다시 들려줄 때 나타난다. 그는 야외 스케이트장의 이미지를, 더 중요하게는 관계적 연결의 중심, 즉 어릴 적에 그에게 심어진 이야기들을 생생하게 기억한다. 그 경험은 현재 자신의 아이들과 비슷한 경험을 형성하고 아버지와의 경험을 통해 무엇을 어떻게 알게 되었는지 그의 몸이 기억하면서 그의 몸속에서 살아간다. 이러한 경험은 여전히 그의 몸 전체에서 활동적이며, 어떤 면에서는 때때로 자기도 모르게 암묵적으로 아버지로서의 경험에서 유사한 행동을 기억하고 살아내도록 하는 성찰적 안내자 역할을 한다.

방법론 노트

코넬리와 클랜디닌은 1990년 ≪교육 연구자≫라는 학술지에 논문을 발표하면서 연구에 대한 사고의 방식을 '내러티브 탐구'로 처음 명명했다. 이들은 클랜디닌의 박사 과정과 그 이후에 함께 연구하면서, 경험을 이해하기 위한 내러티브 방식을 찾으려고 노력했다. 당시 그들은 내러티브 탐구의 가능성에 대한 이해를 개괄적으로 설명했다.

> 따라서 내러티브에 대한 연구는 인간이 세상을 경험하는 방식에 대한 연구다. … '내러티브에 대한 탐구'라고 하는 것도 '내러티브 탐구'라고 하는 것과 똑같이 맞는 말이다. 이는 내러티브가 현상인 동시에 방법이라는 것을 의미한다. 내러티브는 연구할 경험의 구조화된 질을 명명하며, 그 연구를 위한 탐구 패턴을 명명한다. … 그래서 우리는 본질적으로 사람들이 이야기로 된 삶을 살고 그 삶에 대한 이야기를 하는 반면, 내러티브 연구자들은 그러한 삶을 기술하고, 삶에 대한 이야기를 수집하고 그러한 이야

기를 말하며, 경험에 대한 내러티브를 쓴다고 말한다.

Connelly & Clandinin, 1990:2

내러티브 탐구를 경험을 보는 방식이자 경험을 연구하는 방식으로 설명한 1990년 논문은 그것이 경험의 본질에 대한 관점이기도 하다는 인식 없이 빠르게 방법론으로 받아들여졌다. 이러한 흐름은 교육 연구에 참여하는 새로운 방법을 열었다. 코넬리와 클랜디닌은 내러티브 탐구가 "교육 안팎에서 오랜 지적 역사를 지니며"(Connelly & Clandinin, 1990:2), 다양한 학문과 역사로부터 학자들을 한데 모은다고 말했다. 초창기 글에서도 코넬리와 클랜디닌은 만들어지는 중인 삶, 즉 경험이 내러티브적으로 사고하는 출발점임을 분명히 했다. 2000년에 출간된 저서 『내러티브 탐구』에서 이들은 여러 학자와 다양한 학문적, 실천적 맥락에서 교류하면서 시간이 지남에 따라 그들의 사고가 어떻게 형성되었는지를 설명했다.

각 부의 마지막에 수록된 다섯 개의 방법론 노트에서는 내러티브 탐구의 이론적 뿌리에 초점을 맞추던 것에서 벗어나 연구 중인 현상으로 내러티브 탐구에 대한 관점을 방법론 문제와 연결할 것이다. 우리는 어린 자녀를 둔 시리아 난민 가족이 캐나다에 입국해 자녀를 유치원에 등록할 때의 경험을 내러티브적으로 탐구함으로써 이러한 연결 고리를 가시화하려 한다.

특정 내러티브 탐구로 전환하기

시리아 난민 가족들과 함께 내러티브 탐구의 출발점을 찾으려고 노력하면서, 우리는 하나의 사건을 지목할 수 없었다. 우리를 이 연구로 데려온 많은 것들이 충돌했고, 그 결과가 이 연구의 전개에 영향을 미쳤다.

진은 비라에게 그들의 연구에 중요한 영향을 미친 2015년의 사건을 다시 언급한다.

> 진: 2015년 10월 노르웨이 베르겐에서 열린 학회 '소외된 내러티브를 협의하기(Negotiating neglected narrative)'에 참석했을 때를 기억하나요? 말하지 못하고 가장자리로 밀려난 이야기에 대한 관심을 불러일으키는 학회 제목이 우리에게 많은 것을 말해 주었던 기억이 납니다. 그 학회에서 우리는 함께 작업해 온 원주민 청소년들과의 연구에 대해 이야기했어요. 유아기 및 내러티브 탐구 분야에 관심이 있는 노르웨이 학자 엘린 에릭센 외데고르(Elin Eriksen Ødegaard)와 예이르 오세루(Geir Aaserud)의 초청을 받았지요. 원주민 청소년들과의 작업은 소외된 내러티브, 자주 듣지 못했던 사람들의 이야기에 관한 학회에 적합해 보였어요. 학회에 제출할 논문

을 쓰면서 그동안 해 왔던 작업을 더 깊이 탐구할 수 있었지요. 노르웨이에 머무는 동안 학회에 참석한 많은 사람을 알게 되었어요.

비라: 네. 몇몇 사람들과 공감했고 지속적인 연구 관계를 희망했던 기억이 납니다. 저녁 식사를 위해 택시를 타고 가던 중 수잰 가비스(Suzanne Garvis)가 스웨덴 시리아 난민들의 경험에 대한 내러티브 탐구 연구에 함께 참여하지 않겠느냐고 물었던 것을 기억하세요? 관심이 있었죠. 저는 수잰의 초대가 몇 주 전 앨런 쿠르디(Alan Kurdi)[27]의 죽음에 대한 뉴스 보도의 일부였던 이미지들을 어떻게 불러냈는지 기억해요. 학회가 열렸던 당시 많은 사람이 보트를 타고 시리아를 탈출한 어린 소년과 그 가족의 이야기를 알고 있었지요. 그는 종종 해변의 소년으로 불렸어요. 시리아 난민 위기가 한창일 때의 비극적이고 안타까운 이야기였어요. 해변에 움직이지 않고 엎드려 있는 소년의 작은 몸 이미지는 우리가 학회에서 이야기했던 소외된 이야기에 대한 생각을 불

27) 2015년, 세 살 된 쿠르드계 시리아 어린이가 시리아 내전으로 가족과 함께 유럽으로 이주하던 중 지중해에서 배가 난파되어 터키 해변에서 사망한 채로 발견되었다. 이 사건은 국제적으로 큰 파장을 일으켰고 유럽의 난민 정책이 바뀐 계기가 되었다.

러일으켰어요. 쿠르디는 인도주의적 위기에 인간적인 얼굴을 부여했지요. 수잰과 함께 택시를 타고 있던 그 순간, 언젠가 그와 그 가족의 이야기를 알게 될 날이 오지 않을까 하는 생각이 들었어요.

진: 저도 뉴스를 보면서 캐나다로 들어오는 새로운 난민 물결을 생각했어요. 수년 전에 박사 과정을 하면서 베트남과 라오스에서 탈출한 난민, 즉 '보트 피플'로 불리는 난민에 대한 온타리오주 정부 대응에 참여했었죠. 저는 캐나다의 대응에 많은 문제가 있다는 것을 알고 있었어요. 이번에는 사람들의 복잡하고 다양한 삶을 고려한, 보다 정보에 입각한 대응이 있기를 바랐어요. 무엇보다도 우리가 사람들의 범주가 아닌, 사람을 보는 법을 배웠으면 좋겠다고 생각했어요. 수잰이 내러티브 탐구에 참여하고 싶은지 물었을 때, 저는 그 가능성을 고려하기 시작했지요. 그리고 비라, 그 무렵에 다문화 건강 중개인 협동조합(Multicultural Health Brokers, MCHB)이 만든 새로운 그룹에 들어가지 않았나요?

비라: 네. 몇 달 전 저는 사회통합연합(Coalition on Social Inclusion, COSI)이라는 그룹 모임에 나가기 시작했어요. 에드먼턴에 도착한 시리아 난민에 대한 대응책을 마련하고 방법을 모색하기 위해 학제 부문,

지역사회, 정부 부문 등에 걸쳐 함께 모인 사람들이 없어요. COSI 회원들은 사회적 포용을 달성한다는 목표에 따라 안내를 받았어요. 제 대학원 학생 중 한 명이 그룹의 일원이었고, 처음에 저도 그 학생과 함께 참석하도록 초대받았어요.

진: 비라가 다문화 관련 일에 참여할 줄 알고 있었어요. 당신은 캐나다에 처음 온 사람들과 오랫동안 함께 일했잖아요. 독일에 난민으로 도착한 여성들을 위한 가정을 이끌었던 이모 이야기를 들려준 기억이 나요. 당신의 어린 시절과 청소년 시절의 많은 부분이 그들과 함께한 이모의 일로 점철된 것 같아요. 수잰의 이야기를 들으면서, 당신에게 유럽 상황에 대한 통찰이 있을 거라고 생각했어요.

비라: 때때로 뭔가가 서로 충돌하는 것 같지 않나요? 우리의 자전적 이해, 전 세계적인 난민 위기 속에 존재하는 것, 소외된 이야기에 대한 생각이 충돌하면서 불꽃을 일으킨 것 같아요. 어느새 우리는 캐나다와 다른 지역 난민 가족의 경험에 대한 다국적 연구를 계획하고 있었어요.

수잰 가비스와 택시에서 나눈 대화는 더 많은 대화와 연구비 신청 준비로 이어졌다. 우리는 연구 참여에 동의한 연구자들이 자국의 국가 연구비를 신청하되, 각자 서로 다른 사회적, 정치적, 문화적 맥락에서 경험이 어떻게 전개되는지 더 잘 이해할 수 있도록 하는 요소들을 구축하기로 결정했다.

귀국 후 연구를 설계하면서, 우리는 캐나다에서의 삶을 구성하는 가족의 소속감, 행위성, 정체성을 이해하는 데 초점을 맞추게 되었다. 특히 학교를 비롯한 낯선 제도적 환경에 적응하는 어린 자녀와 그 가족의 삶에 관심이 많았다. 어린이들, 교사, 가족과 함께 내러티브 탐구에 참여하면서, 우리의 의도는 특히 시리아 난민 가족이 사회적 포용과 소속감을 경험하는 데서 정체성 형성과 행위성 문제에 대한 통찰을 제공하는 것이다. 소외된 내러티브에 대한 아이디어에 따라, 많은 대규모 연구의 초점이 난민 아동과 가족의 경험에 있지 않다는 것을 알고 있었다. 하지만 우리에게는 난민 가족들의 경험과 지식을 연구하는 것이 중요했다. 우리는 오래전 베트남과 라오스 사람들이 캐나다로 피난을 왔을 때 온타리오에서 진이 경험한 것을 통해 사람들의 삶이 아닌 정책과 관행에 초점이 맞춰져 있다는 것을 알고 있었다. COSI 그룹에서 비라의 경험에 따르면, 시간이 지나면서 삶이 어떻게 전개되는지 이해하기보다는 즉각적인 위기가 닥쳤을 때만 대응하는 경우가 많았다. COSI 회원들은 시간이 지남에 따라 어떤 일이 일어났는지에 가장 관심이 많았다. 사회적 포용을 나타내는 과정을 고려하는 것이 우리에게는 중요했다.

우리는 경험과 삶이 깊이 얽혀 있다는 것을 이해하기 때문에(Dewey, 1938), 유치원에 다니는 난민 어린이와 그 가족의 경험을 탐구하기 위해 내러티브 탐구 방법론을 사용한다. 클랜디닌과 코넬리는 "내러티브는 우리가 경험에 가장 가까이 다가갈 수 있는 방법이며, … 원칙은 경험에 초점을 맞추고 그것이 이끄는 대로 따라가는 것"(Clandinin & Connelly, 2000:188)이라고 설명한다.

더욱이 난민의 삶은 "혼란스럽고 다루기 힘들며 기존의 이론적 틀과 사회적 담론에 더 이상 적합하지 않은"(Connelly et al., 2003:366) 사회적 상황 안에 있다. 난민들이 출신국의 정치적 불안정과 위험을 피해 다른 나라에 도착할 때, 지배적인 이야기가 만들어지는 경향이 있다. 지배적인 이야기는 대부분 난민의 과거, 현재, 가능한 미래의 삶에 대한 제한된 지식에 기초한다. 난민 삶의 고유성은 종종 가려지고 알려지지 않은 문화적, 정치적, 제도적, 가족적, 언어적 내러티브와 관련한 이야기로 전달된다. 난민의 도착으로 인해 영향을 받지 않은 국가가 없을 정도로 세계가 글로벌화되었지만, 난민들의 평범하고 친숙하며 다양한 삶은 여전히 가려져 있다. 동시에 난민들은 종종 고국에 대한 기억을 바탕으로 자신이 누구이며 어떤 사람이 되어 가고 있는지를 정의한다.

경험에 대한 내러티브를 통해 어린이와 그 가족의 강제 인구 이동을 연구하려면 다양한 유형의 이해가 필요하다. 클랜디닌 등에 따르면, "체현된, 내러티브적인, 도덕적인, 정서적인, 관계적인 지식을 (맥락에서) 표현되는 대로 이해해야 한다"(Clandinin et al., 2006:172). 난민을 문화적으로 특정 위치에 있고, 문화적으로 형성되어 있고, 지리적으로 이주한 사람들로 이해하기 위해서는 장소와 문화, 즉 "우리가 누구이며 어떤 사람이 되고 싶은지에 대해 개별적이고 집단적으로 스스로에게 말하는 이야기의 총합"(Maxwell, 2001:1)에 주목해야 한다.

맥스웰(Richard Maxwell)은 문화적 이야기가 곧 정체성에 대한 내러티브 탐구 용어인 정체성 내러티브 또는 살아가고자 하는 이야기[28](Connelly & Clandinin, 1999)를 위한 "활동무대"(Maxwell, 2001:1)라고 주장한다.

방법론에서 방법까지

우리는 열한 가족과 함께 5년간 내러티브 탐구 연구를 진행 중이다. 우리는 대학 연구윤리위원회 승인을 받아 어머니와 유아기 자녀가 함께하는 영어 프로그램에 몇 달간 매주 자원봉사자로 참여했다. 지역사회에서 문화 가이드와 통역사로

---

28) 10페이지 각주를 참고하라.

활동하면서 아랍어를 구사하는 두 여성의 도움을 받아 가족들과 대화를 나누었다. 우리는 열한 가족의 자녀와 부모의 경험에 초점을 맞추어, 각 가정에서 어린이집과 유치원에 다니는 최소 한 명의 자녀와 최소 한 명의 보호자를 초대해 1~2년에 걸쳐 연구에 참여하도록 했다.

열한 가족과 함께하는 내러티브 탐구는 현장 텍스트를 작성하고, 해석과 분석의 협력을 통해 연구 텍스트를 작성하는 것으로 구성된다. 녹음된 대화, 비공식 대화와 놀이, 가족사진, 기타 텍스트 등 다양한 현장 텍스트(자료)는 우리가 참여자들의 삶과 경험 이야기의 시간적 전개에 주목하면서 참여자들과 함께 탐구하기 위해 구성되었다. 다양한 형태의 현장 텍스트는 참여자들을 연구로 초대하고, 그들이 자신의 펼쳐지는 삶을 적극적으로 기록할 수 있도록 한다. 이는 특정 시간과 장소에서 겪은 경험 사이의 복잡한 연관성을 이해할 수 있도록 한다. 현장 텍스트에는 사진, 기억 상자의 물건, 연구자가 초대된 행사나 활동에 대한 현장 노트, 연구자 저널, 작업 샘플, 예술 작품, 가족 대화 등이 포함되었다. 현장 텍스트는 시간성, 개인적 맥락과 사회적 맥락, 장소에 주의를 기울이며 3차원적 내러티브 탐구 공간(Clandinin & Caine, 2008)[29]

29) 3차원적 내러티브 탐구 공간(three-dimensional narrative inquiry space)은 클랜디닌과 코넬리가 듀이의 경험 이론을 기반으로 만들어 낸 은유적

에서 참여자들과 함께 해석되었다.

용어다. 첫 번째 차원은 시간성, 두 번째 차원은 개인과 사회, 세 번째 차원은 장소와 연관되며 내러티브 탐구의 전 과정에서 이 공간을 통해 우리의 경험에 주목하는 것이 중요하다(Clandinin & Connelly, 2000/2007).

2부
시간성

2부에서는 내러티브적으로 사고하기에 엮인 시간성이란 아이디어를 다룬다. 우리는 시간성에 대한 듀이의 아이디어에서 내러티브 탐구의 기초를 마련했다. 듀이의 아이디어는 경험의 연속성에 대한 기준으로 여겨진다. 듀이는 시간의 흐름에 따른 경험에 대한 관점을 제공하고, 시간 속에서 그리고 시간의 흐름에 따라 펼쳐지고 접히는 인간 경험의 본질을 보여 준다. 경험에 대한 이러한 개념은 그것이 한가운데 있고, 진행 중인 것이라는 점에서 내러티브적으로 사고하기의 핵심이다. 이를 4장에서 다룬다. 5장과 6장에서는 경험의 공명이 평생에 걸쳐, 심지어 세대에 걸쳐 도달함에 따라, 기억이 내러티브적으로 사고하기의 중심 개념이 되는 방식을 탐구한다. 때때로 재기억(rememory)이라고도 불리는 이러한 아이디어를 통해 우리는 기억이 신체 안팎에 기록되고, 경험에 대한 말과 글 및 시각적 이야기를 통해 기록된다는 것을 알 수 있다.

4장
한가운데서

개요

삶의 한가운데서 경험을 이해한다는 아이디어는 내러티브 탐구의 핵심이다. 사람의 경험은 항상 진행 중이며, 각 사람은 항상 '되기' 중에 있다. 우리는 경험의 시간성이라는 개념을 그린(Maxine Greene)의 제안처럼 '아직은 아닌' 존재의 과정으로, 시간이 흐름에 따라 삶이 만들어지고 있음을 보여주는 것으로 이해한다. 각자의 삶을 어떤 식으로든 고정되고 얼어붙은 것으로 생각한다면, 혹은 어떻게든 마무리되고 완성된 것으로 생각한다면 내러티브적으로 사고하는 것은 불가능하다. 듀이는 삶을 시간이 흐름에 따라 구성되는 것으로 생각하는 데서 중심이 되는 인물이지만, 카 또는 커비 같은 이론가들도 삶을 시간성을 구현하는 것으로, 지속적인 되기라는 아이디어로 발전시키는 데 도움을 준다. 매킨타이어(Alasdair MacIntyre)는 내러티브 구성으로서의 경험에 대한 이러한 관점에 통찰을 더한다. 삶은 항상 개개인의 경험이 구성되고, 형성되고, 표현되고, 실행되는 사회적, 문화적, 제도적 내러티브에 내포된다. 이는 사회적, 문화적, 제도적 내러티브도 항상 만들어지는 중이라는 점에서 펼쳐지고 접히는 시간성의 본질에 주목한다.

경험으로 전환하기

나는 경력 초기에 초등학교 상담교사로 잠시 일했다. 캐나다 초등학교는 유치원부터 6학년까지를 포함한다. 내가 일했던 학교에서 학생들은 하루의 대부분을 한 교실에서 한 선생님과 보냈다. 음악이나 체육 같은 일부 교과는 전문교사가 가르쳤다. 나는 학교에서 내 위치를 교실에서 교사들과 학생들과 함께, 교실 밖이나 때로는 학교 밖에서 학생들과 그 가족과 함께 일하는 사람으로 이해했다. 나는 항상 내 일을 학생, 교사, 가족과 함께 어울리고, 함께 있어 주고, 함께 가르치는 것이라고 생각했다.

몇 년 동안 나는 다양한 학년과 학급의 많은 학생들과 함께했기 때문에 학생들이 성장하고 변화하는 모습을 지켜보았다. 나는 학생들의 삶 한가운데서 그들을 지켜보았다. 한 학년이 끝나고 또 다른 학년이 시작되었을 때도,

나는 여전히 내가 곁에 있기를 바라는 학생들과 선생님들, 가족들과 함께 있었다.

학교에서 내 위치는 달랐다. 나에게는 학급으로 맡은 학생들도 없었고, 물리적인 교실도 없었다. 대부분의 교사는 9월부터 6월까지 학생들과 함께했다. 10개월 동안 시험 점수와 기타 평가 측정이 이루어졌다. 학년 말에는 학군 전체 평가를 포함한 최종 평가가 이루어졌다. 9월부터 6월까지 개별 학생의 변화와 여러 과목 영역에서의 성취 수준에 초점이 맞추어져 있었다. 성적표는 요약 점수와 최종 누적 코멘트로 작성되었다. 6월에는 성적표가 배부되었고, 교사들은 학생들과 작별 인사를 나눴으며, 9월에는 새로운 학생들이 그들의 삶과 교실로 들어왔다. 몇몇 교사들은 일부 학생들과 계속 연락을 주고받았다. 그러나 교사들은 새로운 학생들과 함께 바쁜 일상을 보내기 때문에, 연락은 매우 피상적이고 드물게 이루어졌다.

하지만 나는 종종 같은 학생들을 1년 이상, 많게는 2년 혹은 그 이상 지켜보기도 했다. 어느 해 봄에는 복도와 교실에서, 가을에는 다른 교실에서 그들을 보았다. 학생들이 그들의 삶을 구성하는 것을 보면서, 그리고 다소 변화된 환경 속에서 학생들을 알아 가면서, 그들과의 장기적인 관계는 나에게 의미가 있었다. 나는 학생들의 관심사와 관계, 욕망과 꿈뿐 아니라 그들이 신체적으로도 변화하는 모습을 지켜보며 여전히 그들과 함께 있었다.

한 여자아이가 기억나는데, 그 아이를 샌드라(Sandra)라고 부르겠다. 샌드라를 처음 만났을 때 그는 2학년이었다. 샌드라는 기쁨과 경이로움으로 가득 차 있었고, 나는 그 아이가 학교와 가정에서 사랑받고 있다는 것을 알 수 있었다. 아무도 나에게 샌드라를 '소개'하지 않았지만, 나는 복도에서, 운동장에서, 때로는 학교 밖에서 샌드라를 만났다. 샌드라에 대한 학교 이야기(school stories)는 샌드라가 착하고 너그러우며, 학업 성취가 높을 뿐 아니라 장래가 밝은 아이라는 것이었다. 그러던 4학년 어느 날, 무언가가 변했다. 나는 샌드라를 '소개'받았다. 샌드라는 학교에 결석했고, 성적도 예전 같지 않았다. 그 아이는 기쁨의 일부를 잃었다. 샌드라가 불치병 진단을 받았다는 사실을 알게 되기까지 그리 오랜 시간이 걸리지 않았다. 선생님들도, 부모님도, 샌드라도 알고 있었다. 나는 샌드라가 자신을 지탱하고 기쁨을 얻는 방식으로 삶을 계속 구성할 수 있는 공간을 만들어 주도록 모두를 독려했다. 그리고 대부분의 경우 다른 교사들, 친구들, 가족들은 샌드라를 파티와 모임에 초대해 샌드라가 계속 중요한 사람으로 환영받을 수 있도록 했다.

6월이 다가오면서 성적표를 작성해야 했다. 나는 샌드라의 성적표를 작성하지 말자고 제안했다. 우리 모두는 샌드라가 5학년이나 6학년이 되었을 때 떠나게 될 것임을 알고 있었다. 그러나 성적표는 교사들과 관리자들이 우려하는 문제였다. 무엇을 적을까? 뭐라고 적어야 할까? 나는 샌드라가 좋아하는 일, 샌드라에게 기쁨을 가져다준 일, 샌드라가 가장 좋아하는 책과 음악이 무엇이었는지 쓰자고 제안했다. 나는 그 아이가 더 이상 '우수한' 성적을 받지 못한다는 사실을 쉽게 받아들이지 못할 거라고 생각했다. 그리고 이 성적표는 샌드라가 세상을 떠났을 때 그 아이의 부모가 소중하게 여기게 될 물건이라는 것도 알았다. 나는 샌드라의 삶이 거의 끝났다는 것을 알았을 때 성적이 무슨 소용이 있느냐며 "성적은 필요 없다"라고 말했다. 하지만 성적표에는 성적이 분명히 "필요"했다. 결국 그 성적표에는 다른 해에 비해 높지 않은 성적이 기록되었다. 5학년이 되던 해에, 샌드라는 세상을 떠났다.

듀이의 경험 이론에 근거한 시간성의 관점

1장에서 언급했듯이 듀이의 경험에 대한 기준 중 하나는 연속성, 즉 경험이 다른 경험에서 자라나고, 경험이 또 다른 경험으로 이어진다는 아이디어다. "상상된 현재, 상상된 어떤 과거, 상상된 어떤 미래와 같은 연속체에서 자신을 어디에 위치시키든, 각 지점은 과거의 경험에 기반을 두며 경험적 미래로 이어진다"(Clandinin & Connelly, 2000:2). 각각의 경험은 과거의 경험에서 미래의 경험으로 무언가를 가져오고, 그것은 미래에 다른 어떤 것이 될 수도 있다. 비록 단절, 틈, 파열이 있기는 하지만 시간이 흘러도 연속성에 대한 이런 아이디어는 내러티브 탐구의 핵심이다. 어느 시점에서도 경험은 항상 진행 중이다. 따라서 시간은 한가운데 있는 어떤 것이다.

우리는 '한가운데서'로서 시간성을 이해하기 위해 다른 저자들을 참고하기도 하지만, 그 시작은 듀이의 아이디어다. 듀이에 따르면, 우리 삶은 시간적이다. 삶을 시간 속에 위치하며 그 자체로 경험이 펼쳐지고(unfolding) 접히는(enfolding) 것으로 보는 시간성의 관점은 내러티브 탐구의 핵심이다. 삶이 고정되고 얼어붙어 있는 것이 아니라 시간이 흐름에 따라 구성되는 것이라는 아이디어는 내러티브 탐구의 기본이다. 진이 학교에서의 자기 삶을 묘사할 때, 즉 진이 샌드라와 함께 학교에 있었던 순간과 죽어 가는 아이였던 샌드라와 함께한 경험을 이해하기 위해 시간을 거슬러 올라갔던 장면을 통해 우리는 이러한 시간성을, 펼쳐짐의 감각을 볼 수 있다. 진은 내러티브 탐구에서 사람들이 항상 '한가운데' 있다는 점을 상기시킨다. 우리 모두는 각자의 진행 중인 삶을 구성한다. 그린이 말한 것처럼 "우리는 아직 우리가 아닌 것이다"(Pinar,

1998:1에서 재인용).

진은 삶이 항상 만들어지는 중이라는 암묵적 지식, 시간성은 항상 경험과 뒤얽혀 있다는 암묵적 지식을 가지고 상담사로서 일하기 시작했다고 회상한다. 시간성에 대해 크라이츠는 내러티브 탐구자들에게 "시간을 통한 경험의 형식적 질은 본질적으로 내러티브적"(Crites, 1971:291)이며, 내러티브는 "시간을 통해 일관성을 표현할 수 있다"(Crites, 1971:294)는 점을 상기시킨다. 진이 샌드라와 샌드라의 가족과 함께한 경험에서, 우리는 현재의 한가운데에서 과거의 순간에 위치하며 미래의 순간으로 이어지는 내러티브 일관성[30]을 발견한다.

시간성을 이러한 방식으로 이해하는 것, 즉 시간을 단순히 선형적으로 흘러가는 것이 아니라고 이해하는 것은 커비

30) "우리 삶은 때때로 일관성을 더 허용하기도 하고 그렇지 않기도 하며, 우리 삶과 일관성은 함께하기도 하지만 경우에 따라 일관성이 무너지기도 한다. … 일관성을 잃어버릴 때 우리는 무언가 부족함을 느낀다. … 몇몇 사람은 다른 사람들보다 더 성공한 것처럼 보인다. 아무도 완전히 성공하지는 못한다. 우리는 (성공하기 위해) 계속 노력한다"(Carr, 1986:97). 내러티브 탐구에서는 연구 참여자와 연구자인 우리가 때로는 성공적이고 때로는 그렇지 못함에도 일관성을 위해 투쟁하는 방식들을 드러내 보여 줄 필요가 있다. 즉, 내러티브 탐구자로서 우리는 참여자들이 살아내는 삶의 내러티브 일관성은 물론 일관성의 결핍에도 주목해야 한다(Clandinin, 2013/2015).

에 의해 반향을 불러일으킨다. 그는 "우리 삶은 우리 육체적 존재가 보여 주는 시작과 끝, 그리고 이러한 두 극 사이, 심지어는 그 너머까지 이어지는 역사에 의해 시간적으로 결정된다"(Kerby, 1991:15)고 말했다. 커비의 관점은 "실행되고 겪은 모든 경험은 실행하고 겪는 사람을 수정하는 반면, 이 수정은 우리가 원하든 원하지 않든 후속 경험의 질에 영향을 미친다. 왜냐하면 그 경험에 들어가는 사람은 다소 다른 사람이기 때문이다"(Kerby, 1991:35)라는 점에서 듀이(Dewey, 1938)의 견해와 유사하다.

도널드 스펜스(Donald Spence)는 내러티브 탐구에서 시간성을 이해하는 방법에 대한 유용한 이론적 구분을 제시한다. 그는 내러티브적 진실과 역사적 진실을 구분한다(Spence, 1982). 스펜스와 같은 맥락에서, 셰릴 크레이그(Cheryl Craig)는 역사가들이 시간-사건의 대응을 탐구하는 시간성의 감각에 의지하는 반면, 내러티브 탐구에서 시간성은 개인적, 사회적 상황에서 살아가는 삶의 맥락에서 이해된다고 주장한다(Craig, 2005). 시간성은 역사적 탐구와 내러티브 탐구 모두에 존재하지만, 시간의 펼쳐짐을 이해하는 출발점은 다르다. 역사가와 내러티브 탐구자 모두 시간성을 '한가운데'로 보는 것이 중요하다고 생각하지만, '한가운데'에 있는 시간성이 무엇인가에 대한 생각은 다르다. 역사가들은 시간과 사건을 보다 선형적으로 연결해 사건의 패턴을 찾는 데 주목하는 반면, 내러티브 탐구자들은 삶이 구성되는 '한가운데'라는 감각에서 펼쳐지고 접히는 것에 보다 초점을 둔다. 샌드라와 함께한 진의 삶을 보다 선형적으로 이해하려면 시간-사건 대응에 초점을 맞추겠지만, 진은 자신이 샌드라의 삶이 구성되는 것에 얼마나 주의를 기울였는지에 대해 기술한다. 진의 기술에서 그가 중요하게 여긴 것은 학교라는 장소 안과 밖에서 샌드라의 삶을 시간적으로 구성하는 것이었다.

선형적 펼쳐짐 그 이상의 시간성

헤이든 화이트(Hayden White) 또한 내러티브 탐구자들이 시간성의 '한가운데'라는 감각을 선명하게 하는 데 도움을 준다. 화이트의 관심은 세 가지 종류의 역사적 재현에 있었다.

> 이 세 가지는 연보(annals), 연대기(chronicle), 본래의 역사(history proper)다. 말할 필요도 없이, 이 세 가지를 구분하는 것은 서사성(narrativity)만이 아니다. 왜냐하면 사건에 대한 기술, 심지어 과거의 실제 사건에 대한 기술일지라도 그것이 본래의 역사로 간주되기 위해서는 서사성의 모든 특징을 보여 주는 것만으로는 충분치 않기 때문이다. … 사건은 최초 발생의 연대기적 틀 안에서 기록되어야 할 뿐 아니라 단순한 순서로는 가질 수 없는 구조, 즉 의미의 순서를 가지는 구조로 이야기되고 드러나야 한다.

연보 형식은 말할 필요도 없이 내러티브 요소가 완전히 결여되어 있으며, 연대순으로 나열된 사건의 목록으로만 구성된다. 반면, 연대기는 종종 서사성을 열망하며 이야기를 들려주고 싶어 하는 것처럼 보이지만, 일반적으로 그것에 도달하지 못한다. 보다 구체적으로, 연대기는 대개 내러티브 **완결성**에 도달하지 못한다는 특징이 있다. 연대기는 단순히 끝내는 것으로 결론이 나지 않는다. 그것은 이야기를 하기 위해 시작하지만 연대기 작성자의 현재인 **인 메디아스 레스**(in medias res)[31]에서 중단되거나, 해결되지 않은 것들을 남겨 두거나, 오히려 그것들을 이야기 같은(story-like) 방식으로 해결되지 않은 채 남겨 두기도 한다. 연보는 실제 사건이 이야기 형태를 띠지 않는 것처럼 역사적 현실을 표현하지만, 연대기는 실제 사건이 **끝나지 않은** 이야기의 형태로 인간의 의식에 나타난 것**처럼** 재현한다.

Mitchell, 1980:5에서 재인용[32]

31) '사물, 사건의 한가운데'라는 뜻의 라틴어로, 소설이나 극 구성에 활용하는 기법 중 하나다. 극적인 사건에서 이야기를 시작하여, 과거를 회상하는 것 등으로 이후의 이야기를 풀어 나가는 방식이다.

32) 강조는 원문(Mitchell, 1980:5)을 따랐다.

화이트가 우리에게 알려 주는 것은, 내러티브 탐구에서 우리는 이야기를 살아가고 말하는 것을 '한가운데'서 이해한다는 것이다. 왜냐하면 내러티브 탐구자로서 우리의 관심은 항상 각 사람이 삶을 살아가고 이야기하는 것에 있기 때문에, 우리는 삶을 완성된 것으로 이해하지 않고 항상 만들어지고 있는 것으로, 진행 중인 것으로 이해한다. 많은 면에서 시간성에 대한 우리 이해는 연대기에 머무르고, 심지어 연구텍스트에서도 결말이나 완성된 이야기라는 감각에 반대하며 작업한다. 우리는 시간성에 대한 이해에서 연보, 연대기의 개념을 유지하려고 노력한다.

삶, 경험과 시간성의 뒤얽힘

커비는 경험에 대한 관점에 이론적 통찰을 더한다.

> 경험이라는 개념은 **부분**과 전체를 **동시에**, 즉 삶 전체를 포괄하는 데 사용될 수 있다. … 그리고 또한 삶의 부분도 포함할 수 있다. 다른 말로 하면, 경험은 개별적 순간이 아니라 진행 중인 삶, 즉 **내** 삶의 일부로 다가온다는 것이다. 경험은 변화하는 전체에 대한 부분의 지속적인 맥락화 또는 맞물림, 즉 자신과 자신의 관계 맺기를 통해 밀도와 모

호함을 얻는다.

Kerby, 1991:16[33]

이러한 방식으로, 내러티브 탐구자는 시간성을 단순히 펼쳐지는 과정이라기보다 시간이 지남에 따라 각 사람이 변화하는 접힘의 과정으로 이해한다. 또한 시간은 우리를 감싸고 있으며, 우리로 하여금 미래의 경험으로 살아가면서 과거의 경험에 대해 다른 의미를 만들 수 있도록 해 준다. 진의 내러티브는 진이 샌드라, 샌드라 가족, 샌드라 선생님과 함께한 삶의 순간뿐 아니라, 이 책을 위해 그의 이야기를 구성하는 삶의 순간에도 시간이 어떻게 작용했는지를 보여 준다. 진의 글에서 그는 자신의 경험을 회상하고, 뒤늦은 깨달음(hindsight)으로 다시 이야기하는 것, 즉 말해진 이야기로 자신의 기억을 재현한다(Freeman, 2010). 마크 프리먼(Mark Freeman)은 뒤늦은 깨달음을 "이야기로 우리 삶의 이질적인 에피소드를 함께 묶어 내는 내러티브적 성찰의 수단"(Freeman, 2010:8)이라고 말한다. 진은 샌드라, 샌드라의 가족, 샌드라의 선생님들과 함께 시간적으로 그 순간을 살았지만, 진이 "잠시 멈추고, 다시 바라보며"(Freeman, 2010:15) 시간성이 자신과 주변 사람들의 삶을 형성하는 방식을 볼 수 있었던 것은 뒤늦

---

33) 강조는 원문(Kerby, 1991)을 따랐다.

은 깨달음이었다.

내러티브 일관성 속에서 이해하는 시간성

내러티브 탐구에서 시간성에 대한 고려는 내러티브 일관성에 대한 생각으로 돌아가게 한다. 내러티브 일관성이 시간성에 대한 크라이츠 관점의 일부이기는 하지만, 내러티브 탐구에서는 매킨타이어(MacIntyre, 1981)의 내러티브 통일성 개념을 통해 처음 소개되었다. 클랜디닌은 내러티브 통일성에 대한 매킨타이어의 정의를 바탕으로 다음과 같이 서술했다.

> (내러티브 통일성은) 한 사람의 경험 내에서 연속적인 것으로, 그 사람을 위해 성취하는 통일성을 통해 삶의 경험을 의미 있게 만들어 준다. 내러티브 탐구에서 내러티브 통일성이 의미하는 것은 특정 장소와 시간의 특정 개인이 과거에 경험하고 겪었던 모든 일과 그를 형성하는 데 도움이 된 전통의 과거가 특정 개인 안에서 결합하는 것이다. 내러티브 통일성 개념은 단순히 한 사람의 역사에 대한 설명이 아니라 의미를 부여하는 기술(account), 즉 한 사람의 역사에 대한 해석이다. 우리는 한 개인의 역사에서 수많은 내러티브 통일성을 발견할 수 있다. 내러티브 통일성 개념을 통해 우리는 진행 중인 내러티브 통일성을 수정하고 새로운 내러티브를 창조하는 것뿐 아니라 내러

티브를 살아내는 것을 상상할 수 있다.

Clandinin, 1985:365

매킨타이어의 내러티브 통일성 개념은 이렇게 시간에 따른 구성 감각을 포용하는 것으로서 시간성 감각을 더욱 발전시키는 데 도움이 되었다. 진이 샌드라와 그의 가족과 함께한 이야기로 되돌아가면, 샌드라의 삶 한가운데서 진의 시간성에 대한 감각은 성취도가 높았던 어린 소녀 샌드라의 삶이 계속되도록 해야 하며, 샌드라의 성적표를 작성하지 않거나 샌드라가 사랑했던 책, 음악, 활동 등 그가 삶에서 경험한 것들을 존중하는 방식으로 작성되어야 한다는 감각에 의해 형성되었음을 알 수 있다. 샌드라에게 낙제점이나 낮은 성적을 부여하는 것은 내러티브 통일성을 방해하는 것이며, 출생에서 죽음까지의 시간성 한가운데 있었던 샌드라의 경험에 대한 인정이 부족한 것이었다. 카(Carr, 1986)는 내러티브 탐구자들에게 내러티브 통일성은 성취이며, 인간에게 자아의 통일성은 '근본적인 정체성(underlying identity)'이 아니며 "잘 어우러지는 삶이란 미리 주어진 조건이 아닌 성취"임을 상기시켜 준다. 우리가 하는 일은 우리 자신과 다른 사람들에게 우리가 누구이고 어떤 존재인지 이야기하고 다시 이야기하는 것이다. 진은 샌드라의 경험을 고려하면서, 필요하다면 샌드라에게 성적표를 주되 샌드라가 자신에게 의미 있는 자신의 이야기를 더 수월하게 계속할 수 있는 방법을 찾고 있었다.

우리의 개인적 경험 속에 살아 있는 각각의 사회적, 문화적 내러티브 또한 시간적으로 한가운데에 있다. 클랜디닌과 코넬리는 캐나다 토론토의 한 학교에서 수행한 그들의 첫 번째 내러티브 탐구를 묘사하며 제도적 내러티브의 시간적 특성의 감각에 대해 다음과 같이 썼다.

> 흥미롭게도 우리는 학교 건물과 그 기관의 제도적 내러티브에 일종의 친밀감을 느끼는 것 같다. 사람들이 오갔고, 우리는 그들과 함께 내러티브의 역사를 관찰하고 병합했다. 하지만 학교 건물과 주변 지역은 여전히 남아 있으며, 둘 다 계속해서 각자의 이야기를 간직하고 있다. … 내러티브 탐구 공간은 시간과 개인적, 사회적 고려 사항의 연속성을 따라 앞뒤로 움직이며 반복적으로 변화한다. 학교와 지역사회, 그리고 그곳의 안팎을 드나드는 사람들은 역동적인 상호 작용을 한다. 지역사회는 학교에 영향을 미치고 학교는 지역사회에 영향을 미치는 것으로서 경험된다. 역사에도 이런 의미가 있다. … 가장 넓은 의미에서 전경[34]인 학교와 지역사회는 우리에게 그것들 또한 내러티

---

34) 전경(landscape)은 클랜디닌과 코넬리(Clandinin & Connelly, 1995)가 교사의 전문적 지식이 다양한 구성 요소로 이루어져 있으며 다양한 사

브의 역사를 가지고 있다는 것을 가르쳐 주었다.

Clandinin & Connelly, 2000:66~67

우리는 건물, 자원, 책, 책상 등과 같은 실제 물리적 인공물의 시간성을 이해할 필요가 있다. 물리적 인공물들도 우리의 내러티브 일관성을 형성한다.

사회적, 문화적, 제도적 내러티브에 의해 형성된 시간성

이론적으로 내러티브 탐구에서는 시간성에 '한가운데'라는 특성이 있다고 본다. 시간은 항상 진행 중이며, 항상 만들어지고 있으며, 항상 펼쳐지고 접힌다. 카(Carr, 1986)는 내러티브 탐구자에게 더 큰 사회적, 문화적, 제도적 내러티브 안에서 시간을 이해할 필요가 있음을 상기시킨다. 카에게 삶의 내러티브 구조는 "상반되는 두 세트에 공통되는 통일된 형태를 구성한다. 한편으로는 살아낸 것과 이야기된 것의 통일성, 다른 한편으로는 **개인적인 것**과 **사회적** 또는 **역사적인 것**의 통일성이다"(Carr, 1986:184).[35] 카는 우리가 살아내고

람, 장소, 사물의 영향을 받는다는 것을 이해하기 위해 사용한 은유적 용어다. 따라서 이 책에서 전경은 "한눈에 바라보이는 전체의 경치"(표준국어대사전)라는 단순한 뜻이라기보다는 우리 삶이 전경에서 다양한 사람, 장소, 사물, 그리고 이들 간의 상호 작용에 의해 영향을 받으며 형성된다는 것을 의미한다.

이야기된 것의 통일성 안에서 삶을 이해해야 하지만, 더 큰 사회적, 문화적, 제도적 내러티브 내에서 개인으로서 우리 삶을 이해할 필요가 있음을 상기시킨다.

예를 들면, 학교의 내러티브는 연도별 학년 수준의 시간적 주기를 중심으로 구성된다. 클랜디닌에 따르면 학교 교육의 제도적 내러티브는 주기적으로 순환하는 시간적 질서를 보인다(Clandinin, 1989). 학교의 시간은 매년, 매일, 공휴일 사이, 성적 보고(reporting), 월요일부터 금요일까지 같은 학교 주기 내에서 순환적으로 구성된다. 이러한 주기는 서로를 내포하며, 기간을 특정할 수 있다는 특징으로 드러난다. 주기의 각 부분(시작, 중간 또는 끝)에는 명백한 특징이 있다. 부모, 자녀, 교사 및 다른 사람들은 이러한 주기를 시간적으로 한가운데에 있는 것으로 경험한다. 학교에서 일하고 살아가는 사람들은 이러한 중첩된 주기의 한가운데서 시간을 경험한다. 진의 이야기에서 그는 학교 교육의 제도적 내러티브가 형성되는 시간적 주기의 안팎에서 자신이 어떻게 위치했는지 보여 준다. 진은 각 학년에 할당된 연간 주기와 가을부터 여름까지의 연간 주기 안에 묶여 있었지만, 학생들을 알아 가는 이러한 시간적 주기의 바깥에 있기도 했다. 학생들의 삶, 가족들의 삶, 교사들의 삶, 그의 삶도 **'한 학년이 마무**

35) 강조는 원문(Carr, 1986)을 따랐다.

리되는 6월 말에 끝나는' 것이 아니었다. 삶은 계속되었다.

진은 자기 삶에서의 시간성에 대한 경험에 우리를 주목시키는 동시에, 샌드라의 삶의 시간성에 대한 자신의 이해 또한 보여 준다. 진은 샌드라의 삶이 학교 교육이라는 제도적 내러티브의 시간성에 편안하게 들어맞지 않는 의학적 상태에 의해 구성되었음을 알고 있었다. 샌드라는 수명으로 간주되는 삶이 일찍 끝나는 아이였다. 진의 이야기를 통해 샌드라가 어떻게 자신의 이야기를 살아왔고 말했는지 알 수 없지만, 교사들과 샌드라의 삶 '한가운데'라는 감각의 펼쳐짐 사이에서 충돌했던 진의 경험이 어떻게 연말 평가와 성적 보고로 표시되는 연간 시간 주기와 일치하지 않았는지 알 수 있다.

학교 교육의 제도적 내러티브는 교육과정 계획, 학년 수준, 평가 정책, 자녀와 학부모를 위한 최종 보고서를 형성하기 때문에 시간적 의미가 강하다. 학교 교육이라는 제도적 내러티브 안에서 학교 상담교사로 일하던 진의 삶은, 동료 교사들의 삶과는 다른 제도적 시간성에 의해 형성되었다. 교사들의 경험은 유치원부터 12학년까지의 시간 주기와 연간 학년별 시간 주기에 따른 샌드라의 진전을 평가하고 성적표를 작성할 필요성에 의해 형성된 것이지, 단축된 삶의 한가운데 있는 샌드라의 경험에 의해 형성된 것이 아니다.

학교 교육의 제도적 내러티브가 일반적인 주기에 맞지 않는 개인의 삶과 부딪힐 때 불/연속성(dis/continuity)이 발생한다. 교사들에게 요구된 제도적 내러티브는 샌드라의 삶이 보통의 시간 주기와는 다른 시간성에 의해 형성되는 것으로 보이는 것을 더는 허용하지 않았다.

무엇의 한가운데서? 제도적, 문화적, 사회적 내러티브의 변화

시간성은 경험을 내러티브 구성으로 이해하는 데서 핵심적이다. 프리먼의 주장처럼, "내러티브는 외부로부터 삶에 부과되는 것이 아니라 경험의 구조 자체에 짜여 있다"(Freeman, 2010:123). 제도적, 문화적, 사회적 내러티브로 형성된 중첩된 시간성에 눈을 뜨면서, 우리는 샌드라와 샌드라의 선생님들과 함께한 진의 경험을 통해 자연의 순환, 자연의 내러티브, 다른 문화적 경험에 기반한 다른 시간적 내러티브에 주목하게 되었다.

카이나이[36]의 원로이자 블랙풋 퍼스트 네이션(Blackfoot First Nation)의 지식 지킴이(Knowledge Keeper) 앨빈 마운틴호스(Alvine Mountainhorse)는 어느 날 숀과 대화를 나누던 중 다음과 같은 이야기를 했다. 학교와 교사들이 6월 졸업

---

36) 카이나이 부족(Kainai Nation)은 캐나다 앨버타주에 있는 세 개의 블랙풋 퍼스트 네이션 부족 정부 중 하나다. 카이나이 외에는 식시카(Siksika), 피카니(Piikani) 부족이 있으며, 공식 언어로 블랙풋어를 사용한다.
출처: https://en.wikipedia.org/wiki/Blackfoot_Confederacy(인출일: 2023. 11. 24.)

식 후 교실과 학교를 청소하고 자료를 보관하는 일 등을 마무리할 때, 그것을 의례적으로 끝내는 학교의 제도적 내러티브가 많은 원주민의 삶의 시간적 주기와 일치하지 않는다는 것이다. 자연과 땅에 의해 형성되고, 파우와우(powwows)[37]와 선댄스(sundance)[38] 준비 같은 중요한 의식이나 열매와 약초의 숙성 및 채집 시기 등을 특징으로 하는 시간적 주기에 대해 말하면서, 그는 "이제 막 시작되었어요, 숀" 하고 말했다.

앨빈은 숀에게 자연과 문화에 의해 형성된 다양한 경험을 상기시켜 주었다. 이러한 경험은 학교와 같은 서구 기관에서 매우 일반적인 제도적 내러티브를 형성하는 시간적 질서를 방해했다. 교사들이 한 해의 학교 교육이 시간적으로 끝나는 것에 초점을 맞추는 동안, 많은 원주민은 경험에 근거한 중요한 문화적 내러티브에 집중했다. 시간성은 여전히 유동적이고 펼쳐지는 것으로 이해되지만, 학교 일정에 따라 살았던 사람들에게는 익숙하지 않은 다양한 문화적 경험에 의해 형성된다.

숀과 앨빈이 이야기를 나눌 때, 앨빈은 다가올 여름을 위해 준비해야 할 것이 많았기 때문에 그의 가족과 공동체가 있는 남부의 집으로 돌아가고 싶어 했다. 앨빈에게는 삶의 구

---

37) 원주민 축제

38) 일부 원주민들이 모여서 행하는 의식

성과 밀접하게 연결된 계절적 리듬에 대한 기대와 그리움이 있었다. 그것을 형성한 내러티브는 학교 교육이라는 제도적 내러티브가 형성한 구조와 일정 밖에 있었다. 앨빈은 자신이 다른 시간적 내러티브에서 살았다고 명명하고 있었다.

앨빈은 숀과의 대화를 부드럽게 이끌었지만, 그는 여러 면에서 표준화된 제도적 내러티브에 의해서만 형성된 시간성의 이해를 방해하고 있었다. 2장에서 보았듯이 우리 몸은 시간성이 형성하는 영향을 느끼며, 방해가 있을 때도 그 힘을 느낀다. 삶을 방해한 질병으로 고통받은 샌드라의 몸은, 교사들에게 혼란을 야기했다. 샌드라의 삶에 집중하기 위해 교사들의 몸이 학교 교육의 연간 주기로 알고 있는 것에서 벗어나기는 어려웠다. 3장에서 썼듯이, 체현은 사회적 과정이며 이야기와 경험은 체현된 것으로 볼 수 있다(Johnson, 2017). 교사들의 몸은 학교 교육이라는 제도적 내러티브 안에서 시간성이 구조화되는 방식으로 살아낸 그들의 이야기와 경험에 의해 형성되었다.

원로 이자벨 쿠트네이가 계절적 시간에 따른 다양한 주기의 시간성 개념을 사용했던 것처럼, 숀은 리듬과 계절적 시간에 대한 대화를 계속 펼쳐 나갔다. 이자벨이 가르치고 살아가는 계절적 시간은 학사력이라는 제도적 시간의 내러티브와 충돌한다. 이자벨과 숀은 교육청에서 일하며 만났고, 나중에는 학생 수가 2500명이 넘는, 대도시의 큰 고등학교에서 함께 일했다. 이자벨은 숀과 함께 일하면서, 대도시 고등학교의 교과와 프로그램을 넘어 학생들의 삶을 고려할 수 있는 다른 방식을 생각하도록 도와주었다. 숀은 배우기를 원했을 뿐 아니라, 이자벨이 동료들을 도와 일하고 참여하는 다른 방식을 생각하도록 하길 원했다. 숀은 현재의 자신에게 교사이자 안내자가 된 이러한 순간들을 되돌아본다. 숀이 이자벨과 대도시에서 분주하게 보냈던 시간을 묘사할 때, 그는 시간이 지남에 따라 학생들과 일부 교직원이 이자벨의 이미지에 주목했던 것을 떠올린다. 젊은이들의 삶 한가운데를 걷고 있는, 그와 선명하게 대조되는 원로의 이미지였다.

숀은 학생들이 하루 일정과 시간표에 따라 다음 수업에 가기 위해 빠르게 움직이면서 만들어지는 복도의 빽빽한 지형, 그리고 문자 그대로의 충돌을 하지 않으려고 물리적으로 애쓰던 이자벨의 모습에 대해 이야기한다. 이자벨이 학교와 같은 제도적 장소에서 서로의 관계 속에서 움직이는 방식을 다르게 생각하고 그에 주의를 기울이도록 가르친 방식을 떠올릴 때, 숀에게 남아 있는 것은 그 이미지다. 이자벨은 처음에 복도의 혼잡함과 소음에 압도되었으나, 시간이 지나며 몇몇 학생과 교직원이 그의 가방을 들어 주거나 팔을 내밀어 말 그대로 물리적 공간을 만들어 주면서 원로 이자벨을 이해하고 그에게 관심을 기울이기 시작했다. 이것은 학교와 같은 장소에서 나타나는 지배적인 패턴에 영리하게 혼란을 주는,

변화하는 이미지였다. 천천히 걸으면서 다른 이들과 자연스럽게 섞이는 것은, 시간이 흐름에 따라 물리적으로나 비유적으로나 사람들이 움직이는 방식의 변화를 초래한 물리적 혼란이었다. 이것은 시간적 변화와 관련해 주목할 만한 다른 방식의 가르침이었다.

원로 이자벨이 대도시 고등학교의 복도를 걷는 내러티브는 언뜻 보기에 단절된 것처럼 보일 수 있지만, 시간적 주기의 차이와 그에 따른 의미들을 이해할 수 있는 공간을 창조한 것은 바로 그 물리적 반응이다. 진과 비라 모두와 이 내러티브에 대해 논의할 때, 그리고 이것이 숀에게 어떻게 남았는지 이야기할 때, 숀은 기관에서 '소속되지 않음'과 '급격하게 눈에 띄는' 이미지에 대해 말했다. 숀은 자신이 자리에 없을 때 원로 이자벨이 어떻게 돌봄을 받을지 또는 돌봄을 받을 수 있을지 걱정했다. 그는 깊은 책임감을 느꼈고, 유연성이나 다른 시각을 가질 여유가 거의 없는 학교라는 공간에서 원로 이자벨과 함께 시간과 패턴의 구조화된 유산을 연결하고자 노력하며 그가 겪을 어려움을 걱정했다. 원주민 원로가 이처럼 전통적으로 스포츠 중심인 특정 학교에서 일하거나 심지어 복도 공간을 걸어 다니는 것도 처음이었다. 이것은 이 공간에 있는 사람들이 일반적으로 경험하는 것에 대한 물리적 혼란이었다. 논쟁이나 의심의 여지가 없는 시간적 구조에 물리적 혼란을 줌으로써, 우리가 배우고 주의를 기울일 수 있는 다른 기회가 처음으로 가시화되었다.

요약

이 장에서 우리는 '되기'를 특징으로 하는 시간성의 감각을 이야기했다. 되기는 시간의 흐름에 따른 펼쳐짐의 일부이며 선형성의 결여다. 우리는 시간성이 이야기하기와 살아가기에 얽혀 있을 뿐 아니라, 내러티브 일관성과 밀접하게 연결되어 있음을 안다. 시간성은 사회적, 문화적 내러티브에 의해 형성되고 그 안에 살고 있다. 다음 장에서는 시간성의 아이디어가 기억의 아이디어를 형성한다는 것을 보여 주고자 한다.

5장
기억

개요

이 장에서는 기억이라는 내러티브 개념을 다룬다. 여러 면에서 듀이의 경험의 연속성 개념은 내러티브적으로 사고하기의 중심이지만, 기억을 내러티브 시간성의 일부로 보여 주는 다른 이론가들이 있다. 특히 우리는 커비(Kerby, 1991)와 크라이츠(Crites, 1971)의 연구에 주목한다. 4장에서는 "우리 삶은 우리 육체적 존재가 보여 주는 시작과 끝, 그리고 이러한 두 극 사이, 심지어는 그 너머까지 이어지는 역사에 의해 시간적으로 결정된다"(Kerby, 1991:15)는 커비의 아이디어를 제시했다. 그러나 그는 경험의 중요성이 우리의 시간 감각을 형성한다는 것을 인정한다. 기억은 "연속, 지속, 이전과 이후의 단순한 시간성"을 반영하는 사건의 연대기가 아니며, "과거를 포함하는 기억은 현재와 미래를 지향하는 것과 결코 분리되어 존재하지 않는 경험의 한 양식일 뿐이다"(Crites, 1971:301).

경험으로 전환하기

2016년 바람이 거세게 불던 겨울날의 추위는 거의 기억나지 않지만, 2월 초 그날은 내 몸에 영원히 새겨져 있을 것이다. 크리스마스 얼마 전에 처음 느꼈던 오른쪽 가슴의 큰 혹이 암이라는 진단을 받고 며칠 만에 처음으로 외과 진료실을 방문한 날이었다. 주치의가 전화로 알려 준 그 소식은 내 삶, 그리고 어린 자녀가 있는 우리 가족의 삶에 반갑지 않은 혼란을 가져왔다.

나는 간호사로서의 경험을 바탕으로 앞으로 어떤 일이 펼쳐질지 막연한 생각에 잠겼지만, 그보다는 줄리(Julie)와 함께한 경험에 더 큰 영향을 받았다. 내 친구이자 동료 줄리는 유방암이 뇌로 전이되고 결국 몸 전체가 암으로 뒤덮여 불과 몇 달 전 세상을 떠났다. 진료 대기실에 앉아서, 나는 줄리가 완화의료병동에 입원했던 때를 생생하게 떠올렸다. 숨 쉬는 것조차 무척 힘들어지고, 누군가가 줄리의 몸을 조심스럽고 부드럽게 어루만질 때마다 그의 눈이 고통으로 가득 차던 시간이었다. 그의 말은 더 이상 잘 들리지 않았고, 병실에는 고통을 증폭시키는 침묵이 메아리쳤다.

이러한 순간에 할 수 있는 유일한 보살핌은 줄리가 그토록 좋아했던 책을 소리 내 읽어 주고, 그와 우리의 삶의 이야기를 들려주는 것이었다. 그가 한때 살았던 삶, 그에게 소중한 사람과 장소를 눈에 보이게 연결해 주는 것은, 삶이 점점 더 불확실해지며 고통은 심하고 괴롭고 파괴적일 수 있다는 것을 일깨우는 것이기도 했다. 그의 육체적 고통은 통제할 수 있었지만, 숨을 쉴 때마다 느껴지는 것은 감정적이고 정신적인 고통이었다.

기억: 시간성과 함께 생각하기

줄리의 암 투병 경험을 회상하는 것은 비라에게 여전히 어려운 일이다. 비라는 그때마다 줄리의 죽음이 너무 일찍 찾아왔다는 사실과, 고통이 삶의 일부일 수 있으며 일부라는 점을 떠올린다. 하지만 이러한 어려움에도, 기억하는 것은 중요하다. 기억하는 것은 "인간이라는 것, … 역사를 가질 수 있는 존재라는 필수적인 표시"(Crites, 1971:292)이기 때문이다. 줄리의 경험을 기억하는 것은 줄리와 비라 모두가 "역사를 가질 수 있는" 인간임을 인정하는 것이며, 고통을 가시화하면서 동시에 그 고통이 지워지지 않도록 저항하고 피하는 것이다. 기억은 시간의 흐름에 따른 내러티브 일관성을 만드는 데 의미 있고 중요한 역할을 한다. 크라이츠는 다음과 같이 말했다.

> 그러나 이미 기억 속에는 이전과 이후, 즉 순서라는 더 단순한 시간성이 있다. 사실, 기억이 없다면 경험은 전혀 일관성을 갖지 못할 것이다. … 경험이 현재에서 순전히 순간적 특성을 갖는다는 것은 이미 중요한 의미를 지닌다. 그러나 이러한 순간적 지각의 연속에서 일관된 통일성을 추상화하는 힘, 시간적 연속의 감각을 부여하는 것은 바로 기억이다.
>
> Crites, 1971:298

내러티브 일관성에 대한 이 감각을 확보하기 위해 크라이츠는 우리에게 순서 감각, 즉 앞과 뒤에 무엇이 오는지에 대한 감각이 필요하다는 점을 인정한다. 그리고 이러한 감각을 얻기 위해 우리는 기억을 불러내거나 참조한다. 동시에 우리는 오직 몇 가지 경험만이 우리의 기억에 깊은 인상을 남겼다는 것을 알고 있으며, 이는 때때로 무언가 빠졌다는 느낌을 불러일으킨다. 크라이츠는 우리가 과거를 돌아보는 데 도움을 주지만, 그에게도 다른 이들에게도 기억은 또한 미래에 관한 것이기도 하다. "그의 기억이 재발견하고자 하는 거의 모든 장소에는, 베냐민(Walter Benjamin)이 『1900년경 베를린의 유년 시절』의 한 부분에서 말했듯이 '앞으로 다가올 것의 흔적'이 남아 있다. 그리고 그의 기억이 '미래를 예언하는 선지자의 능력으로' 어린 시절의 인물을 만나는 것은 우연이 아니다"(Szondi, 2006:19; Brockmeier, 2009:129에서 재인용).

이처럼 기억과 관련해 시간성을 생각하는 방식은 우리가 무엇을 그리고 누구의 내러티브를 이야기하는지 의문을 제기한다. 우리는 삶의 어떤 사건을 다루는가? 그리고 삶의 이야기에서 사건의 누락은 무엇을 의미하는가(Bruner, 2004)? 브루너가 지적했듯이, "우리가 사건의 원초적인 형태로 **연보**를 기록하더라도, 이는 암묵적인 내러티브에서 그것들의 위치를 고려해 선택된 사건으로 볼 수 있다"(White, 1984:692). 그리고 내러티브의 시간적 형식이 중요하지만, 1장에서 언급한 바와 같이 크라이츠는 "경험의 내러티브 질에는 성스러운 이야기, 일상적인 이야기, 경험 자체의 시간적 형식이라는 세 가지 차원이 있으며, 세 개의 내러티브 트랙 각각은 지속적으로 다른 과정을 반영하고 서로 영향을 미친다"(Crites, 1971:305)는 점을 우리에게 상기시킨다.

비라의 경험들에서, 우리는 줄리의 죽음 이전에 암에 대한 비라의 경험이 시간적으로 펼쳐지는 것을 볼 수 있다. 진료 대기실과 조용한 아침의 일상적 경험은 미래를 예고하는 기억과 침묵으로 표시되었다.

> 내 몸의 악성 종양은 줄리에 대한 기억, 고요한 아침과 긴 하루가 끝나던 무렵의 어두운 저녁에 대한 기억을 불러일으켰다. 진료 대기실에 앉아서 나는 죽음이 아닌 봄을 알리

던 날에 줄리의 시신이 사라지고 그의 시신을 어루만질 기회를 빼앗겼던 완화의료병동의 공허함을 떠올렸다. 2월의 춥고 매서운 겨울날은 줄리의 그림자, 기껏해야 삶은 예측할 수 없고 불안정한 가능성이라는 그림자를 가져왔으며, 나는 이러한 불확실성을 안고 살아갈 수밖에 없었다.

어떤 일이 벌어질지 상상하면서, 나는 다른 사람에게 책을 읽어 달라고 의지해야 하는 순간이 있을 것이고, 고통 없이 다른 사람이 내 몸을 돌봐 주는 것이 불가능한 순간이 있을 것이며, 침묵이 있을 것이라 상상했다. 이 순간, 줄리의 몸이 그를 배신했던 것처럼 내 인생에서 처음으로 내 몸이 나를 배신했다는 것을 깊이 인식했다.

기억: 연속성과의 연결

시간성에 대한 아이디어를 떠올리면 연속성과의 연결이 중요해진다. 기억은 우리 삶에서 우리가 만든 경로를 반영하지만, 브루너가 상기시키듯 "살아온 삶은 말해진 삶과 분리될 수 없으며, 더 직설적으로 말하자면 삶은 '어떠했는가'가 아니라 그것이 어떻게 해석되고 재해석되고, 이야기되고 다시 이야기되었는가"(Bruner, 2004:708)에 달려 있다. 삶을 살아가기와 말하기의 이러한 연결은 기억과 연속성에 대한 생각에서 중요하다. 부분적으로는 "기억의 영역에서 날짜나 연도가 유효한 통화(currency)가 아니기 때문"(Brockmeier, 2009:115)이지만, 더 중요한 것은 우리가 역사를 구성할 때 "우리는 계속해서 우리 삶을 구성하고, 다시 돌아가서 그것들을 일관성 있는 이야기로 전환하기 때문"(Oakley, 1992:xxiii)이다. 일관성은 우리에게 연속성을 제공한다.

이모는 암으로 뼈가 약해져 막내 여동생인 내 어머니에게 의지하다 20년 전에 돌아가셨다. 이모는 홀로 죽는 것이 두려워 내 부모님에게 함께 살 수 없겠느냐고 물었다. 시간이 지나면서 나는 수혈과 병원 방문, 죽음에 대한 어려운 대화를 피하기 위해 희망을 불어넣어 주던 의사들 등 힘든 순간들을 잊고 있었다. 이모의 부고문, 장례식 후 커피 타임 초대장, 어떤 케이크를 주문할지에 대한 결정, 이모 유품 정리 등을 생각하기 위해 우리가 함께 모여 앉았던 순간들은 한결 수월한 듯했다. 우리는 시간이 더 이상 무한하지 않다는 것을 알았다. 나는 이모가 돌아가시기 바로 며칠 전 직장에 복귀하라는 연락을 받고 당시 살았던 캐나다 북부로 긴 여정을 떠났다. 나는 이모의 장례식을 위해 돌아갈 여유가 없었다.

암 진단을 받았을 때, 이모의 장례식은 줄리의 죽음과 함께 섞여 암에 걸린 내 삶이 어떻게 펼쳐질지에 대한 불/

편함(dis/ease)과 걱정을 불러일으켰다. 의지할 이모도, 줄리도 없었다. 그들의 이야기는 내 안에 살아 있었고, 그들은 내가 그들 각자에 대해 가지고 있는 기억 그 이상이었다.

집에 돌아올 때마다 나는 이모의 무덤을 방문하고, 그동안 필연적으로 자라난 꽃과 잡초를 돌본다. 장례식장이 다시 텅 비고, 케이크의 마지막 조각을 먹고, 설거지하고 치운 것이 바로 어제였다. 내가 줄리의 침대 곁에 앉은 것은 바로 오늘 이른 아침이었다.

시간에 대한 감각은 기억과 무관하다. 비라는 이모에게 작별 키스를 한 날, 자신의 어머니가 죽어 가는 이모를 돌보기 위해 떠나던 날 이것을 배웠다. 암 진단을 받은 것은 비라의 인생에서 하나의 사건이 아니었으며, 날짜나 시간으로 표시되어 일어난 것도 아니었다. 대신, 외과 의사의 진료 대기실에 앉아 있는 것은 시간과 연속성에 대한 비라의 감각을 방해했다. 비라에게 질문이 생겼다. 누가 이모의 무덤을 방문할까? 누가 잡초를 뽑을까? 꽃에 물은 누가 줄까? 아마도 연속성은 "우리의 영적 삶이 근본적으로 우리의 기억을 지속하고 그것을 희망으로 … 미래로 전환하려는 노력"(Miguel de Unamuno, 『삶의 비극적 감정』; Kerby, 1991:21에서 재인용)이라는 점을 인식하는 것이다.

폴 리쾨르(Paul Ricoeur)는 "실제 삶에서 내러티브 시작으로 작용하는 것은 아무것도 없다. 기억은 어린 시절의 아련함 속에서 사라진다. … 나의 죽음은 결국 나를 살아남게 한 사람들의 이야기 속에서만 회자될 것이다"(Ricoeur, 1992:160)라고 말한다.

> 하지만 누가 나를 살아남게 할 것인가? 장례식과 무덤가에서 잡초와 꽃을 돌보는 이는 누가 될 것인가? 나의 어린 시절을 모른 채 나의 죽음이 이야기될 수 있을까? 누구의 기억이 연속성을 만들어 낼까? 낯선 이가 들러 필연적으로 자라는 잡초를 제거하기 위해 손을 내밀어 줄까?

우리가 누구인지 이해하기 위해서는 다른 사람들의 삶의 사건과 타임라인을 묻는 것뿐만 아니라 우리가 어떤 사람이 되어 가고 있는지에 대한 인식이 반드시 수반되어야 한다. 여기서 다음과 같은 내용이 분명해진다.

> 가족은 우리 삶에서 여러 번 자서전적 회상을 위한 사회적 저장소 역할을 한다. 우리는 명절이나 다른 가족 모임에서의 좋아하는 에피소드, 이야기, 중요한 순간을 재방문한다. … 우리 삶의 이야기의 시작은 가족에 의해 기록되며, 삶의 끝자락에서 이러한 이야기를 이해하려고 노력

할 때 우리는 종종 가족으로 돌아간다.

Schachter, 1996:279

기억이 이 장의 중심 주제지만, 우리는 시간과 연속성을 고려하지 않고는 기억에 대해 말할 수 없다는 것과 우리 삶이 서로 다른 가족적 맥락들에 놓여 있는 것을 보기 시작한다. 시간을 모두 멈추게 할 수 있는 맥락. 이 멈춰진 시간의 감각은 오직 기억에 의해서만 중단될 수 있다.

진료 대기실에 앉아 있는 동안 갑자기 집이 너무나 멀게 느껴졌고, 연속성은 불가능해 보였다.

경험을 회상하기: 사실적 이야기에 도전하기

1999년 퍼트리샤 햄플(Patricia Hampl)은 다음과 같이 썼다. "내가 말하고 싶은 것이 무엇인지 알고 있다는 가정하에 기억을 바탕으로 글쓰기에 접근한다면, 나는 여기에 의도성이 작용한다고 가정한다"(Hampl, 1999:28). 그러나 우리는 비라의 경험에서 이러한 의도성을 가정할 수 없다는 것을 알 수 있다. 마찬가지로 기억에 대한 내러티브적 이해는 경험이 각각의 기억을 형성하는 방식을 인정함으로써, 기억이 사건에 대한 사실적 이야기로 축소되지 않고 크라이츠가 제안한 것처럼 경험에 대한 회상에 더 가까워지도록 한다. 크라이츠와 에바 호프만은 이러한 기억에 대한 내러티브적 이해를 주장하는 데 도움을 준다. 그러나 우리는 또한 메리 캐서린 베이트슨(Mary Catherine Bateson)과 같은 이들의 주장을 끌어온다. 우리가 이야기를 말할 때 그것에 대한 다시 이야기하기는 "한 패턴에서 다른 패턴으로"(Bateson, 1994:11) 연결을 만든다는 주장이다. 이러한 관점에서 내러티브적으로 사고하기는 연결을 만드는 과정이며, 다양한 감각에 의해 촉발되는 기억, 경험을 회상하기 위해 시간에 걸쳐 확장되는 기억을 만드는 과정이다.

> 외과 의사의 진료실에 들어가면서, 나는 내 가슴의 큰 혹이 암이라는 것 외에는 자세한 내용을 알지 못했다. 나는 알지도, 알고 싶지도 않은 낯선 남자가 내 몸을 보고 가슴을 만질 것이라 예상했고, 그가 나를 염려할 것이라는 확신이 없었기 때문에 그의 손길이 나를 배신할 수도 있다고 생각했다. 나는 그가 누구인지 전혀 몰랐다. 진료 대기실 의자 가장자리에 바짝 붙어 앉아서 지금 떠나는 게 더 나은 것은 아닐지 고민했던 기억이 난다.
>
> 수술과 항암 치료가 끝나고 마지막 방사선 치료를 마친 지 몇 달이 지났다. 길을 잃은 것 같은 상실감, 내 몸으

로부터 배신당했다는 느낌, 삶이 어떻게 펼쳐질지에 대한 불확실성에 압도되는 때가 많았다. 내가 기억할 수 없는 많은 순간이 있었는데, 그 이야기들은 잊혀지거나, 억눌리거나, 어쩌면 너무 말하기 어려운 상태로 남아 있다.

하지만 나는 2월의 춥고 바람이 매섭게 불던 날 외과 의사가 검사실에 들어서며 말했던 첫 문장을 명확하게 기억한다. 그가 나를 쳐다보지도 않고 문을 너무 세게 열어 나는 다시 의자에 앉았고, 그는 열정이 가득한 표정으로 자리에 앉으며 "제가 당신 팀의 일원이에요! 우리 해낼 수 있어요!"라고 여전히 나를 바라보지 않은 채 선언했다. 그 순간, 진료 대기실을 떠났어야 했다고 매우 확신에 찬 생각을 했던 것이 기억난다.

나는 팀을 요청한 적도 없었고, 그가 나를 팀의 일원으로 생각한다는 확신도 없었다. 나는 줄리에게 팀이 있었는지, 있었다면 누가 그의 팀원이었는지 잠시 궁금해졌다. 나는 또한 줄리를 실패하게 만든 것이 그의 팀이 아니었을까 궁금했다. 그의 어린 두 자녀가 여전히 엄마를 부르던 그 순간에 죽음을 맞이하도록 했기 때문이다. 의사가 나에게 치료 옵션과 그에 따른 생존 확률을 이야기하던 짧은 순간, 나는 그가 누구인지 궁금했다. 무엇이 팀에 대한 그의 개념을 형성했을까? 그에게 팀이란 무엇일까? 그는 팀의 일원이 된다는 것이 나를 더 편하게 만들 것이라 생각했을까? 팀에 속해 있으면 생존율을 더 쉽게 받아들일 수 있다고 생각했을까? 그가 팀에 대해, 그리고 팀에서 경험한 것은 무엇이었을까? 그에게 팀이 있다는 것은 왜 중요했을까?

이 모든 질문이 중요했지만, 그중 내가 가장 그에게 묻고 싶었던 것은 그의 몸이 그를 배신한 적이 있었느냐는 것이었다. 그리고 그의 몸이 그를 배신한 적이 있다면 어떤 느낌이었는지, 그 배신 이후 삶이 어떻게 달라졌는지, '해낼 수 있다!'는 그의 믿음이 거짓으로 드러날 때 그가 기꺼이 큰 소리로 내게 책을 읽어 줄 수 있을지 궁금했다. 그의 팀이 실패했을 때 말이다.

수술 날짜가 다가왔고 수술 후 얼마 지나지 않아 나는 병원을 떠났다. 다발성 종양으로 밝혀진 종양은 제거되었고, 아마도 외과 의사는 '이걸 해냈다'는 점에서 옳았을 것이다. 종양에 집중하는 것이 그의 대처 방법이 아니었을까 생각한다. 나와 함께 일하는 대신 그는 배신의 가능성과 이것이 불러올 고통에서 자신을 벗어나게 할 수 있었다. 생존율에 대한 끊임없는 이야기는 아마도 승패가 있는 전투 장면—대부분의 전쟁에는 군대가 있다—을 떠올리게 한다. 팀에는 언제 어디서 무엇을 해야 하는지를 알고 있는 한 명의 병사나 외과 의사가 필요하지만, 그들은 대체될 수 있다. 상대가 누구인지 모르는 것이 더 나은 곳, 우리가 자신의 취약성이나 불안정성에 직면할 필요가 없는 곳 말이다. 줄리라면 그에게 뭐라고 했을까? 그의 누나나 이모, 혹은 엄마에 대해 물었을까? 그가 나를 치료하는 동안 그들에 대해 생각했다면 어떤 일이 벌어졌을까? 그리고 나는 여전히 그가 정말로 암을 치료하는 것이 전쟁과 같다고 생각했는지 궁금하다.

비라에게는 자신이 만났던 외과 의사가 자신과의 상호 작용을 어떻게 이야기했을지 궁금해하는 순간이 있다. 그의 감정 중 일부는 비라와 같을까? 비라가 자신의 경험을 다시 이야기한 것에서 그는 자신을 알아볼 수 있을까? 경험에 대한 그들의 설명이 다르다는 것이 중요할까? 그들 각자는 다른 기억을 가지고 있을까? 그러나 커비가 우리에게 알려 주듯이, "기억의 진실성(veridicality)에 관한 질문은 단순히 과거가 되살아났거나 기억된다고 말하는 것만으로 해결되지 않는데, 이는 맞서 싸워야 할 현재 관점의 영향이 항상 존재하기 때문이다"(Kerby, 1991:24). 지금 살아 있기에, 비라는 자신의 이야기를 다르게 말할 수 있다. 그는 자신의 경험에 대한 지식이나 이야기가 객관적이고 정당한 것이라고 주장하지 않는다. 비라는 이모와 줄리와 함께한 과거의 경험이 자신의 여러 경험들과 얽혀 있으며, 그것이 비라의 삶의 방식을 형성한다는 것을 인식한다. 장 폴 사르트르(Jean-Paul

Sartre)는 다음과 같이 지적한다.

> 가장 진부한 사건이 모험이 되려면 … 그것을 이야기하기 시작해야 한다. 이것이 바로 사람들을 속이는 것이다. 사람은 항상 이야기꾼이고, 자신의 이야기와 다른 사람들의 이야기에 둘러싸여 살며, 그 이야기들을 통해 자신에게 일어나는 모든 일을 본다. 그리고 마치 이야기하듯 자신의 삶을 살아가고자 한다.
>
> Sartre, 1964a:39

사르트르의 말이 맞다면, 우리는 비라의 외과 의사 주변에서 일어나는 이야기를 살펴볼 필요가 있다. 그는 스스로에게 어떤 이야기를 하고 있나? 그는 어떤 이야기 속에 살고 있나? 어떤 맥락에서 기억은 "사실과 허구, 경험과 텍스트, 다큐멘터리 영상, 각색, 영화, 연극, 텔레비전 쇼, 판타지 등의 기묘한 혼합체"(Freeman, 2010:101)가 될까? 아니면 브루너가 제안한 것처럼 다음과 같을까?

> 이야기가 하는 일은 그런 것이다. 우리는 우리가 말하는 이야기에 맞는 방식으로 '실제 세계'를 생각하게 되지만, 아마도 실제 세계에서 일어나는 동일한 사건에 대해 다른 이야기를 하고 싶은 유혹을 영원히 받는다는 것은 우리에

> 게 철학적 행운이다.
>
> Bruner, 2002:103

우리는 경험의 사실적 이야기하기에 이의를 제기하고, 역사적 기술에 대한 카(Carr, 1997)의 회의론을 반영하지만, 다음과 같은 점 또한 염두에 둔다.

> 도덕적이고 윤리적인 힘을 무장 해제하기 위해 기억의 진실을 부정하는 것은 … 대중을 통제하는 효율적인 방법이다. 사람들이 자신의 개인적인 기억을 기꺼이 넘겨줄 의향이 있는 한, 많은 유혈 사태는 일어나지 않아도 된다. 전체 역사를 다시 쓸 수 있다.
>
> Hampl, 1999:32

하지만 우리가 개인적 기억을 포기할 수 있을까? 기억은 우리 몸에 남은 흉터를 통해 스며들며, 우리 중 일부에게 암 생존자라는 표시를 남긴다.

> 오른쪽 가슴의 흉터가 눈에 띄지만, 나는 그것을 가리거나 숨기지 않는다. 그날 수영장 탈의실에서 어린 소녀[39)]

---

39) 비라 자신이다.

의 눈은 내 흉터를 보았고, 소녀는 자신의 이모를 기억할 수밖에 없었다.

수영장 탈의실에 있는 어린 소녀에게 보이는 이 흉터는 다시 쓰일 수 있을까? 아니면 우리는 삶과 죽음의 경계 사이에서, 사실과 허구 사이에서 우리의 삶을 쓸 수 있을까?

기억과 망각[40)]

어린 소녀는 이모를 기억하고 있었지만, 이모 삶의 펼쳐진 세부 사항들을 잊고 있었다는 것 또한 인정했다. 소녀의 기억력은 떨어졌고 망각이 자리 잡았다. 때때로 망각은 기억을 잃는 것과 같지만, 데이비드 루빈(David Rubin)은 "기억의 실패에는 … 우리가 다른 방식으로 쉽게 배우지 못하는 많은 것을 가르쳐 줄 수 있는 잠재력이 있다"(Rubin, 1986:16)고 지적한다.

기억과 망각의 연관성은 사람들이 경험한 트라우마를 말해 주기도 한다. 여기서 우리는 기억하기와 잊기의 밀접한 연관성을 볼 수 있다.

---

40) 원어는 'forgetting'으로, 문맥에 따라 '망각' 또는 '잊기'로 번역했다.

> 어떤 충격적인 사건은 내러티브화할 수 없으며(혹은 쉽게 내러티브화할 수 없으며), 이해할 수 없고 말로 표현할 수 없는 것일 수도 있다. 그리고 그 사건을 내러티브화하는 경우, 그것을 포괄적으로 표현하려고 노력하다 보면 정확히 기억되는 트라우마의 강도와 힘을 잃을 수도 있다. "말의 위험, 기억의 내레이션에 통합되는 위험은 이해할 수 없다는 것이 아니라 너무 많이 이해한다는 데 있을 수 있다"(Caruth, 1995:154).
>
> Freeman, 2010:7

내러티브에는 경험의 복잡한 시간성을 보여 줄 능력이 있지만(Brockmeier, 2009), "기억된 자아는 기억하는 자아와 불가피하게 뒤섞여 있다"(Brockmeier, 2009:121)는 것을 이해할 필요가 있다. 이런 식으로 내러티브는 기억을 형성한다. 커비는 이러한 아이디어를 더욱 확장해 기억하기(remembering)와 기억(memory)의 차이점에 주목하도록 한다.

> 하지만 기억(retention)이 현재 의식의 중요 부분이라면, 기억하기(remembering)라는 단어가 일반적으로 의미하는 것은 기억(memory)의 두 번째 형태로 구별되어야만 한다. **기억하기**또는 **회상**은 더 이상 살아 있는 현재에서 작동하는 부분이 아닌 내용을 의도하는 행위를 말한다. … 그러나 기

억(memory)에 내재된 한 가지 조건이 있는데, 이것은 '그때'의 '현재성', 즉 기억이 회상되는 때와 시간적으로 구별되는 현재의 회상 행위를 내포한다는 사실이다. 그러한 경험에서 회상이 일어나는 현재에 대한 인식을 잃어버리면, 더 이상 기억에 대해 말할 수 없다. 오히려 환각, 망상, 혹은 그러한 상태에 대해 말할 수 있다.

Kerby, 1991:23~24[41]

기억하기와 잊기는 복잡한 과정이며, 그것들은 기억에 대한 고정된 설명이 아니다. 비라가 언급했듯이, 그것들은 우리 몸속에 살고 있으며, 우리 몸의 상처를 통해, 기억을 불러일으키는 냄새와 이미지를 통해 호출된다. 내러티브적으로 사고하기는 체현으로 사고하는 것임을 상기시킨다. "기억하기는 단순히 머릿속에서 이루어지는 과정이 아니다!"(Crites, 1971:301). 수영장 탈의실에 있던 어린 소녀가 비라의 가슴에 있는 흉터를 볼 때, 우리는 다음을 알 수 있다.

타인의 기억을 자신의 기억에서, 실제를 환상에서 분리하는 것. 즉, 어떻게든 역사에서 우리 자신을 탈출시키고, 본질적으로 우리의 정체성을 스펙트럼의 장식 없이 새롭

41) 강조는 원문(Kerby, 1991:23~24)을 따랐다.

> 고 신선하게 재구성하는 것이 가능하다고 가정하기는 불가능하다.
>
> Freeman, 2010:111

프리먼은 "뒤늦은 깨달음의 작업은 '나의 역사'라는 특수성을 넘어, 한 사람의 삶이 독특한 형태를 취하는 더 큰 역사 속으로 들어가야 한다"(Freeman, 2010:112)는 점을 볼 수 있도록 도와준다.

> 로빈이 내 남편에게 이메일을 보내 나와 대화할 수 있을지 물어본 것이 불과 며칠 전이었다. 유방암이라는 단어를 말하지 않았지만, 나는 이것이 그가 내게 연락한 이유라는 것을 느꼈다. 나는 지난 2년 동안 내가 여전히 지치고 피곤한 상태였던 것을 안다. 내가 아직 에너지와 체력을 회복하지 못했다는 것, 여전히 내 몸을 신뢰하지 못한다는 것을 안다. 그리고 나의 몸을 돌봐주러 왔지만, 치료 시스템에 내가 암을 앓고 있는 사람이라는 표시를 영원히 남긴 레드카드의 숫자 이상으로는 나를 거의, 어쩌면 전혀 알지 못하는 사람들을 내가 여전히 거의 이해하지 못한다는 것을 안다.
>
> 나는 로빈의 이메일에 조심스럽게 답장을 보내면서, 드문 경우지만 누가 내 치료팀이 될지 선택할 수 있다는

사실을 염두에 두었다. 그 드문 순간에 우리는 젊고 활기찬 외과 의사에게 물을 수 있다. 당신은 누구인가요? 왜 신경을 쓰시나요?

나는 로빈에게도 그를 필요로 하는 어린 자녀들이 있다는 것을 알았기에 배려하는 마음으로 답장했지만, 그에게 나의 계속되는 어려움에 대해 말하지는 못했다. 매일 내 몸을 볼 때면, 나는 흉골 왼쪽에 살짝 보이는 검은색 잉크 점을 발견한다. 그 잉크 점은 방사선을 쬘 위치를 신중하게 눈금을 매겨 표시한 것으로, 암이 생기지 않은 부위와 심장의 잠재적 손상을 방지하기 위해 신중한 배치가 필요하다. 그리고 내가 그 점을 알아차렸을 때 나의 시선은 오른쪽 가슴의 흉터에 쏠려 있었고, 나는 수영장 라커룸에 있던 어린 소녀의 깊고 파란 눈을 기억했다.

기억하기와 잊기의 개념을 숙고할 때, 우리는 "사람은 항상 이야기꾼이고, 자신의 이야기와 다른 사람들의 이야기에 둘러싸여 살며, 그 이야기들을 통해 자신에게 일어나는 모든 일을 본다. 그리고 마치 이야기하듯 자신의 삶을 살아가고자 한다"(Sartre, 1964b:64)는 것을 상기한다. 수영장에서 파란 눈의 소녀와 함께한 비라의 경험에서 이러한 연관성을 볼 수 있다. 기억하기와 잊기는 삶 이야기의 공동체, 우리가 경험한 것을 파악하거나 듣는 방식으로 우리 삶에 관심을 기울이는 청자, 그 밖의 사람들과 연결되어 있다(Bruner, 2004).

연결을 다시 이야기하기: 기억 만들기

기억은 일련의 사건이나 인생의 연대기 그 이상이다. 기억은 역사와 마찬가지로 가능한 관계의 집합에 관한 것이며, "하지만 이러한 관계 집합은 사건 자체에 내재하는 것이 아니라 사건을 반추하는 역사가의 마음속에만 존재한다"(White, 1978:94). 우리는 사건을 읽고, 연결을 만들고, 차례로 기억을 만들고 다시 만든다. 때때로 이것은 내러티브 일관성을 만들기 위한 노력의 일환으로 이루어진다. 카는 "일부 이론가에 따르면 실제 사건에 내러티브 일관성을 부여하는 것은 기껏해야 희망적인 생각"(Carr, 1986:13)이거나, 달리 말해 "최선의 내러티브화(narrativization)는 만족스러운 일관성에 대한 우리의 욕구를 반영해 현실을 꾸미고, 만약 우리가 정말로 그것을 믿는다면 최선의 내러티브화는 희망적 사고에서 비롯된다"(Carr, 1986:15)고 지적한다.

기억을 만든다는 아이디어를 가지고 작업하는 일은 다른 사람과 우리 자신의 미래를 상상하는 능력을 인정하는 것이다. 그것은 우리에게 아직 오지 않은 것을 예상하도록 요구한다(Carr, 1997). 기억을 만들려면, 영원히 변할 수 있고 실제로 변하는 복잡한 시간적 구조에 깨어 있어야 한다(Carr, 1997). 카는 유희하기(being playful)에 대한 이러한 아이디어를 언급한다.

> 따라서 루이스 밍크(Louis Mink)가 이야기를 살아지는 것이 아니라 말해지는 것이라고 한 것은 완전히 잘못된 구분이다. 이야기는 살아지면서 말해지고 말해지면서 살아진다. 삶의 행동과 고통은 우리 자신의 이야기를 하고, 그러한 이야기들을 듣고, 그 이야기를 행동으로 옮기고, 그 이야기를 살아내는 과정으로 볼 수 있다. … 때때로 우리는 사건을 수용하기 위해 이야기를 바꿔야만 하고, 때로는 이야기를 수용하기 위해 행동함으로써 사건을 바꾸기도 한다.
>
> Carr, 1997:16~17

그리고 우리가 기억을 유희적 방식으로 다루기 시작할 때, 딜라드(Annie Dillard)는 회고록 쓰기가 기억에 영향을 미칠 수 있다는 점을 상기시킨다(Dillard, 1987).

사건의 감정적 의미: 기억으로의 전환

기억을 만들고 다시 만들 때, 기억을 만져 볼 수 있고 정확하며 사건의 감정적 의미를 인식할 수 있게 하는 것으로 보는 것이 중요하다. 호프만은 ≪뉴욕타임스≫ 서평에서 "사람들이 자신에게 일어난 일뿐 아니라 주로 자신의 내면에서 일어난 일을 바라볼 수 있도록 하는"(Hoffman, 1994:n.p.) 공명 기억(resonant remembering) 개념을 발전시켰다. 호프만은 아펠펠트(Aharon Appelfeld)의 작업을 되돌아보며 다음과 같이 말한다.

> 그는 사건의 감정적 의미를 인식하고 주관적인 생각과 생존자 자신의 내적 여정을 조사하기 위해 필요한 것은 뚜렷하고 정확하며 개인적인 기억이라고 생각한다. … 따라서 아펠펠트 씨는 "홀로코스트를 그 거대하고 비인간적인 차원에서 제거하고 그것을 인간에게 가까이 데려오기 위해" 과거를 완전하고 감각적인 기억의 영역으로 가져올 필요가 있다고 믿는다.
>
> Hoffman, 1994:n.p.

이러한 기억 중 일부는 깊은 고통의 감정을 불러일으키는 반면, 다른 기억은 "우리 모두 그들과 우리의 나이와 상관없이, 그리고 우리가 원하든 원하지 않든, 곧 부서질 듯한 의자, 첫 키스, 고통스러운 이별의 기억 한가운데 살고 있다"라는 사실을 상기시켜 준다. "(그리고 우리는) 어떤 이들에게는 비자발적 기억이 소중한 선물이라는 점을 인식해야만 한다"(Brockmeier, 2009:115).

우리는 또한 클라크 블레이즈(Clark Blaise)와 볼드윈 같은 작가들을 통해(Blaise, 1993; Baldwin, 1999), 내러티브 탐구 관점에서 기억은 더 큰 사회적, 문화적, 제도적 내러티브에 의해 신체에 그리고 그 안에 기록된다는 것을 보여 준다. 기억, 감정, 체현이 연결되어 있다는 아이디어는 3장에서 다루었다. 비라의 경험으로 돌아가면, 상상력과의 연관성 또한 볼 수 있다.

> 하지만, 잉크로 찍힌 점은 주의 깊게 배치된 표시 그 이상이다. 잉크 점이 기억을 담고 있다면, 영구적인 표시는 내 몸 안팎의 경험을 지속적으로 다시 새겨넣는다. 수술실, 항암 치료 병동, 방사선실은 기억 속에서 점점 멀어지는 반면, 기억력 장애는 점점 더 골칫거리가 되고 있다. 더 이상 내가 알아야 할 사람들의 이름을 기억할 수 없다. 내가 말하거나 사는 이야기에서 중요한 장소의 이름을 더는 기억할 수 없다. 나는 더 이상 사건의 날짜를 기억하지 못하고, 사건을 신중하게 구성된 순서대로 배치할 수 없다. 더 이상 기억이 나지 않는다. 기억력의 중요성을 인정해야 했던 것은 최근의 일이다. 나는 더 이상 사교 모임에 혼자 참석하지 않으며, 내가 모르는 사람을 알아봤어야 한다는 두려움 때문에 직장에서 붐비는 복도를 걷지 않는다. 나

는 사회적 만남을 신중하게 구성하고, 가능하면 피한다.

사람들이 나에게 미소를 짓거나, 내 이름을 부르거나, 앞으로 다가와 팔을 만지거나 안아 줄 때도, 그 사람의 이름이나 내가 그 사람을 알아야 할 이유를 기억하지 못할 때가 있다. 나는 낯선 사람과 포옹하는 것을 싫어한다.

그러나 아마도 더 큰 배신감은 때때로 사람들의 이름을 기억하지만 실제로는 그들과의 만남이 일어난 적이 없을까 봐 두려워서 더는 이 정보에 의존할 수 없다는 것이다. 나는 낯선 사람과 포옹하는 것을 싫어한다.

이 순간에 나는, 상상력이 한때 나의 기억이 있던 공백을 채우고 있음을 깨닫는다.

요약

이 장에서 우리는 내러티브 탐구에서 기억을 어떻게 생각하는지 다루었다. 우리 사고는 연속성을 연결하고 끌어내는 동시에 사실적 이야기하기에 도전하는 시간성의 개념을 특징으로 한다. 우리는 기억이 망각, 감정, 상상력에 의해 형성되기 때문에 복잡하다는 것을 드러냈다. 다음 장에서는 세대 간 관점에서 시간성을 살펴볼 것이다.

6장
세대 간 연결성

개요

이야기는 여러 세대에 걸쳐 전달되고 가족과 공동체 이야기의 일부가 되기 때문에, 내러티브적으로 사고하기의 시간성 또한 세대 간에 걸쳐있다. 살고 말해진 세대 간 이야기는 또한 우리가 살고 있는 장소를 형성한다. 따라서 내러티브적으로 사고하기에서 다루는 세대에 걸친 시간성은 한 사람의 이야기 속에서 사회적, 신체적, 가족적 표현을 담고 있다. 우리는 헤일브룬과 영 등을 통해 이러한 세대 간 반향(intergenerational reverberations)이 각 이야기의 일부가 되는 방식을 드러낸다. 엘리자베스 스톤(Elizabeth Stone)은 세상에서 개인의 위치에 대한 이야기를 포함해 개인의 정체성을 형성하는 가족 이야기에 시간성이 어떻게 엮여 있는지를 보여 준다. 스톤, 베이트슨, 원로 이자벨 쿠트네이와 프랜시스 위스키잭(Elder Francis Whiskeyjack)은 내러티브적으로 사고하기에서 우리의 되기를 형성하고 우리의 삶 만들기를 통해 반향을 불러일으키는 세대 간 이야기의 힘을 이야기한다.

경험으로 전환하기

나는 세티(Settee)와 킹피셔(Kingfisher)

이 이름들은 의미로 가득 차 있다.

북쪽 산림 지대에서 온 아들과 손자라는 뜻이다.

나무와 호수, 풀과 식물로 둘러싸인 이곳에서 나는 내가 우드랜드 크리[42]임을 안다.

내가 고향으로 돌아갈 때면, 이야기는 항상 움직이고 형태를 바꾸며 구성된다. 나는 고향으로 돌아갈 때마다 이야기를 떠올린다.

매번 이야기를 가지고 돌아갈 때마다 그 이야기들이

내 몸을 가득 채운다.

이야기들을 이런 식으로 다루는 것은 어려울 수 있다

내가 알게 된 이 장소들, 고향, 고향 공동체들에서 나는 누구인지 궁금하다.

42) 우드랜드 크리 퍼스트 네이션(Woodland Cree First Nation)은 앨버타주 북쪽 네 개의 보호 구역으로 이루어진 원주민 부족 공동체다.

매번 삶의 조각들을 이해하게 된다. 나는 시간이 지남에 따라 내 조각들을 맞추려고 노력하고 있다.

나의 할아버지 짐 세티와의 만남

지니 코리갈(Jeannie Corrigal) 감독의 다큐멘터리 〈짐 세티: 집으로 가는 길(Jim Settee: The way home)〉을 통해 처음 들었던 할아버지 이야기가 있다. 이 영화에서 감독은 서스캐처원의 북쪽 숲에서 길을 잃은 한 어린 소년 이야기를 공유한다. 나는 처음 이 이야기를 들었을 때의 감정을 상기하며, 그 이야기가 나 자신의 경험에 어떻게 공명했는지, 그리고 그것이 현재 나에게 어떻게 남아 있는지를 떠올렸다. 길을 잃은 소년 이야기에서, 가족과 공동체 구성원들은 서스캐처원 북부의 울창한 숲을 이틀 동안 수색한 후 공황 상태에 빠지기 시작했다. 그들은 소년을 찾지 못했고, 희망을 잃기 시작했다. 당시 할아버지는 집을 비우고 계셨고, 마을 사람들은 할아버지가 이 지역의 잘 알려진 가이드였기 때문에 곧 돌아와 수색을 도와주기를 바랐다. 짐 세티는 마을로 돌아와 가족과 수색자들에게 어디를 찾아다녔는지 물었고, 더 구체적으로 소년이 숲으로 들어간 곳이 어딘지 물었다.

그는 사람들에게 물러서라고 말한다. 그는 혼자 갈 것이다. 할아버지는 크리어[43]로 자신의 이야기를 들려준다. 그는 영화에서 자신이 어떻게 숲으로 들어갔는지, 어떻게 멈춰서 조용히 귀를 기울이고 주위를 둘러보며 보이는 것과 보이지 않는 것 모두에 주의를 기울였는지를 회상한다. 그는 이끼에 특히 주의를 기울였고, 여전히 크리어로 말하며 몸짓을 이용해 이끼가 어떻게 다르게 움직이고 그것이 인간과 동물의 발자국으로 어떻게 표시되는지 보여 주었다. 할아버지는 인간과 동물이 남긴 흔적을 알아차리는 방법을 설명했고, 자신이 어린 소년이었을 때 어떻게 숲을 읽는 법을 배웠는지를 어린 시절 기억으로부터 이야기했다. 계속해서 그는 이끼의 흔적과 이러한 어린 시절의 가르침에서 얻은 지식에 따라 어떻게 숲으로 곧장 걸어갔는지를 설명했다. 할아버지는 울창하게 뒤덮인 숲 때문에 길 잃은 소년 바로 위를 걸을 뻔했다고 회상했다. 할아버지가 소년을 발견했을 때, 소년은 너무 무서워 말조차 할 수 없었다. 소년은 몸을 떨며 웅크리고 있었다. 할아버지는 어린 소년과 함께 앉아 말없이 한참 동안 그를 안고 있다가, 소년을 품에 안아 가족과 마을로 데려다주었다고 했다. 할아버지는 소년이 다시 집으로 돌아가는 길을 찾도록 도왔다고 말했다.

이 이야기는 나뿐 아니라 공동체의 많은 사람들에게 반향을 불러일으킨다. 나 역시 집으로 돌아가는 길을 찾

---

43) 크리족의 언어

고 있었다. 나는 영화에서 공유된 할아버지의 이야기에서 현재 내 삶으로 의미를 끌어낸다. 이 이야기는 집을 물리적인 장소로 이해하는 것을 넘어 집으로 가는 길을 찾을 가능성을 이야기한다. 나는 그 가르침을 자주 떠올린다. 할아버지가 살던 곳을 지금은 나의 누나가 돌보고 있다.

나는 지금, 계속해서 나에게 공유되는 이야기에 대해 생각한다. 나의 할아버지는 사냥꾼이자 가이드였다. 나는 할아버지의 공동체에서 전해지는 이야기를 통해, 그가 화재 감시원이자 북부 우드랜드 크리 공동체의 옹호자였다는 것 또한 알게 되었다. 할아버지는 영어, 크리어, 음절문자로 글을 쓰고 읽을 수 있었다. 그는 창조주를 굳게 믿었으며, 인생 후반에는 북부에서 가장 많은 나이에 안수받은 성공회 목사가 되었다. 그는 정치와 토지권 옹호를 통해 사람들에게 일할 기회를 제공하고 주권을 부여하기 위해 끊임없이 노력했다.

과거로 돌아가기: 할아버지와의 첫 만남

할아버지 짐 세티를 만날 날을 기대하며 열일곱 살에 처음 고향으로 돌아가던 때를 생각하면, 길 잃은 소년 이야기는 나에게 큰 울림을 준다. 할아버지를 처음 만난 순간, 나는 할아버지가 우리 가족과 더 큰 공동체에 얼마나 중요한 존재인지 깨달았다. 우리가 처음 만났을 때 나는 고모 집 소파에 앉아 계신 할아버지께 가족들이 차를 가

쳐다드리는 모습을 지켜보았던 것을 기억한다. 가족들이 할아버지를 좋은 방식으로 돌보는 것이 분명했다. 할아버지께서 크리어로 나에게 옆에 앉으라고 했던 것이 기억난다. 나는 할아버지가 무슨 말씀을 하시는지 이해했다. 모두가 우리를 쳐다보고 모두가 대답을 기다리던 그때 내게 엄습했던 감정이 아직도 생생하다. 갑자기 공간이 생겼다. 나는 그의 옆으로 갔다.

할아버지는 친절하고 따뜻한 사람이었다. 나는 우리의 첫 만남이 어땠는지 온몸으로 느끼고 있었다. 그는 부드러운 목소리와 젠틀한 매너로 나를 안정시켰다. 할아버지의 얼굴에는 노화된 기억의 흔적이 선으로 표시되어 있었다. 그는 정성스레 빗질한 하얀 머리를 하고 있었다. 나는 처음으로 누군가에게서 나 자신을 볼 수 있었던 것을 기억한다. 그것은 나에게 남아 있는 경험이었다. 나는 다른 누군가에게서 나 자신을 보는 그 느낌을 선명하게 기억한다. 우리의 눈은 둘 다 갈색으로 똑같은 복제품이었다. 첫 만남에서 할아버지의 눈은 나를 끌어당겼다. 그의 존재는 내가 그와 함께 앉아 있는 것, 내가 알지 못하는 것과 함께 있는 것, 불편함을 온몸으로 받아들이는 것을 좀 더 편하게 만들었다. 나는 할아버지의 안경이 그의 플란넬 셔츠 주머니에 부드럽게 놓여 있던 것을 기억한다.

나는 할아버지 옆에 앉아 있던, 흘러내리는 머리칼의

젊은 청년이었던 나를 기억한다. 나는 회색 체크무늬의 긴 셔츠와 청바지를 입고 있었다. 나는 그에게 잘 보이고 싶었다. 눈이 보이도록 공손하게 머리카락을 넘겼지만, 그래도 고개를 들기가 어려웠다. 계속 아래를 내려다보는 것이 더 쉬웠다.

짐 할아버지가 내 손을 잡고 내 얼굴에 그의 손을 얹으셨던 것을 기억한다. 할아버지가 나를 볼 수 없어서 그렇게 하셨거나, 혹은 아마도 그것은 그가 나를 오랫동안 보지 못했지만 여전히 내 안에 무언가를 인식하고 계신다는 것을 보여 주는 방식이었을 것이다. 우리 사이에는 어떤 말도 없었다. 내 눈가에 눈물이 고이기 시작했고, 숨을 쉬기가 더 어려워졌다.

할아버지는 거의 들리지 않는 크리어로 누나에게 말했다. 누나가 할아버지께서 무슨 말씀을 하시는지 설명해 줬다.

"나는 너를 지키기에 너무 늙었다. 미안하다. 이제 네가 집에 왔구나."

이러한 초기 기억은 짐 세티 할아버지를 만난 날 누나가 찍은 사진 한 장에 담겨 있다. 그 순간은 강렬함으로 가득 차 있다. 심지어 지금 이 글을 쓰면서도, 나는 그날 내 몸의 느낌을 그대로 느낀다. 할아버지께서는 내가 고향으로 돌아온 첫해에 돌아가셨는데, 나는 그 전까지 할아버지를 한 번밖에는 더 뵙지 못했다. 우리의 시간이 더 길었더라면 하는 아쉬움이 남는다.

세대 간 가족 이야기와 공동체 이야기

시간성은 젠더화된 방식, 즉 이야기의 가능한 형식과 플롯라인(plot lines)에서 세대에 걸쳐 확장되는 것으로 이해된다. 헤일브룬은 여성의 자서전 쓰기에 관한 자신의 글에서, 여러 세대에 걸쳐 특정 스토리라인이 여성의 삶을 재현할 수 있는 이야기의 종류와 여성이 자기 삶을 살아갈 수 있는 방식을 어떻게 형성했는지 보여 주었다. 그는 "자신의 삶에 대해 글을 쓰는 여성들은 여성적 태도와의 결합에서 자신을 분리하는 것이 더욱 쉽지 않다는 것을 발견했다"(Heilbrun, 1988:22)고 썼다. 헤일브룬은 시간적으로 전승된 이러한 스토리라인이 여성이 쓸 수 있는 이야기를 형성해 왔다고 말하며, 여성이 전승된 스토리라인을 벗어나 자기 삶을 이야기하고 살아갈 수 있는지 의문을 제기한다.

중요한 것은 삶이 모델이 되는 것이 아니라 오직 이야기만 모델이 될 수 있다는 것이다. 그리고 살아가고자 하는 이야기를 만들어 내는 것은 어려운 일이다. 우리는 우리

> 가 읽거나 들었던 이야기들만을 살아가거나 다시 이야기할 수 있다. 우리는 텍스트를 통해 삶을 살아간다. 텍스트들은 읽히거나, 읊어지거나, 전자적으로(electronically) 경험되거나, 어머니의 중얼거림처럼 우리에게 다가와 관습이 요구하는 것을 말해 줄 수 있다. 그 형식이나 매체가 무엇이든지 이러한 이야기들은 우리 모두를 형성해 왔으며, 우리가 새로운 소설과 새로운 내러티브를 만들기 위해 사용해야만 하는 것이다.
>
> Heilbrun, 1988:37

헤일브룬은 언어와 스토리라인이 우리의 관계, 살아가고자 하는 이야기, 정체성을 형성하는 방식을 통해 시간성을 세대 간으로 볼 수 있도록 도와준다. 그는 이러한 세대 간 내러티브가 중립적인 것이 아니며 가족적, 제도적, 문화적, 사회적 내러티브 내에서 전승되는 방식을 보도록 요청한다. 이러한 방식으로 세대 간 내러티브는 우리의 현재와 미래의 삶과 경험을 형성한다.

『검은 양과 키스하는 사촌들(Black sheep and kissing cousins)』(1989)[44]에서 스톤은 세대 간 가족 이야기가 우리

44) 이 책은 조상의 이야기나 최근 태어난 가족 구성원의 이야기 등 가족 이야기가 우리 자신의 이야기와 삶에 어떤 영향을 미치는지 보여 준다.

를 형성하는 방식, 즉 우리가 누구인지(똑똑한 아이, 예쁜 아이), 조상이 누구였는지(도망치거나 가출한 이모)처럼 우리에 대해 말해지는 이야기가 우리를 어떻게 형성하는지를 이해하는 한 가지 방법을 보여 준다. 이것은 시간이 지남에 따라 맥락에 맞게 된, 가족 내에서 전해지는 이야기다. 가족 이야기는 우리 자신을 정의하는 데 도움이 될 뿐 아니라 소속감과 공유된 역사를 전달한다. 가족 이야기는 가족에 대한 접근을 허락하는 이야기다. 그는 "집은 당신이 그곳에 가야 할 때, 당신을 맞이해야 하는 곳"(Frost, 1914:122~123)이라고 쓴 로버트 프로스트(Robert Frost)의 말을 인용한다. 스톤은 또한 "우리가 속한 특정 인간 사슬이 우리 개인의 정체성에서 중심"이 되는 방식에 주목했다. "심지어 우리가 우리 가족을 싫어하더라도, 우리 자신을 알기 위해서는 마치 프롤로그처럼 가족에 대해 알아야 할 필요가 있다. 모른다는 것은 기억 상실증 환자의 방향 감각 상실과 불안을 안고 사는 것이다"(Stone, 1989:7). 가족 이야기는 우리가 내러티브 탐구에서 세대 간 시간성을 이해할 수 있는 한 가지 방법이다. 이러한 가족 이야기는 개인적인 것에 초점을 맞추며, 가족 이야기가 개인의 정체성과 가족 정체성을 형성하는 방식에 주목한다.

이야기 단편에 주목하기: 세대 간 이야기 구성하기

스톤과 헤일브룬은 여러 세대에 걸친 시간성을 이해하는 데 도움을 주고, 숀의 이야기에서는 시간성과 사람, 장소(들)가 얽혀 있는 관계의 복잡성이 분명하게 드러나는 것을 볼 수 있다. 숀은 다큐멘터리 영화를 보고, 할아버지를 만나서, 자신에 대한 조각들을 배웠다고 이야기한다. 그는 다른 사람들이 할아버지에 대해 어떻게 이야기했는지, 할아버지가 숀과의 관계 속에서 자기 자신을 어떻게 이야기했는지를 배운다. 다큐멘터리에서 숀은 할아버지가 살던 공동체 사람들이 잃어버린 아이를 찾기 위해 할아버지의 도움을 구하는 모습을 본다. **그 지역에서 잘 알려진 가이드**로 이야기되는 그의 할아버지는, 잃어버린 아이를 찾고 그 아이를 찾았을 때 위안을 주기 위해 특정 지역에 대한 지식, 식물과 동물의 상호 연결과 특정 장소에서 구성된 관계에 대한 지식을 끌어낸다. 영화에서 다시 이야기되는 할아버지에 대한 이야기는, 숀이 시간이 흐름에 따라 할아버지를 형성해 온 가족과 공동체 이야기의 일부를 이해하는 데 도움이 된다. 이 이야기들은 숀이 자랄 때 알고 있었던 이야기들이 아니라, 그가 나중에 할아버지, 어머니, 형제자매들, 공동체 구성원들을 만나면서 알게 된 이야기다.

우리는 숀이 기술한 이야기에서 **숀의 조각들**인 이야기를 본다. 숀의 조각들이라는 아이디어는 특정하고도 뚜렷한 패턴으로 결합되고 발견되어 숀을 구성하는 단절된 단편들을 의미하지 않는다. 오히려 이러한 이야기는 땅, 개인, 공동체, 장소, 지각이 있는 존재와 지각이 없는 존재에 의해 구성된 세대 간 그물망을 만들어 이야기 속에 숀을 존재하게 했고, 이제 숀은 자신이 누구이고 어떤 사람이 되어 가는지에 대한 이야기를 구성하는 데 이를 사용한다. 숀은 할아버지에 대한 이야기를 배우면서 할아버지에 대한 이런 이야기들이 가족과 공동체가 숀에 대해 말해 주는 이야기, 즉 할아버지가 **너무 연로해** 키울 수 없었던 어린아이 숀의 이야기를 형성했다는 것을 알게 된다. 이러한 이야기는 숀이 열일곱 살이 될 때까지 다른 집, 다른 장소에 있을 때도 그의 공동체와 가족들에 의해 계속 이어져 왔다. 숀은 어린 시절에 자신이 입양된 집으로 보내졌고 자신이 다른 곳에서 왔다는 사실을 알고 있었지만, 다른 곳과 다른 장소들에 세대 간 이야기의 그물망 속에서 살고 있는 자신에 대한 이야기가 있다는 것을 상상하거나 상상하지 못했다. 매킨타이어는 우리 삶의 이야기가 공동체에 내재된 방식을 상기시킨다.

> 거기서부터 나는 나의 정체성을 끌어낸다. 나는 과거를 가지고 태어났다. 개인주의적 방식으로 과거에서 나 자신을 단절하려는 노력은 나의 현재 관계를 변형하는 것이

> 다. 역사적 정체성을 소유하는 것과 사회적 정체성을 소유하는 것은 일치한다. … 그러므로 '내가 무엇인가'는 내가 핵심적으로 물려받은 것, 즉 나의 현재에 어느 정도 존재하는 특정한 과거다. 나는 나 자신이 역사의 일부임을 발견하며, 그것은 일반적으로 내가 좋아하든 싫어하든, 인식하든 하지 못하든, 내가 전통의 전달자 중 한 명이라는 것을 의미한다.
>
> MacIntyre, 1981:205~206

세대 간 이야기의 일부였던 숀은 자신이 어떻게 그 이야기의 전달자가 되었는지 깨달았다.

다큐멘터리 영화를 보면서, 숀은 자기 할아버지를 처음 만났던 때를 회상한다. 그는 할아버지가 자신에게 크리어로 말했고 또한 몸짓과 표정으로 자신과 소통했다는 것을 알고 있다. 숀이 할아버지를 처음 만났던 그 장소에는 공동체와 가족 구성원들이 함께 모여 있었다. 숀이 할아버지 곁에 앉을 수 있도록 만들어진 순간과 물리적 장소가 있었다. 그리고 그 순간, 할아버지와의 만남에 대한 숀의 이야기에서, 숀은 할아버지의 모습에 대한 세세한 사항을 회상하고, 숀이 자기 자신을 인식하고 자신의 존재가 환영받고 있다고 느끼게 해 주었던 할아버지의 신체적 현존을 기억한다. 숀은 할아버지 옆에 앉았던 것, 자신의 긴 머리, 얼굴이 보이도록 머리카락을 넘겨야 했던 것, 자신이 입었던 셔츠와 청바지, 할아버지께 **"잘 보이고 싶다는"** 바람 등 만남의 세부 사항을 기억한다. 숀은 또한 할아버지가 숀의 손을 잡고 숀의 얼굴에 손을 얹었던 것을 기억했다. **"우리 사이에는 어떤 말도 없었다. 내 눈가에 눈물이 고이기 시작했고, 숨을 쉬기가 더 어려워졌다."** 그들이 함께 앉았을 때, 연로한 할아버지는 숀이 어렸을 적에 그를 가족과 함께 지내도록 지킬 수 없었던 이야기를 들려주었다. 하지만 할아버지는 숀에게 그가 이제는 집에 왔다는 사실 또한 알려 주었다. 그리고 그 만남의 순간, 우리는 숀이 누구이고 어떤 사람이 되어 가고 있는지에 대한 이야기가 할아버지와 할아버지가 속한 공동체 이야기, 즉 할아버지가 누구이고 그들의 공동체는 무엇이며, 숀이 그 이야기들 속에서 누구인지와 얽히기 시작하는 것을 보게 된다. 숀은 그 장소에 살아 있는 모든 이야기를 알기도 하고 모르기도 한다. 숀의 할아버지가 숀이 집으로 온 것을 환영하면서 장소, 집, 시간성이 세대를 가로지르며 서로 엮이는 것에 대한 질문이 시작되는 것을 본다.

실용주의 철학자 프랫은 장소의 논리와 집의 논리에 대해 썼다. 프랫은 장소의 논리가 "사람, 문화, 집 사이의 관계를 이해하는 방식을 채택함으로써 장소의 문화적 다원주의에 대한 사례를 만들었으며", 이는 "역사, 사람, 관습, 땅과 같은 그들 사이의 서로 다른 문화와 상호 작용을 유지하는 요소를 명시적으로 만든다"고 말한다. "집의 논리는 문화적으로 구분되는 공동체들 내에서 차이의 상호 작용을 구성하는 복잡한 관계에 초점을 맞추고 있다"(Pratt, 2002:228~229). 숀의 할아버지가 **집**에 돌아온 숀을 환영하는 장면에서, 우리는 사람, 관습, 땅이 얽혀 있는 이야기된 역사 속에서 집의 논리가 작동하는 것을 볼 수 있다.

프랫은 차일드를 인용하며, 장소의 역사는 "특정 장소에서 일어나는 삶과 관계의 세부 사항인 '가정의 세부 사항'에서 발견된다"는 것을 보여 준다(Pratt, 2002:235). 우리는 공동체 구성원들의 삶, 숀의 할아버지의 삶, 숀의 누나의 삶에서 이러한 장소의 역사를 볼 수 있다. "그러면 의미는 장소의 이야기(story of place) 이상으로, 가정의 맥락에서의 이야기가 된다. 이때 '가정'은 누군가가 사는 곳, 누군가의 집, 관계와 관련된 가장 오래된 의미로 받아들여진다"(Pratt, 2002:235). 숀은 그의 가족들, 할아버지, 누나가 살았던 장소에 대해 묘사할 때 가정의 감각을 되살린다. **"그곳은 나무와 호수, 풀과 식물로 둘러싸인 곳"**이다. 의미는 숀이 '우드랜드 크리, 손자, 킹피셔, 세티, 형제, 아들, 손자 등' 자신의 일부에 이름을 붙일 수 있도록 하는 가정의 맥락에서의 이야기가 된다. 누나가 남긴 메모로 인해 숀은 지금의 자신을 형성하고 장소, 집, 시간과 세대에 걸쳐 자신을 형성해 온 이야기와 장소들을 궁금해한다. 누나는 숀이 집에 대한 **"초기 기억으로 돌아**

가고 집과 단절된 후 다시 집으로 돌아갈 수 있도록" 도와주는 가정의 세부 사항을 이야기한다. 가족과 지역사회 이야기의 공백과 침묵으로 완전히 생략된, 친숙함을 찾기 어려워진 곳에서 숀은 누나의 메모를 통해 집으로 돌아오는 세대 간 방식, 시간이 흐르며 잃어버린 방식을 이해하게 된다.

미래를 향한 반향: 세대 간 시간성과 책임

시간은 현재와 미래의 순간으로 뻗어나가며 과거를 가져온다. 동시에 사람, 장소, 공동체, 관계의 삶을 형성하는 개인적, 사회적 책임을 수반한다. 시간성과 상호 작용하며 우리는 반향을 보게 된다. 사람들 간의 상호 작용에 주목하는 다음 인용문에서, 우리는 시간성이 세대에 걸쳐 확장되는 더 심오하고 복잡한 방식을 본다.

> 사람들 간의 상호 작용에서만 그들을 알 수 있다. 어떤 의미에서 그들이 '진짜' 누구인지는 적어도 체현된 삶과는 관련이 없다. 상호 작용의 원리가 암시하는 것처럼 사람들 사이의 공통 기반이 되는 것은 오히려 사람들이 무엇을 하는가, 즉 그들이 공동체 맥락에서 행동하는 방식이다.
>
> Pratt, 2002:269

가족, 공동체, 장소, 문화적 이야기와 함께 시간성과 얽혀 있는 것으로 책임이 있다. 숀은 **"매번 이야기를 가지고 돌아갈 때마다 이야기들은 내 몸을 가득 채운다. 이야기들을 이런 식으로 다루는 것은 어려울 수 있다"**고 썼다. 숀의 말에는 이러한 이야기를 다루는 일의 어려움, 이야기를 가지고 다닐 때마다 그의 몸을 채우는 중압감 등과 같은 책임감이 여운으로 남아 있다. 매번 들어가고, 떠나고, 다시 돌아가고, 다시 시작하는 장소들을 오가는 동안, 숀의 몸에는 책임이 깃들어 있다.

숀에게는 그가 전하는 이야기에 개인적 책임 이상의 것이 있다. 숀 개인뿐 아니라 공동체에도 남아 있는, 떠나지 않는 더 넓은 책임이 있다. 시간이 흐름에 따라 확장되는 이러한 광범위한 공동체의 책임은 숀이 고향에 돌아오는 이야기를 공유할 때 실제로 인식할 수 있다. 그는 숀으로 소개되지만 '짐 세티의 손자' 또는 '원로 짐의 소년'으로도 인정받는다. 이러한 인정은 숀이 공동체에 대해 가져야 하는 책임, 즉 여러 공동체에 대해 세대에 걸쳐 앞뒤로, 안팎으로 뻗어 나가는 책임을 수반한다. 할아버지와의 관계에서 자신이 누구인지, 할아버지가 여러 공동체 내에서 어떤 사람이었는지를 상기시키는 단어들에는 집과 장소에 대한 내러티브에 뿌리를 둔 책임이 담겨 있다. 이 단어들은 과거를 앞으로 끌어내는 동시에, 숀의 미래 이야기를 형성하는 책임을 가리키기도 한다.

이러한 방식으로 책임은 시간, 장소, 관계를 통해 계승된다.

내러티브 탐구에서 앞뒤로 뻗어나가는 이러한 시간성의 감각은 사람, 장소, 사건, 공동체, 인공물 모두 어딘가에서 왔다는 것을 이해하는 데 도움이 된다. 그것들은 항상 진행 중이다. 개인의 경험은 그것이 어떤 상황에서 나오는지, 그 안에 무엇이 내포되어 있는지를 고려하지 않고서는 이해될 수 없다. 우리는 한 순간을 그 이전의 다른 모든 순간과 분리된 것으로 볼 수 없다.

세대 간 시간성으로서 언어

> 어머니와 아버지가 가르쳐 주신 방식으로 말하는 것은 나에게 중요하다. 어머니는 영어로 말하지 못하셨고, 여전히 내 안에 남아 있는 옛 방식이다. 어머니는 이 땅에 대한 영성을 많이 가르쳐 주신 증조할머니 손에서 자랐다. 학교에 다닐 때, 나는 주로 영어 읽기를 배웠다.
>
> 그러나 우리가 집에서 배운 방식은 조상을 통하는 것이었다. 자연을 통해서였다. 우리는 항상 배움의 바깥에 있었다.
>
> 우리는 (민족으로서) 생존자다.
>
> 우리는 물이 있는 곳으로 간다.

> 우리는 버펄로가 있는 곳으로 간다(그것이 우리가 배운 것이다).
>
> 우리의 언어는 전수된 문자 언어가 아니다. 우리는 스스로에게 '와칸(창조주)이 우리에게 언어를 주셨다고 정말로 믿는가?'라고 물어야만 한다. 나는 창조주가 언어라고 믿는다. 우리는 항상 언어를 통해 어머니들과 그들의 목소리를 들어야 한다. 우리의 어머니이신 그는 우리를 세상에 나오게 한 분이다. 그는 생명을 주는 분이다.
>
> 원로 이자벨과의 개인적인 대화, 2018년

원로 이자벨 쿠트네이의 말은 내러티브 탐구자로서 언어가 세대를 넘나들며 시간성을 내포하고 있는 방식에 주목하도록 한다. 원로 이자벨은 언어가 이전의 것을 구현하고 그 안에 깊은 영적 감각을 담고 있음을 상기시키며, 우리는 스스로에게 "**와칸(창조주)이 우리에게 언어를 주셨다고 정말로 믿는가?**"라고 물어야만 한다고 말한다. "**나는 창조주가 언어라고 믿는다. 우리는 항상 언어를 통해 어머니들과 그들의 목소리를 들어야 한다.**" 원로 이자벨과 다른 원로들(Cruikshank, 1990)은 언어를 조상과 창조주가 세대에 걸쳐 중요한 문화적 지식을 공유하는 방식으로 이해한다.

단어와 표현으로 구현된 언어는 의례에서 형성되며, 그러한 단어와 개념을 둘러싼 실제 구어와 의식 내에서 우리는 미래 세대의 삶과 경험에 미칠 파급을 이해할 수 있다. 원로 프랜시스 위스키잭 또한 내러티브 탐구자들이 언어가 세대 간 시간성을 형성하는 방식에 주의를 기울일 수 있도록 어린이들에게 키치(Kitsi), 즉 뿌리에 대해 가르치는 것을 언급한다.

> 나는 어린이들에게 묻는다. 당신은 누구에게 애착을 가지고 있는가? 어머니, 할머니, 씨족의 어머니는 누구인가? 이러한 관계 속에서 연결과 관계를 볼 수 있다. … 나는 미요(Miyo)라는 단어에 주목하는데, 미요는 당신이 그 신성한 원 안에서 어떻게 아름다운 방식으로 움직이는지 말해 준다. 내가 이것에 대해 이야기하는 것은 어린이들이 영적 개념을 이해하도록 돕는다. 그것은 좋은 방식으로 움직이는 것의 일부다. 삶의 여정에서 우리는 영, 몸, 마음을 연결하기로 선택한다. 이러한 순간에 새로운 배움은 창조주가 주신 선물이다.
>
> Lessard et al., 2020:33

원로 프랜시스가 언어는 "우리를 둘러싼 세계와 우리가 만나는 사람들을 연결"한다고 언급하며 세대 간 언어에 주목한 것을 내러티브 탐구 안에서 이해할 수 있다. "크리 단어 **와스카웨윈**(waskawewin)과 **미요 와스카웨윈**(miyo waskawewin)은 우리에게 아름다운 방식의 움직임으로 나타나는 그 움직임, 움직임의 감각에 주의를 기울이도록 요청한다. … 언어는 우리가 누구인지를 전달하기 때문에 매우 중요하며, 언어를 아는 것은 중요하다"(Lessard et al., 2020:33).[45]

원로 프랜시스와 이자벨은 내러티브 탐구의 세대 간 시간성에 관한 이론적 아이디어를 언급하며, 언어를 "우리가 어디서 왔는지의 뿌리, 그리고 우리의 앎의 뿌리"(Lessard et al., 2020:33)와 얽힌 것으로 보는 것의 중요성을 강조한다. 원로 프랜시스에게 "언어에는 관계를 연결하는 방식이 있으며"(Lessard et al., 2020:33), 지식을 보유하는 것은 관계다. 원로 이자벨에게는 이러한 연결 관계에 그가 자연과 맺는 관계도 포함된다. "자연과의 긴밀한 연결은 식물의 소리에 귀 기울이는 것의 중요성을 경험하도록 도와준 그의 어머니에 의해 길러졌다. 이러한 가르침은 침묵과 연결되어 있는 만큼 언어와도 연결되어 있는데, 여기서 침묵은 경청의 중요성을 강조하는 침묵을 말한다"(Lessard et al., 2020:33).

원로 이자벨은 어머니에게 배운 언어를 현재까지도 간직하고 있으며, 내러티브 탐구자들에게 세대 간 시간성을 이해하는 방법을 제시한다. 원로 이자벨은 자신의 개인적 경험의 중요성을 강조하는 동시에 미래 세대에 대한 사회적 책임에 주목한다. 영은 또한 우리 모두가 몸과 기억, 영혼에 간직하

---

45) 강조는 원문(Lessard et al., 2020:33)을 따랐다.

고 있는 세대 간 내러티브의 반향에 대해 다음과 같이 썼다.

> 기숙학교 시스템에서 **니인**(Niin, 연구 참여자) 부모의 경험과 신학교에서 **니인** 아버지의 경험 때문에, **니인**은 자기 언어를 배울 기회를 얻지 못했다. 아버지는 **니인**이 언어를 배우는 것을 원하지 않았다. 이러한 간극, 이러한 공백은 이제 그의 아들 더글러스(Douglas)에게 영향을 미친다.
>
> Young, 2005:162[46]

영은 베이트슨을 인용해 "**아눙**(Aanung, 연구 참여자), **니인**과 **나**(I)가 어떻게 (우리) 개인의 역사와 공동체의 역사에 의해 형성되었는지"(Bateson, 2000:227)[47] 보여 준다. 영은 자신의 경험, 니인과 아눙의 경험을 바탕으로 내러티브 탐구의 이론적 근거에 중요한 삶의 변화 방식과 이것이 세대 간에 전개되는 방식을 이해한다.

---

46) 강조는 원문(Yonng, 2005:162)을 따랐다.

47) 강조는 원문(Bateson, 2000:227)을 따랐다.

세대 간 시간성으로서 장소

원로 이자벨은 장소가 세대 간 시간성을 어떻게 구현해 내는지 개념화하는 데도 도움을 준다(Lessard et al., 2020). 그는 내러티브 탐구자들에게 사람들이 다른 장소와 시대로부터 가져온 지식, 즉 가족의 과정과 공동체의 과정을 통해 세대 간에 구성되는 지식에 대해 생각할 수 있는 이론적 근거를 제공한다. 여러 세대에 걸쳐 공유된 록 아일랜드(Rock Island) 이야기[48]를 통해 원로 이자벨은 자신이 배운 다양한 방식을 생생하게 전달한다. 그는 이야기를 공유해 우리가 그 안에서 세대 간 가능성을 이해할 수 있도록 한다.

베이트슨 또한 시간성을 세대 간 장소에 걸쳐 확장된 것으로 이해하는 방법에 주목하도록 한다. 원로 이자벨과 마찬

48) 원로 이자벨이 살고 있는 원주민 공동체의 신성한 장소 록 아일랜드는 그의 공동체를 형성하는 이야기의 일부다. 원로 이자벨의 공동체와 공동체에 깃든 이야기는 물과 연결되어 있다. 록 아일랜드는 물리적인 표시(physical marker)인 동시에 지리적 표시이며, 이야기 교사이자 이야기꾼이기도 하다. 이 가르침은 공동체 내 조상들의 힘과 이야기를 상기시켜 준다. 록 아일랜드는 장소와 공동체의 신성한 이야기를 유지하는 세대 간 연결고리를 지속적으로 상기시켜 준다. 이곳은 우리가 항상 현재 그 이상이며 시간, 장소, 관계 속에 존재한다는 것을 상기시켜 주는 곳이자 물리적 스승이다. 이 장소는 여러 세대에 걸쳐 중요한 문화적 이야기를 담고 있으며 공동체의 중요한 장소다.
출처: 저자들과의 개인적 대화(2024년 2월 1일, 이메일)

가지로 그는 내러티브 탐구자인 우리에게 시간에 걸친 반향을 통해 미래에 다시 나타나는 개인적 이야기와 공동체의 이야기에 대한 통찰을 제공한다.

> 지속 가능한 미래에 대한 희망은 개인의 생애 주기뿐 아니라 개인과 세대의 중첩되고 교차하는 주기를 재구성하는 데, 가족뿐 아니라 우리가 만들고 형성하는 제도에서 과거와 미래 모두를 재확인하는 데 달려 있다. … 일주기(full circles). 삶의 바퀴. 계절의 순환. 고대 민족의 신화와 의례에서 가장 현대적인 핵물리학에 이르기까지, 시간이 흐르면서 원은 되풀이되고 순환된다.
>
> Bateson, 2000:243~244

원로 이자벨이 들려주는 록 아일랜드 이야기에서는 장소 자체가 이야기 속 등장인물이다. 그는 진, 비라, 숀에게 부분적으로 이야기를 들려주며 장소가 시간성과 엮이는 방식을 이해할 수 있도록 한다. 7장에서는 장소에 대한 내러티브 탐구의 이론적 이해를 살펴본다.

요약

사람, 언어, 장소, 관계에 얽힌 세대 간 시간성에 대한 이와 같은 이해는 내러티브 탐구자에게 이론적 근거를 제공한다. 내러티브 탐구자로서 우리는 이러한 이론적 이해가 이야기에 담겨 있다는 것을 알게 된다. 이야기가 전달하는 지식은 현재 사람들과 공동체의 정체성을 형성하고, 많은 공동체를 통해 미래로 확장된다. 햄플(Hampl, 1999)이 개인의 기억이 중요함을 상기시켜 주었다면, 원로 이자벨은 여러 세대에 걸친 공동체의 기억이 중요함을 일깨워 준다.

방법론 노트

이 방법론 노트는 삶 안에서의 시간성뿐 아니라 삶 전반에 걸친, 이야기된 기억 내의, 새로운 기억을 만드는 시간성에 대한 고찰로 우리를 이끈다. 우리는 또한 거꾸로 뻗어나가는 시간성뿐 아니라 앞으로 뻗어나가는 시간성에도 주목한다. 연구를 구상하고 연구 보조금 신청서를 작성할 때, 우리는 MCHB의 이본 추이(Yvonne Chui)와 긴밀히 협력했다. 비라는 이본과 친분이 있었고 MCHB가 하는 일도 잘 알고 있었다. 이본과 함께 일하면서 우리는 진행 중인 공동체 활동에 우리 연구를 배치할 수 있었다. 우리는 다양한 공동체 환경의 가족들과 함께하고 싶었기 때문에 이본과 함께, 그리고 진행 중인 프로그램을 통해 연구하는 것이 적합했다. 우리는 내러티브 탐구의 일부인 개인과 공동체에 대한 책임과 헌신을 염두에 두고 함께할 수 있었다. 에드먼턴에서 많은 시리아 난민을 맞이한 직후, MCHB는 시리아 공동체 사람들을 위한 모임 장소를 열었다. 시리아 센터는 금요일 오전에 여성을 위한 영어 수업을 하는 등 다양한 프로그램을 통해 광범위한 지원을 했다. 어린아이들을 위한 보육 서비스도 동시에 제공했다.

시리아 센터는 쇼핑몰 2층에 위치했고, 크기가 다른 방 네 개로 나뉘어 있었다. 입구에는 신발 여러 켤레가 있었는데, 일부는 선반 위에 가지런히 놓여 있었고, 나머지는 좁은 출입구에 흩어져 있었다. 한 학년 내내 매주 금요일 아침마다 우리는 영어 수업에 등록한 시리아 출신 여성들과 함께 시간을 보냈다. 여성들이 수업에 참여하는 동안, 어린 자녀들은 놀이방에서 아랍어를 할 수 있는 여성들의 지도하에 그들이 제공하는 활동에 참여했다. 매주 금요일 아침, 우리는 세 명에서 다섯 명으로 구성된 연구자 그룹으로 놀이방과 교실을 오가며 시간을 보냈다. 우리 중 어린 자녀가 있는 이들은 아이를 함께 데려오기도 했다. 우리는 여성들과 어린이들이 함께 모이는 간식 시간을 가장 좋아하게 되었다. 이 휴식 시간에 우리는 시리아에서 온 여성들을 서로 연결하고 우리와도 연결하는, 사회적 상호 작용을 만들어 내는 공간의 중요성을 볼 수 있었다. 그들과 우리의 관계는 그들에게 중요했다.

2부 방법론 노트에서는 우리의 주요 이론적 아이디어가 연구에 참여하는 방식을 어떻게 형성하는지 이야기 단편을 통해 보여 줄 것이다.

한가운데서

> 나는 항상 이본과의 대화를 즐겼다. 나는 새로운 것을 배웠고, 사물을 다르게 보게 되었다는 것을 알고 돌아간다. 이본은 COSI 업무의 핵심이었다. 니가 잘랄(Niga Jalal)을 소개받은 것은 COSI를 통해서였다. 수년 전 난민으로 입국한 니가와 그의 부모님은 난민 공동체에서 활발히 활동하고 있었다.

니가는 시리아 센터의 노력을 주도하며 우리를 센터에 초대했다. 연구의 시작을 협상하면서, 우리는 우리 연구가 어떤 모습일지, 센터와 난민 공동체의 삶에 우리가 어떻게 더 폭넓게 기여할 수 있을지 여러 차례 대화를 나누었다. 니가와 긴밀히 협력하며, 우리는 하난 알헨디(Hanan Alhendi)와 자마르드 라잡 드 엘 후치(Zamard Rajab de El Houch)라는 두 여성이 통역 및 문화 가이드로 우리와 함께 일하고 싶어 한다는 사실을 알게 되었다. 우리는 그들에게 연구 보조원이라는 공식적인 직책을 제안했다.

우리는 잠재적 연구 참여자들을 천천히 만나 그들이 우리를 만날 기회를 갖게 하여, 잠재적 연구 참여를 협상할 수 있기를 원했다. 니가와의 대화를 통해, 우리는 센터가 여성에게 제공하는 영어 프로그램에 참여하는 것이 가장 적절하다는 것을 확인했다.

> 우리가 처음에 동의한 내용을 제대로 이해했는지는 잘 모르겠지만, 우리는 그저 사람들의 삶 일부가 되고 공동체 일부가 된다는 생각에 흥분했다. 돌이켜 보면, 우리가 센터에서 보낸 1년은 정말 놀라운 시간이었다. 우리는 매주 서너 시간을 그곳에 머물며 사람들을 만나고, 가능할 때마다 현장 학습에 참여했다. 시간이 흐름에 따라 우리는 도움이 되는 방법들을 협상했다. 매주 아이들과 놀아 주고, 휴식 시간에 커피와 차, 음식을 준비하는 것을 돕고, 축하 행사 조직을 돕고 행사에 참여했으며, 언어 수업에 도움이 되는 방법을 배웠던 것이 기억에 남는다.

초기 상호 작용의 특징은 공동체 내에서 어떻게 일할 것인지에 대한 지속적 협상이었다. 우리는 사건과 삶이 펼쳐지는 한가운데에 있다는 느낌을 받았다. 바로 이러한 순간들에 우리는 이본, 니가, 하난, 자마르드와 함께 일하는 것에 감사했다.

나는 첫 번째 금요일 아침에 긴장했지만, 영어 강사가 큰 테이블에 여성들을 모았을 때 마음이 편해지기 시작했다. 이것은 수업이었고, 교사로서 나는 어떻게 가르쳐야 하는지 알고 있었다. 그러나 나는 이 수업에서 내가 누구인지 확신할 수 없었다. 내가 도착했을 때 파라(Farah)라는 한 여성이 나를 따뜻하게 맞아 주었다. 이 그룹에 처음 온 사람으로서 내가 불/편해하는 걸 알아차렸을 것이다. 그는 자신이 앉은 자리 옆에 있는 의자를 두드렸고, 나는 감사한 마음으로 의자에 앉았다. 처음에 나는 편히 앉아 강사가 과제를 정하는 것을 지켜보고 있었는데, 파라가 나를 초대했다. "이렇게 말하는 거예요?" 그가 물었던가? "제가 들을 수 있게 말해 주시겠어요?"

진이 그룹에 합류한 것은 다른 연구자들이 도착한 지 몇 주 후였기에, 그 순간은 진에게 불/편한 시간이었다. 진은 회의가 한창 진행 중일 때 그룹에 합류하는 것에 민감했다. 어머니 중 한 명인 파라는 진의 모습을 알아차리고 그가 안심할 수 있도록 신경 썼다. 파라는 진이 새로 온 사람이라는 것을 알았고 진이 소속감을 갖도록 돕고 싶어 했다. 파라는 항상 모든 사람을 환영하는 데 세심한 주의를 기울였다. 우리가 영어 수업을 위해 테이블에 앉아 있을 때 파라는 진이 이곳에 적응하고 무슨 일이 일어나고 있는지 이해하도록 다시 돕고 싫어 했지만, 아주 빨리 그 수업을 자신이 더 적극적으로 참여하는 수업으로 바꾸기 시작했다.

나는 가까이 앉아 있던 다른 여성들이 파라와 나의 이야기를 듣고 있다는 것을 깨달았다. 내가 지켜보는 동안, 또 다른 연구자인 히로코(Hiroko) 주변에 있던 여성들이 그를 수업에 적극적인 역할로 초대하기 시작했다. 젊은 강사는 그룹에 대한 자신의 통제력이 느슨해지기 시작하고, 여성들이 우리에게 더 많이 집중하고 테이블에서 차례로 수행하도록 설계한 과제에는 덜 집중하는 것을 보며 머뭇거렸다.

진은 파라가 과제를 완수하는 데 진을 참여하도록 해 진이 소속감을 갖게 하려 했던 그의 노력이 수업에 방해가 될 수 있다는 것을 알고 있었는지 궁금해한다. 우리가 수업에 참여한 결과, 그 수업에서는 영어를 말할 기회가 더 많아졌고 더 많은 상호 작용이 일어났다. 수업의 새로운 리듬이 펼쳐졌다.

기억과 함께 생각하기

우리 연구의 특징은 시리아 센터에서 펼쳐지는 사건들, 여성들과 아이들의 삶, 우리 자신의 진행 중인 삶 한가운데에 있었다는 것이다. 영어를 배우는 것이 중심이었지만, 우리는 여성들과 우리가 얼마나 공동체 의식을 즐기는지에 깨어 있었다. 우리 삶의 다양성은 배움의 가능성을 만들어 냈다. 몇 주 후, 우리는 개별 가족들과 연결되기 시작했고, 천천히 사람들이 우리 연구의 일부가 되도록 초대했다. 어떤 연구 참여자는 우리에게 다가와 자신도 이 연구에 참여할 수 있는지 궁금해했다.

> 시리아 센터에서의 시간은 사람들과 연결되는 시간 그 이상이었다. 그것은 기억을 만드는 시간이었다. 우리는 종종 어린이들과 함께 보냈던 날들, 우리가 개최한 행사, 함께 나눈 음식에 관해 이야기한다. 함께 기억을 만드는 것은 우리를 다양한 방식으로 참여하도록 했다. 12월 초에 센터 직원들이 그들과 함께하는 파티를 계획하기 위해 모두를 초대했던 것이 기억난다.

영어를 배우는 고된 일이 중단되었다. 파티를 계획하라는 초대는 파티에 대한 기억을 불러일으켰을 뿐만 아니라,

일상적 경험의 세계를 열어 주기도 했다. 냄새, 소리, 촉감, 집과 소속감에 대한 기억들이 기쁨, 행복, 기대감의 감각적 경험을 불러일으켰다.

> 금요일 아침 우리가 시리아 센터에 도착했을 때 기대감이 가득했다. 진정한 음식의 향연이 펼쳐졌고, 핸드 페인팅을 위한 테이블이 따로 놓여 있었다. 시리아 음악이 크게 연주되고 있었고 여성들과 어린이들은 파티를 위해 차려입고 있었다. 파라가 나에게 춤을 청했고, 다른 연구자들 또한 초대받았음을 알 수 있었다. 음악과 춤이 계속되는 동안 그곳에서 일종의 의식이 행해지는 것을 보았다. 나는 물었고, 그들이 결혼식을 하고 있다는 것을 알게 되었다. 많은 여성과 어린이들이 그들의 손에 헤나(henna)[49]로 문양을 그리는 것을 보았다. 기쁨과 웃음이 방안을 가득 채웠다.

이처럼 기억은 살아 있다는 것, 집이 무엇이고 무엇이 될 수 있는지를 기억하는 데 매우 중요했다. 그 파티 날은 과거의 경험과 아직 상상하지 못한 미래를 기억하고 공유하는 여

49) 식물에서 추출한 염료로, 머리카락을 염색하거나 몸에 일시적으로 문양을 새기는 데 사용한다.

정보다는 덜 중요해 보였다.

> 파티는 많은 기쁨을 주었지만, 나는 또한 한 여성이 "내 여동생도 여기 있다면 좋겠어요" 하고 말했던 순간을 기억한다. 슬픔이 뚜렷이 느껴졌고 상실감은 깊었다. 상실과 슬픔의 비극이 행복의 경험 가까이에 살아 있었다. 어쩌면 그 순간의 기억은 행복의 비극이 될지도 모른다.

이 연구에서 기억에 대한 우리의 생각과 경험은 팀에서의 많은 대화를 형성했다. 우리는 행복했던 시절의 기억조차도 상실감과 트라우마를 불러일으킬 수 있다는 점을 염두에 두었다. 그러나 우리는 또한 사람들이 어디에서 왔는지에 대한 감각 없이는 미래를 상상하기 어렵고 현재를 살아가는 것이 훨씬 더 어려울 수 있음에 주목했다.

세대 간 연결성을 인식하기

라마단 직전인 5월 초 토요일 오후, 우리의 초대로 시리아 센터에서 어머니들과 함께 모였다. 금요일 오전 세션에서 보낸 한 해를 축하하고 싶었기 때문이다. 연구자 그룹은 우리의 우정을 돌아볼 수 있는 공간으로서 축하 행사를 준비했다.

우리와 연락이 닿은 사람들은 주로 여성들과 일부 어린이였다. 우리는 파티에 여성들만 초대했지만, 그들 모두 자녀를 데리고 왔다. 자녀를 참석시키는 것이 그들에게는 중요했다.

드디어 축하의 날이 다가왔다. 많은 여성이 아이들과 함께 왔고 그들은 파티에 어울리는 옷을 차려입고 있었다. 비라는 우리 각자가 배꼽을 통해 우리의 연결고리에 대한 이야기를 말할 수 있는 활동을 기획했다. 우리 중 스물다섯 명이 바닥에 앉아 쿠션에 등을 기대거나 다리를 접거나 쭉 뻗고, 엄마 무릎에 앉거나 기대고 있는 아이들과 함께 낡은 카펫 주위에 모였다.

배꼽은 일반적으로 신체에 가장 먼저 표시되는 흉터로, 세대 간 연결을 상기시킨다.

비라는 자신을 어머니와 독일로 돌아가도록 연결하는 배꼽 이야기로 시작했다. 그것은 비라의 가족 이야기와 문화 이야기 모두에서 여러 면으로 그의 기반이 되었다. 비라는 자신의 이야기를 과거에 기반을 두고 말했다. 비라는 그 곁에 있는 사람에게 고개를 돌렸고, 나는 무엇인가 변화하기 시작했다는 것을 알아차렸다. 어머니들은 아이를 위한 꿈을 상징하는 장소에 탯줄을 묻은 이야기를 말하기 시작했다. 교육받은 삶을 기대하며 학교에 탯줄을 묻고, 의사가 되기를 기대하며 병원에 탯줄을 묻는 등의 이야기다. 캐나다에서 출산한 어머니들은 신생아의 탯줄을 가져갈 수 없었다고 말했다. 그리고 웃음 한가운데서, 그들은 캐나다에 있는 자녀들을 위한 미래 지향적 이야기, 자녀들을 위한 희망과 꿈에 대한 이야기를 말하기 위해 캐나다에서 신생아의 탯줄을 어디에 묻을 것인지 이야기했다.

엄마와 아이의 긴밀한 관계를 나타내는 탯줄은 많은 문화적, 사회적 의미를 담고 있다. 그날 우리와 함께 있던 많은 어머니들은 그들의 미래 지향적인 이야기 속으로 우리를 끌어들였다. 그러나 그들은 또한 탯줄의 중요성을 인식하는 것이 왜 중요한지 그 관습을 그들에게 가르쳐 준 어머니와 할머니를 기억했다. 자녀의 첫 흉터를 어떻게 돌보는지는 이렇게 세대 간 행위의 문제가 되었다.

3부
전경 안팎에서 살아가기

3부에서는 내러티브 탐구에서 장소와 공동체에 대한 아이디어를 다룬다. 7장에서는 구체적이고 위상적인 의미의 장소뿐 아니라 시간성, 사회적 관계, 물질적 관계의 얽혀 있는 특성을 인정하는 더 복합적인 의미의 장소를 개념화한다. 장소는 시간, 사회성과 함께 3차원적 내러티브 탐구 공간의 한 차원이다. "구체적이고 물리적, 위상적인 경계 또는 탐구와 사건이 일어나는 곳들"(Clandinin & Connelly, 2000:49)로 이해되는 장소는 모든 경험에 존재하며, 우리가 살아내고 말한 경험뿐 아니라 침묵으로 남아 있는 경험을 이해하는 데도 매우 중요하다.

내러티브적으로 사고하기에서 장소는 각 개인의 정체성 만들기에 필수적이다. 그러나 너무 자주, 이 장소 개념은 장소의 더 복잡한 측면에 대한 고려 없이 지나치게 협소하게 받아들여진다. 우리는 장소와 사람이 어떻게 연결되어 있는지, 지리적 표시로서 장소가 어떻게 내재되고 체현된 방식으로 관계를 전달하는지 보일 것이다. 또한 장소는 기억을 전달하는 동시에 장소 안에 있는 사람들의 행위성과 경험을 형성한다. 장소는 우리 각자에게 영향을 미치고 우리 각자에게 작용함으로써, 우리가 누구이고 어떤 사람이 되어 가는지를 형성한다. 8장에서는 다양한 학자들을 통해 우리가 공동체를 이해하는 방식을 드러낸다. 무엇이 우리를 공동체의 장소로 끌어당기는지, 무엇이 우리를 공동체의 장소에서 밀어내는지 생각하면서, 장소와 공동체와 함께 그리고 장소와 공동체를 내러티브적으로 사고하는 데서 우리를 당혹스럽게 하는 많은 측면이 있음을 깨닫는다. 장소에 대한 고려는 장소, 정체성, 공동체와 같은 단일 개념에 머무르는 것에 대한 도전을 가시화한다.

7장
장소

개요

이 장에서는 내러티브 탐구에서의 장소에 대한 이해를 다룬다. 모든 이야기에는 지리(geography)가 있다(Caine, 2007). 이를 통해 우리는 모든 이야기에 장소가 있다는 것을 이해한다. 모든 이야기, 모든 기억, 모든 경험은 장소에 자리 잡고 있다. 우리는 듀이, 아메드, 레슬리 마먼 실코(Leslie Marmon Silko), 키스 바소(Keith Basso)의 이론적 통찰을 바탕으로 장소에 대한 이해를 발전시켰다(Dewey, 1938; Ahmed, 1999; Silko, 1977; 1991; Basso, 1996). 내러티브 탐구에서 장소는 존재론적으로 이해된다. 즉, 우리는 장소가 각 개인의 존재를 형성하는 동시에 각 개인 또한 장소를 형성한다는 것을 이해한다. 우리는 우리가 살고 있는 장소에 의해 형성되고 장소를 형성할 뿐 아니라, 장소가 개인과 공동체의 정체성을 형성한다고 본다.

내러티브 탐구에서 장소에 대해 알아 가기

코넬리와 클랜디닌이 '내러티브 탐구'라는 이름을 붙인, 내러티브 탐구에 관한 첫 번째 논문은 1990년 학술지 ≪교육연구자≫에 발표되었다. 4년 후인 1994년, 클랜디닌과 코넬리는 듀이의 경험 이론과 내러티브 탐구의 연관성에 대해 썼다. 듀이의 경험 이론은 1장에서 설명한 바와 같이 상호 작용과 연속성이라는 두 가지 준거로 구체화된다.

경험을 내러티브적으로 이해하는 연구로 내러티브 탐구를 개념화하면서, 클랜디닌과 코넬리는 그들이 사용한 방법에 대해 "안과 밖, 뒤와 앞의 네 방향에 동시에 초점을 맞춘다"(Clandinin & Connelly, 1994:417)고 썼다. 그들에 따르면 이 네 가지 방향은 다음을 의미한다.

> 안은 감정, 희망, 미적 반응, 도덕적 성향 등을, 밖은 실존적 조건, 즉 환경을 의미한다. … 뒤와 앞은 과거, 현재, 미래라는 시간성을 의미한다. 경험을 경험한다는 것은 이 네 가지 방식으로 동시에 경험하고 각 방향을 가리키는 질문을 하는 것이다.
>
> Clandinin & Connelly, 1994:417

클랜디닌과 코넬리는 내러티브 탐구에서 이동하는 네 방

향에 대한 논의에서 장소를 언급하지는 않았지만, 다른 부분에서 장소를 언급한다. 그들은 "장면 또는 장소란 행위가 발생하는 곳, 등장인물이 형성되고 자신들의 이야기를 살아가는 곳, 문화적 맥락과 사회적 맥락이 역할을 제약하고 가능하게 하는 곳"이라고 썼다(Clandinin & Connelly, 1994:416).

부분적으로 장소 또는 장면은 참여자들이 자신들의 이야기를 살거나 말한 장소와, 맥락에 대한 감각을 주기 위해 작성된 현장 텍스트 및 연구 텍스트의 종류를 가리켰다. 상황은 또한 사람들이 자신들의 삶을 사는 장소 또는 장소들을 가정했다. 하지만 장소는 중심 초점이 아니었다. 그것은 앞과 뒤, 안과 밖이라는 네 가지 방향 안에 다소 숨겨져 있었다.

네 가지 방향이 있는 이러한 개념적 틀은 상황 개념이 장소를 가정하거나 포함하는 것으로 본다. 이 틀은 클랜디닌과 코넬리가 초기 연구를 수행하고 베이 스트리트 학교(Bay Street School)와 다른 장소들에서 연구를 지속할 때 유용하게 사용되었다. 그러나 점점 더 많은 원주민 학생들이 내러티브 탐구에 끌리면서, 그들이 장소와 영성(spirituality)에 관한 질문을 제기하기 시작했다. 그들은 다음과 같은 아이디어를 공유했다. 어떤 장소는 신성하다. 장소는 살아 있다. 사람이 장소를 형성하듯, 장소는 사람을 형성한다. 장소는 사람 안에 있고 이야기 안에 있다. 장소는 살아 생기가 넘치고 우리에게 영향을 미친다. 장소는 행위적(agential)이다. 내러티브 탐구에서 장소는 다양한 의미가 중첩되어 훨씬 더 복잡해지고 있다. 이주를 포함한 사회적 사건들로 인해 장소에서의 경험에 혼란을 겪은 다른 학자들 또한 장소에 대한 더 복잡한 이해를 요구했다.

웨인 고먼(Wayne Gorman), 영 같은 원주민 학자들은 우리가 장소의 의미를 고민하는 동안 내러티브 탐구에 관해 열띤 대화를 나누었다. 그들은 우리에게 바소의 저서 『지혜는 장소에 있다(Wisdom sits in places)』(1996)를 읽어 보라고 제안했다. 바소, 마먼 실코, 리처드 와가미즈(Richard Wagamese) 같은 학자들의 책을 읽고 에이드리엔 위브(Adrienne Wiebe), 두에인 버튼(Duane Burton), 웨인 고먼, 영과의 대화에 참여하면서 클랜디닌과 코넬리는 장소에 대해 다시 생각하기 시작했고, 1990년대 후반에 내러티브 탐구 공통 요인들[50] 중 하나로 장소를 소개했다.

---

50) 내러티브 탐구의 공통 요인은 시간성, 사회성, 장소를 일컫는다. 내러티브 탐구자들은 탐구 과정에서 이 세 가지 공통 요인에 특히 주의를 기울인다. 이에 대한 자세한 내용은 다음 책에서 다룬다. Clandinin, D. J. (2013). Engaging in narrative inquiry. Left Coast Press. 염지숙 · 강현석 · 박세원 · 조덕주 · 조인숙 옮김(2015). 『내러티브 탐구의 이해와 실천』. 교육과학사; 57~62쪽 참고.

경험으로 전환하기

영안실 한가운데는 할머니 시신이 든 열린 관이 있었다. 할머니 시신은 꽃꽂이로 둘러싸여 있었는데, 지금도 나는 나에게 전해져 온 사진을 통해서만 그 모습을 기억한다. 내가 겨우 열 살이었을 때, 부모님은 내가 할머니 장례식에 참석하는 것이 중요하다고 생각하셨다. 할머니 시신을 처음 보았을 때, 나는 관이 열려 있거나 슬픔이 나를 압도할 것이라고는 예상하지 못했다. 할머니의 하얀 얼굴, 몸의 고요함, 온화한 눈빛의 부재에 눈물을 흘렸다. 지금도 나는 할머니 시신이 안치된 곳을 떠나지 못하고 몇 시간이나 울어서 뺨이 젖어 있던 것을 느낄 수 있다. 그 나이에는 이해하지 못했던 방식으로, 나는 할머니의 죽음과 할머니를 잃은 상실감을 경험했다. 내 몸은 얼어붙었고, 내 눈은 할머니의 움직임 없는 몸에 고정되어 있었으며, 할머니가 숨을 고르는 것을 놓칠까 봐 눈을 떼지 못했다. 나는 죽은 새와 다람쥐를 묻어 주고 거미와 파리를 죽여 본 적이 있지만, 내가 묻어 준 동물들에게 죽음은 삶의 필수적인 부분으로 보였기 때문에 이와 같은 방식으로 그들을 죽음과 연결한 적은 없었다. 그 슬픔은 생생하게 느껴졌고 예상치 못한 것이었으며, 할머니가 살아 계시는 동안 내가 할머니와 가졌던 관계에 그늘을 드리웠다. 눈물

범벅이 된 채, 나는 반복되는 묵주 기도와 무덤가로 향하는 느린 발걸음, 할머니의 자녀와 이웃과 친구들이 함께 들었던 관을 내려놓던 장면을 회상한다. 전쟁, 특권, 전통으로 점철된 공동체 내 귀향의 장소인 묘지는, 할머니의 마지막 장소가 되었다. 지리적으로 할머니의 묘지는 할머니가 태어난 장소와 평생을 살았던 장소, 자식들을 걱정하고 손주들을 알게 되었던 장소 가까이에 있었다. 이러한 장소 감각은 나와 내 주변 사람들에게 중요했다. 장소 감각은 당시에도 그랬고 지금도 계속해서 나에게 내 역사와 가장 밀접하게 연결된 지리적 장소를 제공한다. 장소는 나를 형성해 왔고 지금도 계속해서 내가 누구인지를 형성하고 있는 역사에, 그에 의해 나타나고 역사를 전달한다.

존재론적으로 이해되는 장소

돌이켜 보면, 영안실은 비라가 처음으로 장소에 주의를 기울이게 된 곳이다. 비라에게 장소는 중요했지만, 장소에 대해 깨어 있지 않았던 시간이 길게 이어졌다. 수년 후 비라의 관심을 다시 장소로 돌린 것은 데브라(Debra)였다. 그 무렵 비라는 캐나다로 이민을 와서, HIV에 감염된 원주민 여성들과 함께하는 내러티브 탐구에 참여하고 있었다. 비라는 다음과 같이 썼다.

> HIV에 감염된 (원주민) 여성 데브라의 삶의 이야기를 바탕으로, 비록 방식은 다르지만 나와 데브라 모두 경험한 지리적 전경과 문화유산으로부터 장소(이탈)[(dis)placement]의 느낌을 성찰한다. 나는 장소가 우리 몸 위에 그리고 우리 몸 안에 어떻게 새겨지는지, 그리고 체현되는 것으로서 집이 어떻게 이해될 수 있는지 탐구한다. 이런 식으로 나는 집의 지리적 위치이자 존재론적 위치로서 장소를 탐구한다.
>
> Caine, 2010:1304

데브라의 아파트 거실에 앉아서, 나는 우리 자신을 지리적으로 위치 짓는 것의 불안정성에 대해 나누었던 대화를 회상한다. 데브라가 자기 삶을 지리적으로 위치 짓기 시작할 때마다 그의 이야기는 파편화되었고, 그의 어린 시절 삶을 특징짓던 절망감으로 가득 찼다. 열한 살 때 데브라는 집의 영속성에 대한 감각을 잃어버렸고, 대신 그의 삶은 응급실 병동이나 그의 몸에 닿기를 원하는 남성들의 침대에서 잠을 자는 리듬에 의해 형성되었다. 이러한 장소의 부재는 데브라의 경험에 지리적 표시를 형성했으며, 우리가 대화를 나눌 때마다 데브라는 그의 삶에서 점점 더 짧은 기간 동안 쉼터 역할을 했던 도시, 이웃, 거리의 이름을 거의 기억하지 못했다. 나는 데브라의 경험에 집중하기 위해 애를 썼는데, 데브라와의 대화에서 할머니의 죽음을 회상하며 예상치 못했고 충격적이며 잊을 수 없는, 움직임 없는 할머니 몸의 모습이 떠올랐기 때문이다.

데브라는 나를 그의 삶으로 끌어들여 지리에 대한 이해와 위치 감각을 성찰하도록 했다. 지리는 우리를 위치시킬 수 있고 실제로 위치시키며, 또한 우리를 얼어붙게 할 수도 있다. 하지만 이러한 얼어붙음의 감각은 시간과 사회적 맥락에 따라 이동하고 변할 수 있다. 나는 데브라가 나에게 보여 준 응급실 병동, 길모퉁이, 그늘진 호텔과 모텔, 데브라가 치료를 받던 장소들을 떠올렸다.

데브라를 몇 달간 알고 지낸 후, 그가 노숙자로 생활했던 몇 달 동안 나는 데브라의 당시 남자친구가 세를 내던 아파트에 들어갔던 기억이 난다. 데브라를 향한 남자친구의 사랑은 질투, 잔인함, 권한으로 가려졌고, 그것으로 추동했다.

질투에 휩싸인 아파트는 데브라에게 떠날 수도 돌아올 수도 없는 감옥이 되었다. 데브라는 한밤중에 때때로 분노와 질투가 다시 한번 그의 삶을 집어삼킬 것이라는 두려움으로 가득 차 나에게 전화를 걸었다. 그는 죽음과 묵주 기도를 하는 친구, 이웃, 가족의 부재를 두려워했다.

자신의 장례식에 자녀들이 참석하지 않는 것도 두려워했다. 동시에 그는 자기 삶의 일부였던 장소들에 대해 자녀들이 알게 되는 것도 두려워했다. 그때 나는 우리 삶에서 장소와 지리라는 개념이 궁금해졌다. 우리의 삶에 흔적을 남긴 장소들, 그러나 그 장소의 특수성(particularity)에 따라 우리의 삶을 추적하는 지리적 표시로 또는 표시에 의해 제한되지 않는 장소들 말이다. 내가 데브라에게 배운 이러한 특수성은 우리 몸에 새겨진 것이다. 장소는 데브라와 나의 몸과 경험에 스스로를 그려 넣었다.

비라가 "우리의 모든 이야기에는 지리가 있다"(Lessard, 2010:44에서 인용한 비라와의 개인적 대화)는 것을 이해하도록 도와준 것은 바로 데브라였다. 비라가 이처럼 단순해 보이는 문장을 통해 처음으로 이 아이디어를 공유했을 때, 그것은 내러티브 탐구에서 어떻게 장소를 존재론적으로 이해할 필요가 있는지에 대한 고민에 일종의 진입로가 되었다.

장소를 존재론적으로 이해하는 것은 우리를 깨어 있게 하고, 장소를 단지 물리적인 장소를 가리키는 것으로 오해하지 않게 한다. 장소를 존재론적으로 이해하는 것은 우리의 관심을 두 가지 방향, 즉 장소가 사람인 우리의 존재와 생활을 형성하는 방식과 사람이 장소(들)를 형성하는 방식으로 향하게 한다. 라구나[51] 학자인 마먼 실코(Silko, 1997)는 장소가 우리 안에 어떻게 자리 잡고 있는지, 장소가 우리를 어떻게 이끌고 있는지 알 수 있도록 도와준다. 너무 자주, 장소나 전경은 마치 사람들이 서 있는 전경을 "조사(survey)"할 수 있는 것처럼 사람과 분리되어 있는 것으로 간주된다. 마먼 실코는 "이것은 보는 사람이 그 또는 그가 조사하는 영역의 외부에 있거나 그 영역과 분리되어 있다고 가정하는 것이다. 보는 사람은 그들이 서 있는 바위들만큼이나 전경의 일부다"(Silko, 1997:27)라고 썼다. 관계적 존재론에서 장소에 대한 이러한 관점은 우리가 살아내고 말한 이야기가 항상 장소에 있고, 장소에 의해 형성되며, 장소를 형성한다는 것을 이해하는 것이 중요하다는 점을 강조한다.

> 데브라와 함께한 삶의 한가운데 죽음이 현존했다. 그때도 지금도 나에게는 이해하기 어려운 좌절과 절망감으로 점철된 순간들이었다.

데브라의 경험은 장소에서, 장소에 의해 형성되었지만 동시에 거기에는 장소 상실감(placelessness)도 있었다. 장소

---

51) 라구나 푸에블로(Laguna Pueblo)는 미국 뉴멕시코주 중서부에 있는 아메리카 원주민 부족을 말한다.
출처: https://en.wikipedia.org/wiki/Laguna_Pueblo(인출일: 2023. 12. 08.)

상실감 혹은 장소 이탈의 느낌이 강하게 들었던 순간, 비라에게 할머니 묘지에 있었던 기억이 떠올랐다. 할머니가 돌아가신 후 몇 년 동안 묘지에 모이는 것은 중요했고, 할머니의 자녀들이 세상을 떠나면서 묘지는 서서히 가족 이야기로 가득 찼다. 장소는 기억을 간직하고, 절망을 덜어 준다. 장소는 할머니의 삶을 형성하고 할머니에 의해 형성된 방문의 장소, 말해진 이야기를 통해 할머니를 만날 수 있는 후손들의 만남 장소가 된다.

> 데브라는 종종 자신이 죽으면 무슨 일이 일어날지 궁금해했다. 이런 생각은 그의 HIV 감염 경험과 약물 사용 경험으로 인해 형성된 것이다. 오래전에 체포된 아이들, 부모와의 단절된 관계, 이전 남자들과 마찬가지로 그 몸의 유용성에 더 관심을 가졌던 연인과 남자친구들, 그는 종종 궁금해했다. 누가 그를 기억할까? 그가 묻힐 장소에 어떤 식으로든 흔적이 남거나 그의 이름이 새겨질까? 그에게 어떤 장소가 중요했는지 아는 사람이 있을까?

데브라의 경험은 장소의 부재, 장소, 전경, 또는 기타 지형적 문제들과의 보이지 않는 연결에 의해 형성될 때가 있었다. 장소는 또한 데브라에게 잔혹하고, 잔인하고, 무감각한 경험을 담고 있는 유난히 어려운 이야기들을 전달하고 나타냈다.

장소가 우리의 경험을 형성하고 우리의 경험에 의해 형성되는 만큼, 장소는 또한 우리가 누구인지 지워 버리기도 한다. 장소는 다른 사람들에게는 보이지 않는 방식으로 우리의 경험을 조용히 간직한다. 그와 동시에 존재론적으로 이해되는 장소는 사람, 식물, 동물, 지각이 있는 존재와 지각이 없는 존재 사이의 복잡한 관계에 주목한다. 장소는 시간이 지남에 따라 인간과 비인간의 관계를 형성하고 그러한 관계에 의해 형성되는 복잡한 상호 관계의 일부로 항상 이해되어야 한다.

장소와 정체성

우리가 장소 안에 있는 것처럼, 장소도 우리 안에 있다. 우리는 우리가 살고 있는 장소에 의해 형성되고, 우리가 살고 있는 장소를 형성한다. 바소(Basso, 1996)가 주장한 것처럼, 장소는 우리의 정체성을 우리가 누구이고 어떤 사람이 되어 가는지를 담고 있는 전경과 연결한다. 그가 아파치족[52]과 함께

52) 아파치(Apache) 부족은 미국 남서부와 멕시코 북부 지역에 걸쳐 살았던 인디언 부족을 총칭하며, 이들의 언어가 캐나다 서북부 인디언의 언어에 속해 미대륙 북쪽에서 남서부지역으로 이주해 온 것으로 추정된다. 출처: https://bostonkorea.com/news.php?code=&mode=view&num=23451(인출일: 2023. 12. 08.)

한 연구에서 썼듯이, “사람들이 거주하는 전경은 그들 안에 거주한다고 말할 수 있다”(Basso, 1996:102). 그러나 장소에 뿌리를 둔 많은 사람은 장소에 대한 의식적인 인식 없이 살아간다. 때때로 장소에 대한 인식, 그리고 장소 안에서 자신이 누구인지에 대한 인식은 “짧고 무의식적이며, 다른 것에 대한 인식으로 빠르게 대체되는 찰나의 순간(인식의 섬광, 기억의 흔적)”(Basso, 1996:54)이다. 우리의 일상적인 경험에서 잠시 멈출 때만, 장소가 우리가 누구이며 어떤 사람이 되어 가는지를 형성하는 방식을 적극적으로 감지할 수 있다.

우리가 살고 있는 전경은 사람으로서 우리가 누구인지를 형성하고 유지한다. 바소(Basso, 1996)는 장소를 물과 유사한 것으로 묘사하며 지속으로서 장소의 중요성에 대해 썼다. “그것은 결코 마르지 않는 물과 같다. 살아 있으려면 물을 마셔야 한다. 그렇지 않은가? 마찬가지로 장소에서도 마실 필요가 있다”(Basso, 1996:127). 장소와 정체성 사이의 복잡한 상호 관계를 주장하는 것은 바소만이 아니다. 숀 레서드에 따르면 장소는 앞으로 나아가는 경험들을 형성하고(Lessard, 2014), 루고네스(Lugones, 1987)의 표현대로라면 우리가 세계에서 세계로 여행할 수 있도록 한다.

우리는 장소에 대한 갈망을 통해 장소와 정체성의 상호 연결의 깊이를 부분적으로 알 수 있다. 마먼 실코의 장소에 대한 갈망은 너무 강렬해서, 그는 “라구나 지역을 떠나 있을 때 『의식(Ceremony)』[53]을 쓴 것은, 나 자신을 위해 라구나 지역이라는 장소를 다시 만드는(re-making) 나만의 방식이었다"(Wright, 1986:27~28에서 재인용)라고 말했다. 마먼 실코가 제안한 것처럼, 우리는 우리 몸과 정체성을 형성한 장소들을 갈망한다. 우리는 그것들을 재창조하기 위해 분투한다. 샌드라 시스네로스(Sandra Cisneros)는 저서 『망고 스트리트』에서 "소속되고 싶지 않았던 소녀"(Cisneros, 1989:109) 에스페란사의 이야기를 들려준다. 그는 "망고 스트리트, 슬픈 빨간색 집, 내가 속하지만 속하지 않은 집. 내가 종이에 적어 내려가면 유령은 그렇게 아프지 않다. 나는 그것을 적고 망고는 때때로 작별 인사를 한다. … 언젠가 나는 떠날 것이다"라고 썼다. 시스네로스는 에스페란사가 어떻게 떠나는가를 묘사하지만, "떠날 때 이웃들은 내가 다시 돌아오기 위해 떠났다는 것을 알지 못할 것이다. 내가 남겨 둔 사람들을 위해. 나갈 수 없는 사람들을 위해"(Cisneros, 1989:110)라고 썼다. 시스네로스는 특정 장소가 정체성을 어떻게 형성하는지, 그리고 강렬하게 형성된 한 사람의 그 모습에서 정체성과 장소가 어떻게 영원히 얽혀 있는지를 보여 주고, 심지어 떠나면서도 장소로 돌아가고자 하는 갈망이 있음을 보여 준다. 토르고

---

53) 레슬리 마먼 실코가 1977년에 출간한 대표작으로, 제2차 세계대전 직후 인디언 보호 구역으로 돌아온 나바호족 청년 이야기를 담고 있다.

브니크(Marianna de Marco Torgovnick)도 "숨 막히게 하는 동시에 영양분을 공급하는 힘, 나의 뿌리를 떠올린다"(Torgovnick, 1994:11)고 하며, 장소와 정체성이 어떻게 떼려야 뗄 수 없이 연결되어 있는지를 보여 준다.

하지만 때때로 우리는 침묵하고, 우리 삶에서 장소들을 지우고, 장소를 다른 방식으로 다시 상상하기 위해 노력하기를 원한다. 데브라와 함께한 비라의 경험 이야기에서, 우리는 데브라가 많은 장소들이 자신의 삶을 형성했음을 알고 있었다는 것을 보게 된다. 그 장소 중 일부는 그에게 지우고 싶은 곳이었고, 자녀들에게 알리고 싶지 않은 장소들도 **그의 삶의 일부였다.** 데브라의 삶을 형성한 몇몇 장소는 특별함을 기념하기보다는 사랑하는 사람들에게 비밀로 하고 싶은 장소였다. 비라가 쓴 것처럼, 장소는 **데브라와 나의 몸과 경험에 스스로를 그려 넣었다.** 데브라에게 죽음에 대한 두려움은 부분적으로는 자신이 죽은 후 어떤 사람으로 이야기될까 하는 것 때문이었으며, 그에게는 지우고 싶거나 적어도 눈에 띄지 않게 하고 싶은 장소(들)가 있었다. 특정한 이야기를 말해 줄 장소들, 그 이야기들 속에서 그가 드러날 것이다.

바소는 우리의 장소 감각이 "포용, 소속감, 과거와의 연결성 등의 정서를 통해"(Basso, 1996:145) 우리가 누구인지를 강화한다고 쓰고 있다. 그는 또한 장소가 "개인을 그들이 함께 생겨난 사회적, 문화적 토양에 뿌리 내리게 하고, 그들을 공유된 정체성, 즉 국지화된 자아에 붙잡아 둔다"(Basso, 1996:145~146)고 말했다. 정체성 형성으로서의 장소에 대한 감각을 가지고, 8장에서 장소, 개인, 공동체 정체성 간 연결을 더 자세히 살펴본다.

장소, 기억, 세대 간 반향

여기서는 장소와 기억이 어떻게 깊이 연결되어 있는지 살펴보고, 장소와의 관계가 우리에게 다른 시간과 장소들을 환기하고 거기로 되돌아가게 하며, 그것들이 세대 간 반향으로 나타난다는 것을 보일 것이다. 우리는 그 반향을 볼 수 있지만, 우리가 낯선 사람으로 새로운 장소에 도착할 때 질문들이 생겨난다는 것 또한 염두에 둔다. 질문은 다음과 같다.

> 이방인으로서 장소와 시간을 서술하는 방법. 우연의 생산적인 가능성을 살리면서 제도적 아카이브의 색인이 주는 편리함과 이를 따르려는 유혹, 그것이 조장하는 대도시적 지식(metropolitan knowledge)을 관리하는 방법. … 물론 빈 전경에 대한 바로 그 아이디어를 포함해 식민지 탐험의 은유에 의존하지 않는 … 방법.
>
> van Wyck, 2008:187

데브라는 결코 빈 전경은 없으며, 그가 낯선 사람으로 들어간 장소에는 알려지지 않은 이야기뿐 아니라 자신이 누구인지에 대한 이야기를 불러낼 수 있는 이야기들이 있음을 알고 있었다. 데브라와 비라 모두가 이해하고 살아내기 훨씬 더 어려워진 아이디어는 "나는 역사가 어떻게 장소를 만드는지, 과거를 다시 이야기하는 것이 어떻게 새로운 미래를 가능하게 하는지를 배웠다"(Pratt, 2002:ix)는 것이다. 다시 이야기하기가 새로운 미래 가능성을 만들어 낸다면, 세대 간 반향은 우리의 현존을 나타내는 동시에 앞뒤로 뻗어 이어진다. 전경은 우리를 인식하고, 미지의 것으로서 이방인이라는 개념은 더 이상 가능하지 않다. 대신 "방문을 멈춘 사람"(Online Etymological Dictionary, n.p.)이라는, 이방인이라는 단어의 원래 의미를 따른다.

저서 『지혜는 장소에 있다(Wisdom sits in places)』[54]에서 바소는 장소를 몇 가지 독특한 방식으로 생각하도록 한다. 그는 공동체 내의 지식 보유자를 물리적 표시이자 표현(manifestations)으로 묘사한다. 물과 산, 나무들과 오솔길이 그들의 물리적 표상(representations)을 통해 공동체에 의미

---

54) 인류학자 키스 바소가 애리조나 서부 아파치족을 연구하며 쓴 책으로, 네 명의 아파치족을 통해 각자의 문화에서 장소가 사람들에게 어떤 의미를 갖는지를 보여 준다.

를 부여하는, 서부 아파치족 공동체의 독특한 전경이 바로 그것이다. 구전으로 전해지고 공동체의 특정 구성원이 간직하고 있는 이야기들은 세대를 이어 가는 표시이자 도덕적 교사 역할을 하며, 이러한 이야기들은 신중하게 공유되고 보호되어 현재에도 공동체를 인도하는 역할을 계속 하고 있다. 저서에서 바소는 세대에 걸쳐 전해 내려온 이야기들을 돌볼 책임이 있는 공동체 구성원과 함께 여행한다. 초기 경험의 반향은 특히 주목할 만한데, 지식 지킴이가 익숙한 지형을 실제로 여행하면서 특정 표시를 가리키고 그 장소에 고유의 가르침을 전하기 때문이다.

데브라와 비라가 이방인으로, 방문을 멈춘 사람으로 장소에 들어가면서, 우리는 누가 우리와 함께 여행하는지를 생각해 본다. 우리 삶의 경로와 뿌리를 되돌아보게 하는, 사람들에 의해 말해진 이야기는 장소의 세대 간 반향을 보여 준다. 영(Young, 2005)은 장소의 세대 간 반향의 중요성과, 장소가 지속적이고 잠재적으로 해로운 방식으로 자녀와 손주들의 이야기된 기억 속으로 어떻게 뻗어나가는지를 보여 준다. 그 해로운 방식을 알고 있는 사람은 바로 데브라다. 비라는 박사 학위 논문에 다음과 같이 썼다(Caine, 2007).

> 내 마음은 어린 시절의 노래를 다시 부르고, 버거(Berger, 1984)처럼 나는 내 세계를 찾을 수 있는 존재론적 장소로

> 집을 천천히 바라보고 이해하기 시작한다. "집은 더 이상 주거지가 아니라 살아내고 있는 삶의 말해지지 않은 이야기다."
>
> Caine, 2007:64; 4

> 내가 떠난 곳은 바로 이런 장소들이지만, 루슈디(Rushdie, 1981)가 자신이 태어난 바다를 모든 새로운 장소로 데려가듯이, 나도 딸기밭과 강, 언덕과 이야기들을 항상 가지고 다닌다. 장소는 기억을 간직하고, 내가 누구인지 정의하며, 기억을 불러일으킨다. 그리고 무엇보다도 내 어머니와 이모, 아버지와 형제자매들, 남편과 아들과 공유한 기억들을 떠올리게 하는 것은 특정한 장소들이다. 지도를 보며 이야기와 사건들, 지난 일들을 이야기하지 않는 것은 불가능해졌고, 장소를 생각하지 않는 것도 불가능하다.
>
> Caine, 2007:41

비라는 데브라와 함께한 경험을 통해, 영이 언급한 '감상적으로 장소를 보는 해로운 방식'이 무엇인지 알 수 있었다. 이를 인식하면서 비라는 다음과 같은 아메드의 지적을 이해하게 되었다.

> 집을 떠나거나, 이주하거나, 여행하는 것은 정체성이 살

> 아갈 수 있는 경계들을 유예하는 것이라는 가정은, 일부 주체들에게 다른 주체들을 희생시키면서 자유롭게 움직일 수 있는 능력을 부여하는 복잡하고 우발적인 적대적 사회 관계를 은폐한다.
>
> Ahmed, 1999:338

이러한 식으로 장소가 관계, 즉 과거, 현재, 미래의 관계에 어떻게 근거를 두는지 알 수 있다. 장소는 더욱 복잡해지고 방문, 부재와 존재, 경계들과 전경의 개념은 변화한다. 내면에 깊숙이 자리 잡고 있고, 보호되고, 가까이 있고, 신성하게 유지되는 세대 간 지식은 장소에서, 장소에 반응하는 몸을 통한 신체적 움직임에서 인식할 수 있다.

데브라의 경험과 비라의 삶에서 데브라의 존재는 장소에 대한 비라의 이해를 몸뿐만 아니라 낯섦과 집에 대해서도 변화시켰다. 비라는 집에 대한 기억을 간직하는 동시에 장소를 낯선 곳으로 이해하기 시작했다.

> 집과 익숙함의 연관성을 통해 낯섦을 이주와 연결하는 것(즉, 집의 벽 너머에 위치하도록 하는 것)은 문제가 있다. 집 자체에 이미 낯섦과 이동이 존재한다. 단순히 집에 머무는 사람과 떠나는 사람, 마치 이 두 가지 궤적이 단순히 사람들을 다른 장소들로 이끈다고 보기는 어렵다. 오히려

> '집'은 항상 머무는 사람, 도착하는 사람, 떠나는 사람 사이의 만남을 수반한다. 여기서 우리는 아브타르 브라(Avtar Brah)의 '디아스포라 공간' 개념을 사용할 수 있다. 원주민과 이방인 사이에는 항상 친밀한 만남이 위태롭게 존재한다(Brah, 1996:181). 이러한 만남의 필연성을 고려할 때, 집은 단순히 익숙한 공간으로 동일하게 유지되지 않는다. 복잡하고 우발적인 거주 공간으로서 집이 형성되는 과정에는 움직임과 장소 이탈이 존재한다.
>
> Ahmed, 1999:340

그리고 그것은 아메드가 "집에 있다는 것은 그것을 어떻게 느끼느냐 혹은 어떻게 느끼지 못하느냐의 문제"(Ahmed, 1999:341)라고 말한 것과 같은 의미다.

요약

장소는 우리에게 관계를 재구성하고 새로운 공동체, 즉 장소에 담긴 이야기에 깨어 있는 공동체를 형성하도록 한다. 그리고 그것은 "공통의 지형이 없을 때 기억이라는 집단적 행위를 통해 살아나는 공동체"(Ahmed, 1999:344)다. 8장에서는 공동체에서 장소와 사람들의 경험 사이의 밀접한 연관성을 살펴본다. 우리가 누구인지, 우리 정체성을 형성하고 유지하는 공동체의 측면을 담고 있는 장소에 대한 갈망과 탐색은 우리를 지리에 대한 고려로 이끈다. 우리가 내러티브적으로 사고할 때 공동체는 생명력을 갖는다. 경험을 집, 공동체, 상상된 장소 등 장소들 안에 배치할 때만 경험을 내러티브적으로 이해할 수 있다.

8장
공동체

개요

이 장에서는 장소가 개인뿐 아니라 공동체와 관련되는 방식을 살펴본다. 발견된 공동체와 선택된 공동체를 구분한 매릴린 프리드먼(Marilyn Friedman)(1989)의 주장, 동일성의 공동체와 차이의 공동체에 대한 마르틴 부버(Martin Buber)(1971)의 아이디어는 내러티브 탐구에서 공동체 개념을 형성하는 데 도움이 된다. 공동체는 지리와 집에 대한 개념을 담고 있지만, 이러한 개념에 반대하기도 하고 때로는 전적으로 이를 거부하기도 한다.

경험으로 전환하기

어린 시절과 청소년기에 시골 농촌 공동체에서 살았던 나에게 공동체는 당연한 것이었다. 나는 공동체를, 공동체가 무엇인지를 궁금해한 적이 거의 없었다. 공동체가 춤, 홀(hall)로 개조된 작은 학교, 사교 행사를 묘사하는 데 사용되는 단어라는 점을 거의 생각하지 않았다. '공동체'라는 단어는 종종 행사나 공연 앞에 붙곤 했다. 뒤늦게 깨닫고 보니, 나는 공동체를 물리적으로 공유된 지역에 사는 사람들을 상징하기 위해 사용하는 단어라고 생각했었다.

나는 우리 가족 농장이 지리적으로 이 지역에 있다는 사실 때문에 공동체 구성원 자격이 주어졌다고 생각했다. 하지만 때때로, 나는 일부 사람들이 그 농촌 공동체에 적응하는 방식을 궁금해했다. 예를 들자면, 우리 농장에서 몇 마일 떨어진 곳에 사는 한 이웃은 나의 어머니가 정기적으로 참석하는 '여성 클럽' 모임에는 오지 않지만, 자신의 '차례'가 되었을 때는 왜 모임을 주최하는지 궁금했다. 나는 또한 내가 태어나기 불과 몇 년 전에 캐나다에 도착한 이웃에 대해서도 궁금했다. 이제 나는 그들이 제2차 세계대전 이후 유럽의 고국을 떠났고, 경멸적인 호칭의 범주인 실향민(displaced person)으로 묘사되었다는 것을 알고 있다. 나는 가족 이야기가 공동체 이야기 안에서 어떻게 구성되는지, 공동체에서 사는 사람들에 의해 말해진 이야기들이 공동체에서 사는 사람들을 어떻게 형성하는지 궁금했다. 공동체에 대해 내가 거의 의심하지 않은 가정은 '공동체는 선하다, 사람들은 서로에게 책임감을 가지고 있다, 공동체는 물리적 장소에 의해 형성된다'와 같은 것이었다. 나는 작은 시골 공동체의 구성원이었기 때문에 그곳에 소속되어 있었다. 내가 공동체라는 현상에 대해 생각하게 만든 것은 아무것도 없었다. 내 어린 시절을 회상해 보면, 공동체가 좋은 것이라는 감각을 방해하는 것은 아무것도 없었다.

장소, 사람, 공동체 간의 상호 연결

1940년대 후반과 1950년대 앨버타주 시골의 작은 농장에서 자란 경험에 대한 진의 이야기를 보면, 진이 공동체를 물리적 영역으로서의 단순한 장소 개념과 동의어로 이해했음이 분명하다. 공동체는 공유 또는 공통의 장소였다. 공동체는 특정 지역에 거주하는, 공통의 관심사를 가진 사람들의 그룹이었다. 공동체에서(그리고 가족 안에서) 어떻게 살아야 하는지를 형성한 몇몇 가족 이야기를 통해, 진은 가족과 공동체에 대한 책임을 이해할 수 있었다. 다른 고려 사항이 거의 없는 상황에서, 공동체는 좋은 것으로 여겨졌다. 진은 자신의 부모님이 공동체의 강력한 구성원이라는 것을 이해했고, 이는 진에게 강력한 공동체 구성원으로서의 부모님 이야기와 부모님에 대한 공동체 이야기에 부응할 필요가 있다는 느낌을 갖게 했다. 의심할 여지 없던 진의 공동체 개념을 고려하는 데 도움이 되는 것은 프리드먼(Friedman, 1989)을 바탕으로 한 린데만 넬슨(Hilde Lindemann Nelson)의 아이디어다. '발견된 공동체'는 진이 시골 농촌 공동체에 살면서 자기 자신을 발견한 것처럼, 한 개인이 자기 자신을 발견하는 공동체다. 린데만 넬슨(Lindemann Nelson, 1995)은 선택된 공동체와 발견된 공동체는 다르다고 말한다. 린데만 넬슨은 선택된 공동체는 다음과 같아야 한다고 주장한다.

> 구성원들이 함께 모여 공동체의 이야기를 분별하고, 구성하고, 수정하고, 축하할 수 있는 도덕적 공간이 필요하다. 이 공간에서 진행되는 작업은 공동체가 스스로를 도덕적으로 정의할 수 있도록 하는 비권위적이고 비자의적인 수단을 제공한다. 집단적이고 민주적으로 스스로를 정의하는 이야기는 공동체에 어떤 일관성과 통합성을 제공하는데, 특히 '내가 이야기 하나 할게'와 같은 특정 종류의 이야기가 말해질 때 공동체 구성원들이 공동체 내에서 지배하려거나 차이를 두려워하려는 유혹에 저항할 수 있게 해준다.
>
> Lindemann Nelson, 1995:24

진의 이야기에는 그가 선택된 공동체의 가능성을 인식했다는 느낌이 없지만, 발견된 공동체의 일부인 책임의 필요성을 깨달음으로써 도덕적 방향을 담은 공동체 이야기를 인식하고 있다는 느낌이 있었다.

내가 공동체에 대해 생각하기 시작한 것은 시골집을 떠나 도시에 있는 대학에서 교사교육 과정을 공부하면서부터였다. 공동체에 대한 보다 분명한 고려에 관심을 두게 해 준 첫 번째 저자는 듀이였다. 내가 듀이의 저서 『경험과 교육』을 처음 읽은 것은 가르치는 법을 배우는 맥락에서였다. 가르치는 법을 배우는 사람으로서, 나는 듀이가 교실에서 학생들과 함께, 그리고 학생들 사이에서 공동체를 형성하기 위한 민주적인 수단에 대해 생각하는 데 어떻게 도움을 주었는지에 관심이 있었다. 나는 "전체 집단의 움직이는 정신"이 어떻게 질서를 확립하는지 … "통제는 사회적이지만, 개인은 공동체 외부에 있는 것이 아니라 공동체의 일부"(Dewey, 1938:54)라는 그의 생각에 흥미를 느꼈다. 듀이는 "사회적 통제는 모든 개인이 공헌할 기회를 갖고 모두가 책임을 지는 사회적 활동에 그 원천이 있다. … 진정한 공동체적 삶은 이러한 타고난 사교성을 토대로 한다"(Dewey, 1938:56)는 생각으로 내가 암묵적으로 이해했던 것 중 일부를 확인시켜 주었다. 이러한 아이디어는 나에게 리더이자 동시에 아이들과 함께 배우는 교사로서 어떤 사람이 될지 생각하는 방법을 제시해 주었기 때문에 편안하게 느껴졌다. 듀이가 쓴 글은 개인이 "공동체 외부에 있는 것이 아니라 공동체의 일부"라는 나의 생각에 반향을 불러일으켰다. 듀이를 처음 읽으며 나는 공동체를 조금 더 이해할 수 있었지만, 당시에는 다양한 공동체들의 본질이나 개인이 어떻게 공동체 일부가 되는지, 소속감이 무엇을 의미하는지에는 의문을 제기하지 않았다. 공동체는 여전히 좋은 것이었다. 공동체에 대한 이러한 의심의 여지가 없는 아이디어 대부분은 내가 가르치기 시작하면서 가지고 있던 생각들이다.

돌이켜 보면, 진은 자신이 가르치는 것을 상상했던 교실의 발견된 공동체 내에서 민주적 공간을 형성할 가능성을 느끼고, 약간의 노력을 기울이면 교실 공동체가 선택된 공동체가 될 수 있다는 가능성을 고려하고 있었는지도 모른다. 진은 학생들과 함께 만들어 갈 미래의 공동체를 상상하며, 그 공간이 어떻게 아이들과 진이 "함께 모여 공동체의 이야기를 분별하고, 구성하고, 수정하고, 축하할 수 있는 도덕적 공간"(Lindemann Nelson, 1995:24)이 될 수 있을지 궁금했던 것 같다. 그러나 진이 뒤늦게 깨달은 것처럼, 그는 다양한 공동체들의 본질에 대한 질문을 시작하는 데 그리 멀리 있지 않았다. 진이 가르치는 법을 배울 당시 그린(Greene, 1995)의 연구를 이해한 것은 아니었지만, 듀이를 읽으면서 그린이 "젊은이들이 접근할 수 있는 민주적 공동체를 상상하는 것은 존 듀이가 말한, 의미들과 공통의 관심사들과 노력들로 공유되는 '공동 경험(conjoint experience)'의 비전을 소환하는 것"(Greene, 1995:33)이라고 쓴 것에 대해 어느 정도 감을 얻었을 것이다.

생동력 있는 공동체: 발견된 공동체와 선택된 공동체를 통해 생각하기

학교에서 어린이들, 가족들, 다른 교사들, 관리자들과 함께 생활하기 시작하면서, 공동체에 대한 퍼즐이 드러나기 시작했다. 나는 동료 및 가족들과 함께 일하며 다음과 같은 다양한 방법을 생각해 냈다. 그것은 즉, 휠체어를 탄 어린이가 동네 학교에 다닐 수 있는 공간을 만드는 방법, 아이들을 교정 교육(remedial instruction)을 위해 끌어내지 않고 자기 교실에서 적절한 도움을 받을 수 있는 더 포용적인 교실을 만들기 위해 교무실에서 벗어나 점심시간에 교사 그룹으로 만나는 방법, 유아 교실을 만들기 위해 가족들과 협력하는 방법, 학생들이 또래 모임에서 활동할

> 수 있도록 다연령 어린이 그룹을 만드는 방법 등이다. 소속감과 포용, 억압과 배제, 공동체가 개인의 정체성을 어떻게 형성했는지, 개인이 공동체를 어떻게 형성했는지, 어떤 목표 또는 목적으로 그들이 공동체를 형성했는지에 대한 질문이 나에게 떠오르기 시작했다.

다시 한번, 진은 자신이 근무하던 학교의 발견된 공동체에서 선택된 공동체 형성을 시도했다는 것을 뒤늦게 깨닫기 시작했다. 점심시간에 한 교사의 교실에서 동료들과 함께 모이면서, 진과 동료들은 일종의 선택된 공동체, 즉 학교를 더 포용적인 공간으로 만드는 학교의 변화를 위해 노력할 수 있는 공동체를 형성하고 있었다. 이 점심시간 회의는 다음과 같은 이야기를 살아갈 계획을 세울 수 있는 공간이 되었다.

> 대항 이야기(counterstories), 즉 선택된 공동체들이 그것들이 내재된 '발견된' 공동체의 패러다임 이야기에 도전하고 이야기를 수정하도록 허용하는 저항과 불복종의 내러티브, 지배적인 이야기를 재구성하는 대항 이야기의 능력은 '발견된' 공동체에 의해 배제되거나 억압받던 사람들이 그곳에서 제공하는 재화(goods)에 더 완전하게 접근할 수 있게 해 준다.
>
> Lindemann Nelson, 1995:24

진은 이러한 점심시간 회의를 암묵적으로 전복적인 것으로 회상하고 나중에는 이를 전문적 지식 전경(professional knowledge landscape) 내에서 비밀 이야기[55]를 나누는 장소라고 썼지만(Clandinin & Connelly, 1995), 돌이켜 보면 린데만 넬슨이 대항 이야기를 개발하기 위해 선택된 공동체라고 묘사한 것에서 점심시간 회의의 의미를 찾을 수 있다. 진과 동료들에게 점심시간 회의는 어린이, 가족들과 함께 보다 포용적인 방식으로 살아갈 수 있도록 변화를 가져오는 방법이었다. 이것을 대항 이야기를 개발하는 선택된 공동체로 생각하는 것은 경험을 내러티브적으로 사고하는 방법이 되었다.

> 나의 퍼즐은 종종 내가 일했던 학교가 가족과 그들의 공동체를 어떻게 형성하는지에 대한 질문과 교실과 학교, 학교 밖 장소들에서의 포용과 배제에 대한 궁금함에 의해

55) 비밀 이야기(secret stories)는 교사가 일반적으로 감시에서 자유로운 안전한 장소인 자기 교실에서 자유롭게 들려주는 실천 이야기다. 이때 교사는 자신만의 교육 이야기 속 등장인물이며, 그 이야기의 저자가 된다. 이러한 비밀스럽고 생생한 이야기는 대부분 교실뿐 아니라 또 다른 비밀스러운 장소에서 다른 교사들에게 이야기된다. 교사는 안전하고 비밀이 보장된 교실에서 이야기를 나누고, 성찰하고, 다양한 방식으로 듣고, 다시 이야기하고, 새로운 방식으로 다시 살아낼 수 있는 대화에 참여할 다른 사람이 필요하기 때문이다(Clandinin & Connelly, 1995).

형성되었다. 약간 모호하고 혼란스러워서 명확하게 구성된 질문이 없었다. 내가 고군분투했던 것 중 일부는 어린이들과 가족들을 "공동체를 이루기 어렵게 만드는, 운이 좋은 사람들을 도움이 절실하게 필요한 사람들로부터 소외시키는 분리와 사생활의 영역에 남겨"(Greene, 1995:34) 두어서는 안 된다는 그린의 생각에서 포착된다. 모든 어린이와 가족들이 소속된, 보다 포용적인 공동체 안에서만 어린이와 가족이 그저 범주로 분류되는 학교의 지배적인 이야기를 바꿀 수 있을 것 같았다. 학교에서 일하며 파트타임 학생으로서 석사 학위 논문을 쓰면서, 나는 사회와 개인의 상호 작용에 관심을 갖게 되었다. 석사 학위 프로그램은 주로 사회적 환경 내에서 일대일 상담, 검사, 분류, 등급 매기기 등을 통해 개인을 "고치는" 방법에 초점을 맞추는 것 같았다. 적어도 내가 보기에는 공동체와 개인과 공동체 사이의 긴장을 고려할 여지가 없어 보였다. 나는 공동체를 형성하고 사회 정책과 관행에서 제정된 문화적, 사회적 내러티브를 어떻게 바꾸거나 변화시킬 수 있을지 치열하게 물었다. 돌이켜 보면 이러한 긴장은 개인과 사회 사이의 공간에서 형성되고 살아가는 것으로 볼 수 있다.

학교에서 다양한 어린이들, 가족들과 함께 읽고, 생각하고, 생활하면서, 진은 공동체 개념에 대해 의문을 갖기 시작했다. 석사 과정에서 진은 칼 로저스(Carl Rogers)의 연구에 가장 큰 매력을 느꼈다고 회상한다. 로저스의 저서를 검색하던 중, 진은 로저스와 마르틴 부버(Buber, 1960)의 대화 내용이 포함된 글을 읽었다. 철학자인 부버는 진에게 개인적인 것과 사회적인 것, 개인과 공동체에 대해 생각할 수 있는 아이디어를 제공했다. 그것은 더 많은 통찰을 가지고 공동체의 본질에 대해 생각하는 방법이 되었다. 그 글은 진이 학교에서 하는 일에 대해 생각할 수 있는 새로운 길을 열어 주었다.

동일성의 공동체, 타자성의 공동체

> 나는 학교 일을 그만두고 박사 과정을 시작하면서 부버(Buber, 1971)의 연구물을 더 많이 찾아보았다. 프리드먼(Friedman, 1993)의 저서도 읽었는데, 그 책에서 그는 내가 동일성의 공동체와 차이의 공동체에 대한 아이디어로 보았던 것의 개요를 서술했다. 프리드먼이 공동체를 보다 복잡한 개념으로 설명하면서, 그의 아이디어는 공동체에 대한 혼란스럽고 불확실한 나의 생각과 충돌했다. 부버가 타자성의 공동체 내에서의 "좁은 능선"(Friedman, 1993에서 재인용)이라고 은유한 것을 바탕으로 마이클 코넬리와 나는 다음과 같이 썼다.

> "부버의 관심사는 서로 다른 관점을 가진 사람들이 번성하는 공동체를 개념화하는 것이었다. 그는 타자성의 공동체를 '지식의 확실성은 없고' 오직 '만남의 확실성'만 있는, 두 개의 깊은 틈 사이에 있는 긴장의 장소인 좁은 능선에 위치한 것으로 상상했다. 능선에는 자아를 유보하지 않고도 응답할 가능성이 있다. 능선은 공동체라는 살아 있는 통합체 속에서 '타자성을 극복'할 가능성을 허용한다."
>
> Connelly & Clandinin, 1998:247

부버와 프리드먼은 친밀감 또는 동질감의 공동체, 타자성을 긍정하는 진정한 공동체를 구분했다. 내러티브 탐구를 발전시켜 나가던 초기 단계에서도 진은 개인과 사회의 상호 작용, 제도적 및 문화적 내러티브를 포함하는 사회적 내러티브가 개인과 가족의 삶을 형성하는 방식, 개인과 가족의 내러티브가 사회적 내러티브를 형성하는 방식에 주의를 기울이는 것의 중요성을 인식하고 있었다. 부버와 프리드먼의 아이디어는 공동체를 개념화하는 데 큰 영향을 미쳤으며, 공동체 현상을 내러티브적으로 사고할 수 있는 진입점을 제공했다. 그들의 연구가 공동체 개념의 발전을 가능하게 하는 단초를 제공함에 따라, 진은 동일성 또는 친밀감의 공동체와 진정한 공동체, 즉 타자성을 시간적으로, 장소에, 그리고 사회적인 것과 개인적인 것에 근거를 두는 것으로 확신하는 공동체에 대해 생각하기 시작했다. 서로 다른 공동체에 속한 사람들은 공동체 내에서 살아가는 이야기에 의해 형성되었으며, 마찬가지로 서로 다른 공동체는 서로 다른 방식으로 그 공동체에 참여한 사람들을 형성했다. 또한 각기 다른 사람들은 각기 다른 방식으로 그들의 이야기된 공동체를 형성할 수 있다. 공동체는 항상 맥락 안에 있고, 그 안에 사는 사람들에 의해 형성되었다. 그러나 프리드먼이 지적한 것처럼 사람들은 "그들이 스스로를 발견하는 공동체의 도덕적 주장을 구속력 있는 것으로 받아들이기보다는 자발적인 연합에 기초해 근본적으로 다른 공동체를 형성"(Friedman, 1989:285)할 수 있다.

부버의 연구는 우리에게 보다 복잡한 공동체 개념을 열어 주었고, 개인과 사회에 대한 관심을 통해 장소와 공동체의 의미에서 핵심 긴장과 개인과 공동체 사이의 긴장을 파악하는 데 도움을 주었다. 반면 우리는 부버, 그린, 프리드먼, 린데만 넬슨, 모리스 프리드먼(Maurice Friedman), 해나 아렌트(Hannah Arendt) 같은 주요 저자들과 함께 공동체에 대해 내러티브적으로 사고하기 시작했다. 이러한 저자들이 우리에게 제공한 아이디어는 공동체에 대한 내러티브 개념을 발전시키는 데 큰 영향을 주었다.

공동체, 내러티브적으로 사고하기에 필수적인 것

내러티브 탐구의 한 가지 핵심 아이디어는 경험이 시간적으로, 사회적으로, 장소 내에 위치할 때만 우리가 그것을 이해할 수 있다는 것이다. 우리는 내러티브 탐구에서 장소와 공동체를 통합적으로 연결된 것으로 이해한다. 그러나 공동체는 지리적 영역과 동의어라는 단순한 논리로 이해되지 않는다. 내러티브 탐구자들은 프리드먼(Friedman, 1993)의 '타자성의 공동체'와 '친밀감 또는 동질감의 공동체'의 핵심 개념을 바탕으로, 안전과 안정감을 위해 형성된 친밀감의 공동체, 즉 억압과 갈등을 두려워하는 공동체 구성원들이 함께 모이기 때문에 안전하다고 느끼는 공동체 내에 거짓 공동체가 존재한다는 것을 인정한다. 프리드먼(Friedman, 1993)은 내러티브 탐구자들이 타자성의 공동체 개념을 활용할 수 있는 방법을 제시한다. 여기서 타자성의 공동체란 다양성을 인정하고 공통의 관심사와 공통의 상황을 공유하기 때문에 함께하는 공동체로, 이는 내러티브 탐구자들이 공동체에 대한 내러티브 이해의 복잡성을 더 잘 설명하는 데 도움을 준다. 타자성의 공동체들은 공통 공간이지만, 각각의 공동체는 서로 다른 방식들로 접근하고 대응한다. 내러티브 탐구자들은 공동체에 대한 더 복잡한 이해를 가지고 작업하면서 공동체 내의 다양성, 권력, 억압을 인식하는 것이 중요하다는 것을 깨닫고, 그렇게 함으로써 공동체에 대한 낭만적인 개념에 저항한다.

진은 어린 시절의 경험을 회상하면서, 자신이 살았던 시골 공동체가 구성원들에게 안전과 안보를 제공했을 수도 있는, 친밀감 혹은 동질감으로 이루어진 거짓 공동체가 아닌지 궁금해한다. 또한 그는 더 큰 공동체에 타자성의 공동체가 있었는지도 궁금해한다. 진의 어머니가 속해 있던 소규모 여성 공동체는 친밀감의 공동체였을까, 아니면 다양성을 환영하기 위해 노력했거나 혹은 공동체 내 여성들의 억압에 대항하기 위해 노력한 타자성의 공동체였을까?

가능한 공동체와 다양한 공동체

내러티브 탐구에서 공동체는 현재에 존재하는 것으로 이해되지만, 그것은 항상 과거에서 발생해 미래로 나아가는 감각을 가진 어떤 것이다. 미래로 나아간다는 감각은 그 안에 "가능한 공동체"에 대한 감각, "무엇이 가능한지를 상상해 보는"(Greene, 1995:33~34) 감각을 포함한다. 고정되고 변하지 않는 것이 아니라 움직이는 공동체에 대한 이러한 감각은 프리드먼에 의해 포착되었다.

> 선택의 공동체(communities of choice)는 주체의 구성보다는 재구성을 촉진한다. 에이드리언 리치(Adrienne Rich)가 대학 시절 유대인 공동체를 찾았던 것처럼, 사람들이 자기 정체성의 다양한 구성 요소들을 재배치하는 맥락으로서 공동체를 찾을 수 있다. … 현대의 자아는 자신이 선택하지 않은 출신 공동체, 즉 원래의 장소 공동체보다 자기 정체성과 자기 이해를 더 적절하게 자극하고 발전시키는 규범과 관계가 있는 새로운 공동체를 찾을 수 있다.
>
> Friedman, 1989:289

프리드먼은 선택된 공동체 내의 각 개인이 변화하거나 자신을 다시 이야기하지만 공동체 자체도 만들어지고 있으며, 누가 그리고 무엇이 특정한 선택의 공동체를 형성하는지에 따라 항상 스스로를 재구성한다는 것을 이해하는 데 도움을 준다.

때로는 경험을 하나의 공동체 내에만 위치하는 것으로 보거나 그렇게 분류하는 것이 더 쉽지만, 내러티브 탐구에서는 언제나 각 개인의 경험 내에서 항상 작동하는 다양한 공동체들에 주목한다. 우리는 다음과 같은 프리드먼의 주장을 참고한다.

대부분의 삶에는 관계와 공동체가 혼합되어 있으며, 일부는 주어진/찾아낸/발견된 것이며, 일부는 선택된/창조된 것이다. 대부분의 사람은 아마도 어느 정도는 가족, 이웃, 학교 또는 교회의 일부 또는 전부에 의해 정의되는 공동체, 즉 자신이 속한 장소의 공동체에 의해 불가역적으로 구성된다. 부양 자녀, 노인, 그리고 생명과 복지가 큰 위험에 처한 모든 개인은 구성원이 떠나는 것을 임의로 선택하지 않거나 선택할 수 없는 공동체의 지원을 필요로 한다는 점을 주목할 만하다. 선택에 의해 설립되거나 유지되지 않는 공동체와 관계에 대한 최근의 철학적 연구는 사회적 삶의 구성에서 이러한 사회적 네트워크가 얼마나 중요한지 드러냈다. 그러나 이러한 통찰은 선택된 공동체에 대한 추가적인 요구를 가려서는 안 된다. 비자발적 공동체에서의 억압적이고 학대적인 관계 구조에 대응하기 위해 대안적 사회 관계의 모델을 제공하고 자아와 공동체에 대한 비판적 성찰의 관점을 제공하는 선택된 공동체 말이다.

Friedman, 1989:290

진과 동료들은 신체적 장애가 있는 아동과 학습 능력이 다른 아동을 포용하지 않는 학교의 지배적인 이야기에 대한 저항의 내러티브, 일종의 대항 이야기가 된 것을 위해 함께 모였을 때, 그들의 의도는 경쟁하는 이야기[56]가 뿌리를 내릴 수 있도록 특정 학교의 지배적인 이야기를 충분히 바꾸는 것이었다. 그들은 여전히 학교라는 발견된 공동체의 일원이었지만, "그들이 스스로를 발견하는 공동체의 도덕적 주장을 구속력 있는 것으로 받아들이지 않는"(Friedman, 1989:285) 선택된 공동체의 일원이기도 했다. 그들은 적어도 두 개의 공동체 안에 자신을 위치시켜 학교 내 사회적 관계에 대한 다른 이야기를 제공함으로써 억압적인 구조에 대항할 수 있었다.

공동체와 소속에 대한 갈망과 저항

소속에 대한 갈망뿐 아니라 저항에 의해서도 공동체가 형성될 수 있다는 생각에서, 내러티브 탐구자들은 린데만 넬슨(Lindemann Nelson, 1995)과 프리드먼(Friedman, 1989)의 발견된 공동체와 선택된 공동체에 대한 아이디어를 끌어온다. 우리는 선택의 공동체 내의 도덕적 공간이 "자기 정의(self-defining)의 이야기를 하는 장소로 사용될 수 있다. 그

56) 경쟁하는 이야기(competing stories)는 역동적이거나 긍정적인 긴장을 일으키며 학교에 관한 지배적인 이야기와 더불어 살아가는 이야기를 의미한다(Clandinin, 2013/2015:94).

러나 사람들이 자기 정의적인 이야기를 할 수 있다면, 그들이 속한 공동체도 마찬가지다"(Lindemann Nelson, 1995:28)라는, 프리드먼을 인용한 린데만 넬슨의 아이디어를 따른다. 선택된 공동체 내에서 지배적인 집단의 특성은 표준으로 채택되지 않는다. 선택된 공동체의 특성은 지배 집단에서 벗어난 것으로 간주되지 않는다. 린데만 넬슨의 말을 다시 빌리자면, 선택의 공동체는 다음과 같다.

> 내러티브가 전달될 수 있는 도덕적 공간을 만들고, 각 개인을 인식하고 개인에게 주의를 기울이는 방식으로 차이를 다룰 수 있는 자원을 가진 공동체. … 강력한 도덕적 자기 정의의 행위인 겸손의 이야기를 통해 차이를 동질화하는 경향에 저항할 수 있는 자원을 제공한다.
>
> Lindemann Nelson, 1995:30~31

더 나아가 린데만 넬슨은 다음과 같이 주장한다.

> 선택의 공동체가 '발견된' 공동체의 왜곡되고 편향된 이야기를 재구성하는 이야기를 할 때, 회고적 내러티브는 선택의 공동체가 특히 잘하는 과업, 즉 저항과 불복종이라는 도덕적 과업에 놓인다.
>
> Lindemann Nelson, 1995:33

따라서 린데만 넬슨은 선택된 공동체의 작업을 개념화할 수 있는 내러티브 탐구 방법을 제공한다.

> 선택의 공동체는 그것이 내재된 '발견된' 공동체에 도전하는 데 아주 적합하다. 그러나 도전의 본질이 무엇인지 알아차리는 것이 중요하다. 그러한 '발견된' 공동체에는 우리의 억압뿐만 아니라 삶의 풍요로움과 다양성의 상당 부분이 주어진다는 도덕적 선도 존재한다. 문제는 '발견된' 공동체의 재화가 지배적인 구성원에게 우선적으로 제공되었다는 것이다. 따라서 공동체의 소외된 구성원이 스스로 이러한 재화를 요구하기 위해서는, 이를테면 이야기의 옆길로 들어가 지배적인 해석자들의 편견과 왜곡을 바로잡아야 한다.
>
> Lindemann Nelson, 1995:35~36

진은 학교에서의 일, 특히 선택된 공동체의 구성원들과 함께한 일을 되돌아보면서, 교사들이 정상 범주에 속하지 않는 어린이들을 위해 그 범주 바깥의 이들에게는 제공되지 않는 '발견된' 공동체의 재화를 요구하고 있다는 느낌을 받았다. 예를 들어, 선택된 공동체의 교사들은 휠체어를 탄 한 어린이가 동네 학교로 등교할 수 있도록 노력했다. 그들은 **어린이와 가족이 "분리와 사적 영역에 남겨지는"**(Greene, 1995:34) 것을 허용하지 않는 학교 이야기를 만들기 위해 함께 노력하면서, **자신들이 학교의 지배적인 이야기에 속한 사람을 변화시킴으로써 학교를 재형성한다고 보았다.** 그들은 휠체어를 탄 한 어린이, 그 가족과 함께 "지배적인 해석자들의 편견과 왜곡을 바로잡는"(Lindemann Nelson, 1995:35~36) 방식으로 그 어린이가 학교 이야기의 옆길로 들어갈 수 있도록 했다. 그들은 "지배적인 이야기에 저항하고 그러한 이야기를 약화하려는 특정 목적을 위해"(Lindemann Nelson, 1995:34) 사람들의 삶에서 살고 말해진 대항 이야기가 학교에 뿌리내릴 가능성을 열어 주었다. 그들의 의도는 특정 어린이와 신체적 차이를 가지고 살아가는 다른 어린이들도 결국 학교라는 발견된 공동체에 들어가 "그곳에서 누릴 수 있는 것들을 자유롭게 누리게"(Lindemann Nelson, 1995:38) 되는 것이었다. 선택된 공동체가 학교에 대한 그들의 이야기에 속한 사람들의 이야기를 말하고 살아내기 시작하면서, 그들은 학교 내 발견된 공동체의 "왜곡되고 편향된 이야기"(Lindemann Nelson, 1995:33)를 재구성했다. 물론 그것은 지배적인 이야기에 저항하는 방식으로 학교에 대한 이야기를 재구성하는 방법, 그리고 대항 이야기가 지배적인 이야기에 엮일 수 있도록 하는 방법의 일부였다.

집, 공동체, 상상된 장소들

공동체는 사람들의 정체성을 규정하고 이러한 규정된 정체성에 영향을 미치기 때문에, 내러티브 탐구자로서 우리는 공동체가 우리를 어떻게 형성하는지에 항상 주의를 기울인다. 이러한 정체성을 부여하고 할당하는 데서, 가능성은 실현될 수도 있고 그렇지 않을 수도 있다.

내러티브 탐구자들은 린데만 넬슨처럼 "우리 공동체는 우리를 안내하는 것 이상의 역할을 하며, 우리를 구성한다"(Lindemann Nelson, 1995:28)는 것을 이해한다. 린데만 넬슨은 마이클 샌델(Michael Sandel)을 인용해 공동체에 대한 충성심에 따라 사는 것은 다음과 같다고 말한다.

> "우리 자신을 가족이나 공동체, 국가나 민족의 구성원으로, 이 역사의 전달자로, 혁명의 아들과 딸로, 이 공화국의 시민으로, 특정한 사람으로 이해하는 것과 분리할 수 없다"(Sandel 1982:179). 이러한 공동체 안에서 우리는 우리 자신보다 더 큰 무언가에 속해 있다. '발견된' 공동체는 우리를 특정한 전통 안에 위치시키고, 우리에게 언어, 문화, 유산, 고향을 제공한다.
>
> Lindemann Nelson, 1995:28

그러나 우리는 내러티브 탐구자들이 공동체 내러티브(community narratives)를 다음과 같이 보도록 도와주는 린데만 넬슨을 따른다. 그는 공동체 내러티브가 "근본적으로 단일한 전통의 영향을 받지 않으며 … 공동체의 전통은 주로 영향력과 권위적 위치에 있는 사람들에 의해 해석되고 전승되며 … 그것의 지배적인 패턴에 맞지 않는 세부 사항들을 무시한다"(Lindemann Nelson, 1995:28)고 본다. 내러티브 탐구에서 우리는 공동체, 특히 발견된 공동체 또는 친밀감의 공동체가 "전통의 중심에 서지 못하는 여성과 남성의 이야기에 무관심할"(Lindemann Nelson, 1995:28) 수 있음을 안다.

진이 교사교육 수업에서 듀이를 공부하며 자신이 어떤 교사가 될지를 상상한 이야기에서, 그리고 이후 실제 교사로 살아낸 이야기에서, 진은 일부 어린이와 가족을 학교의 지배적인 이야기 속 공동체 밖의 타자성의 공동체로 분리한, 억압과 분리의 이야기를 깨달았다. 진이 쓴 것처럼, 진은 공동체를 형성하고 사회 정책과 실천에서 제정된 문화적, 사회적 내러티브를 바꾸거나 변화시키고자 고군분투했다. 그는 어린이와 가족을 발견된 공동체 밖으로 내모는 정책을 만든, 권위 있는 위치에 있는 사람들과 맞서 싸웠다. 그렇게 함으로써 "전통의 중심에 서지 못하는"(Lindemann Nelson, 1995:28) 어린이와 가족의 이야기에 귀를 기울일 수 있었다.

요약

공동체는 장소, 정체성, 집에 대한 개념을 가지고 있지만, 이러한 개념에 반발하기도 하고 때로는 이러한 개념을 전적으로 거부하기도 한다. 매키나와 프랫은 글로리아 안잘두아(Gloria Anzaldúa)(1987)의 연구를 인용해 "공동체의 중요성과 복잡성을 보여 주지만 장소의 중요성을 훼손하지는 않는"(McKenna & Pratt, 2015:375~376) 경계지대(borderland)에 대한 이해를 제공한다. 매키나와 프랫은 미국 철학의 저항 전통을 바탕으로 "정체성과 공동체에 대한 질문"을 제기한다. 그들에게 경계와 경계지대는 "개인과 공동체의 구성원으로서 우리가 누구인지를 구성하는 끊임없이 변화하는 장소"이며, "그들에게 이러한 경계와 경계지대는 차이와 동일성, 그리고 미래의 가능성을 이해하는 수단이다"(McKenna & Pratt, 2015:375~376).

방법론 노트

종종 이전의 장소들, 즉 도망쳤던 장소-고향으로 기억되고 인식되는 장소, 임시 피난처를 제공한 장소(비록 난민 캠프에서의 시간은 몇 달, 몇 년으로 측정할 수 있지만), 그리고 시간이 지나면서 그들을 받아들인 나라가 되는 그 장소에 의해 형성된 삶을 살아가는 난민들과 함께하면서, 우리는 경험의 기억(memories of experiences)을 떠올렸다. 가족 이야기를 형성하는 곳으로서 장소를 이해하는 것은 특히 장소의 세대 간 반향과 관련이 있다. 이러한 현상은 연구 참여자들과 함께한 현장에서 자주 가시적으로 드러났다. 학교와 공동체에서 진행한 초기 연구를 통해 우리는 장소와 공동체 내에서의 다양한 의미들에 더욱 깨어 있게 되었다.

연구팀 구성원들은 열한 가족과 일련의 면대면 대화를 나누었다. 각 연구팀원은 시간이 지남에 따라 가족들과 여러 차례 만났다. 또한 모두가 함께 모일 수 있는 파티와 야외 바비큐 파티를 준비했다. 우리는 연구 참여 가족들이 이러한 모임을 소중히 여긴다는 것을 알게 되었다.

연구자로서 우리는 시간과 사회적 맥락을 고려해 장소와 공동체에 주의를 기울였다. 우리는 가능한 한 현장에서 기록한 대화, 그리고 테이프에 녹음된 대화뿐 아니라 사건에 대한 현장 노트를 작성했다. 현장 노트와 대화 전사본을 포함한 현장 텍스트를 분석하면서 각 참여자에 대한 내러티브 기술을 구성했다(Clandinin, 2013). 3부 방법론 노트에서는 장소 및 공동체와 관련된 내러티브 기술의 일부를 소개한다. 여기에서는 내러티브 기술에 대한 약간의 느낌만을 제공할 뿐이다. 장소와 공동체에 대한 연구 참여자들의 경험의 복잡성을 이해하기 위해서는 각 참여자의 내러티브 기술을 읽어볼 필요가 있다.

우리가 만났던 장소

2년 넘게 시리아 난민 가족들과 함께하며, 우리는 다양한 장소에서 그들을 만났다. 시리아 센터의 열한 가족 중 많은 가족을 금요일 아침 영어 수업에서 처음 만났다. 한 가족을 제외하고는 하난이나 자마르드와 동행했고, 연구 참여 가족들의 집이나 지역 내 여러 장소에서 그들을 개별적으로 만났다. 연구원 중 한 명인 히로코 구보타(Hiroko Kubota)는 한 가족을 처음으로 그들의 집에서 만났을 때를 이렇게 회상한다.

문을 열고 들어서자 파라(Farah)가 두 팔을 벌리고 밝고 환한 미소로 나를 반겨 주었다. 파라의 한 살 된 딸 로즈(Rose)와 네 살인 딸 수피(Soufi)도 호기심 가득한 표정으로 그를 현관까지 따라 나왔다. 하지만 수피는 통역사와 나를 보자마자 재빨리 돌아서서 몸의 절반을 기둥에 숨긴 채 우리를 멀리서 바라보았다. 나는 수피를 금요일 영어 수업을 통해 알고 있었기에 "안녕, 수피!" 하고 말했다. … 파라는 종종 수피와 로즈를 데리고 수업에 왔다. 내 목소리를 들은 수피는 몸을 완전히 숨긴 채 수줍은 미소를 지으며 기둥 뒤에서 나를 재빨리 엿보았다.

우리는 모든 참여자들을 그들의 집에서 몇 번씩 만났다. 시리아 센터에서의 많은 대화는 영어 연습에 초점을 맞추었지만, 집에서 참여자들을 만났을 때 우리는 그들의 일상생활에 대한 감각을 키울 수 있었다. 히로코는 내러티브 기술에 다음과 같이 썼다.

우리의 첫 만남이자 파라의 집을 처음 방문한 날이었다. 그의 집은 조용한 동네에 위치하고 있었다. 나는 거실에서 소파에 앉아 있는 할머니 한 분을 보았다. 파라는 그 할머니가 이 동네에 살고 있으며 매주 자신을 방문하러 온다고 말했다. 파라는 내일도 다른 이웃이 방문할 예정이라고 덧붙였다. 소파에 앉아 있던 할머니는 이 동네 주민들이 파라 가족을 잘 돌보고 있으며, 2016년 파라가 이곳으로 이사 왔을 때 환영 파티와 베이비 샤워를 열어 줬다고 말했다.

참여자들이 집이라고 부르는 장소에서 우리는 그들의 평범한 삶을 보기 시작했고, 그들에게 중요한 사람들을 만났으며, 그들의 삶이 더 큰 공동체에 어떻게 내재되어 있는지, 또는 더 큰 공동체와 어떻게 충돌하는지를 알게 되었다.

그들이 떠난 장소

장소와 기억은 깊이 연결되어 있으며, 장소와 우리의 관계는 종종 우리를 다른 시간과 장소로 되돌려 놓는다. 경험의 기억은 몸에 기록된다. 종종 시리아 난민 가족들과 함께하면서, 우리는 그들의 몸에 기록된 기억이 이전의 장소들에 의해 형성된다는 것을 알았다. 때때로 대화에서 여성들과 다른 가족들은 우리를 자신들이 떠나온 장소로 데려가기도 했다. 가끔은 아주 오래전의 이야기였다. 대학원생 연구자 질리언 비뇨(Gillian Vigneau)는 그가 가밀라(Gamila)와 나딤(Nadim)으로부터 들은, 시리아에서 레바논을 거쳐 캐나다로 온 여정에 대한 이야기를 다음과 같이 썼다.

> 레바논에서 지낸 지 3년째 되던 해에, 가밀라와 나딤은 난민 지위를 가진 자신들이 사랑하는 고향으로 돌아갈 수 없다는 사실을 깨달았다. 레바논은 시리아 반란군으로부터 피난처를 제공했지만, 살기 어려운 곳이라는 것을 알게 되었다. 그들은 창문도 거의 없는, 시멘트로 지어진 낡은 사무실용 콘도에서 살았다. 집이 불타 버렸기 때문에 재산도 없었다. 레바논에서 거의 아무것도 없이 사는 것은 참담한 일이었다. 나딤은 건설 현장에서 일했지만, 항상 보수를 받는 것은 아니었다. 나딤과 가밀라는 레바논 사람들이 자신들을 존중하지 않는다고 느꼈다. 아이들은 종종 두려움을 느꼈던 학교 경험을 이야기했다. 아이들은 레바논 학교를 싫어했고, 매를 맞고 소리를 지르며 훈육받았던 기억을 떠올렸다. 아이들은 학교에서 인종차별을 경험했고 나딤은 직장에서 인종차별을 경험했다. 레바논에서의 경험은 그들이 사랑하는 시리아, 가족, 친구들로부터 멀리 떨어진 또 다른 나라로 피난처를 찾도록 결심하는 데 영향을 미쳤다.

우리는 가족들이 떠난 장소에 대한 이야기를 자주 들을 수 있었다. 때로 참여자들은 힘든 이야기를 말하지 않기로 선택하기도 하고, 때로는 내전 이전에 있었던 좋은 기억을 이야기하기도 했다. 장소에 대한 이야기는 수년의 기간에 걸친 관계에 대한 이야기와 얽혀 있었다. 영(Young, 2005)은 그가 '장소의 세대 간 반향'이라고 불렀던 것의 중요성, 즉 장소가 참여자들의 이야기된 기억으로, 그리고 우리가 상상하기로는 그들의 자녀들에 대한 이야기로 어떻게 뻗어 가는지를 가시화했다. 이러한 장소들에 대한 그들의 경험이 시간적으로 더 멀어질 때도, 장소에 대한 이야기는 가족 이야기를 형성한다.

그들이 우리를 데려간 장소

연구 참여자들의 집에서 그들과 교류하는 것은 기쁨으로 가득했다. 연구자로서 우리는 관대함과 환대를 경험했다. 항상 차와 커피, 간식을 대접받았고, 때로는 가족 저녁 식사에 초대받기도 했다. 가끔 우리와 하난, 자마르드는 그들이 직면한 문제를 해결하도록 도와 달라는 요청을 받기도 했다. 그들은 정부 기관과 학교같이 특권과 권력이 있는 장소에 전화를 거는 데 우리 도움을 요청했다. 때때로 우리는 가족들과 함께 이러한 장소에 갔다. 때로는 그들이 우리를 초대하기도 하고, 우리가 그들에게 함께 가자고 제안하기도 했다. 질리언은 나딤과 가밀라가 학교를 방문할 때 그들과 동행했다.

> 나딤이 벨 스쿨(Bell School, 가명)에 아이들을 재등록하는 방법을 알아내려고 애쓰고 있을 때 나는 그에게 함께 가자고 제안했다. 나딤과 학교 사이에 오해가 생기지 않도록 하려는 의도였다. 먼저 나딤은 벨 스쿨에 전화를 걸어 나와 나딤이 함께 회의에 참석하도록 약속을 잡았다. 그 회의에서 교감은 아이들의 전학을 승인하기 전에 에버그린 스쿨(Evergreen School)의 승인을 받아야 한다고 말했다. 우리가 교무실에 앉아 있을 때 그는 에버그린 스쿨에 전화를 걸어 우리가 먼저 에버그린 스쿨 교직원과 만나야 한다고 말했다. 나딤이 전화를 걸어 에버그린 스쿨 방문 약속을 잡았다. 다음날 내가 에버그린 스쿨 방문에 함께하기 위해 나딤을 만났을 때, 그의 몸은 긴장되어 있었고 벨 스쿨에서보다 불안해했다.

학교에서의 경험은 복잡했다. 이 내러티브 기술 일부분에서 우리는 서로 다른 장소들에 있는 연구 참여자들과 함께하는 것이 그들의 경험에 대한 새로운 이해를 제공한다는 것을 가시화한다. 학교 방문에서 권력의 역동과 제도적 인종차별 경험이 가시화되었다. 교사인 질리언은 학교라는 장소에 익숙했지만, 참여자들과 함께한 이 경험을 통해 자신이 교사로서 어떤 사람인지, 그리고 어떤 사람이 되어 가고 있는지에 대한 이해가 바뀌었다. 이러한 변화는 참여자들과 함께 장소를 방문하면서 형성되었다.

공동체 내에 관계를 위치시키기

7장과 8장에서는 장소와 공동체가 어떻게 얽혀 있는지 살펴보았다. 참여자들의 삶에서 중요한 장소에서 참여자들을 만나고 그들이 한때 속해 있던 장소를 탐구하는 것은, 공동체 내에 관계를 위치시키는 데 도움이 된다. 파라는 종종 히로코를 초기 경험으로 데려갔다.

> 파라의 가족은 같은 동네에서 서로 가까이 살고 있다. 파라의 고향은 약 3500명이 사는 작은 마을이다. 이 마을은 요르단 국경에서 멀지 않은 시리아 남부에 위치해 있다. 파라의 동네에는 그가 매일 신선한 채소와 과일을 사러 걸어가던 작은 식료품점이 몇 군데 있다. … 파라는 … 가족들이 항상 서로를 사랑하고 아끼는 모습을 보였기 때문에 사람들이 그의 가족을 사랑스러운 가족이라 부르곤 했다고 회상했다. 여름에는 집 옥상 데크에서 대가족이 함께 산들바람을 느끼고 머리 위 달과 별을 바라보며 저녁

식사를 하곤 했다.

파라가 자신의 이야기를 공유할 때, 우리는 그의 공동체가 강한 가족 관계와 그가 말하는 **단순한 삶**에 대한 사랑에 의해 형성되었다는 것을 알 수 있었다. 파라가 과거에 어떤 장소와 어떤 공동체 내에서 어떠한 경험을 했는지를 파악하는 것은 우리에게 중요했는데, 파라와 파라의 가족들이 캐나다에서 겪은 경험에 대한 이해를 형성하는 데 도움이 되었기 때문이다. 우리는 이웃들이 매주 파라와 함께 다른 사람들이 참여하는 축하 행사를 여는 것이 파라에게 얼마나 중요한지 알 수 있었다.

히로코가 마리아(Maria), 그의 딸 엘함(Elham)과 함께한 연구에서 장소와 공동체에 대한 과거와 현재의 경험 사이의 연결도 가시화되었다.

> 나는 엘함을 우리와 함께하도록 초대해 "캐나다에서 사는 것이 행복하니?" 하고 물었다. 그는 조용히 고개를 저었다. "캐나다에 사는 게 싫니?"라고 물었더니, 그는 확신에 찬 표정으로 고개를 저었다. 엘함은 요르단에 사는 사촌 재지드(Jazzid)가 보고 싶다고 말했다. 마리아가 휴대폰에 있는 사진을 보여 줬다. 엘함은 하얀 드레스를 입고 있었고 재지드는 턱시도를 입고 있었다. 수많은 반짝이

는 하트가 사진을 둘러싸고 있었고, 두 사람은 서로에게 기대어 매우 행복해 보였다. 엘함은 재지드를 너무 직접 만나고 싶다며, 그가 캐나다에 오기를 매일 기도한다고 말했다. 엘함의 목소리에서, 나는 친밀한 관계가 중단되고 사랑하는 사촌과 함께 보낸 시간의 기억을 끌어안고 있는 그의 가슴에 깊숙이 자리 잡은 슬픔을 느낄 수 있었다.

엘함은 시리아와 요르단에서 학교를 다닌 적이 없다. 캐나다 유치원이 그의 첫 학교 교육 경험이다. 나는 엘함이 삶에서의 이러한 전이의 한가운데서 그리고 새로운 학교에서 어떻게 새로운 관계를 구축하는지, 그리고 그의 관계 구축에서 이전의 관계 구축 패턴이 어떻게 지속되거나 중단되는지 궁금했다.

우리는 시간과 장소 및 공동체의 연결에 대한 히로코의 궁금증을 공유한다. 미래 지향적인 이야기(forward-looking stories)는 엘함이 살아가고자 하는 새로운 이야기를 구성할 때 중요하다.

캐나다에서 소속감을 느낄 수 있는 공동체에 대한 갈망

미래 지향적인 이야기를 구성하는 것은 캐나다에서 소속감을 느낄 수 있는 공동체에 대한 갈망에 의해 형성되었다.

9월의 따스한 토요일 오후, 에드먼턴 교외에 있는 한 동료의 집 뒷마당에 친구들이 모였다. 포트럭[57] 디저트와 손님들이 가져온 화사한 포장의 선물로 가득 찬 테이블과 함께 장식 리본과 꽃이 있었다. 친구들은 히로코의 아기를 환영하기 위해 모였다. 나는 25~30명의 하객 중에서 우리 연구팀원들을 알아볼 수 있었다. 나는 히로코에게 다가가, 감사하게도 아기를 데려와 편안한 의자를 찾아 앉아 아기를 안고 돌보았다. 선물을 열어 보고 음식을 먹는 동안 새로운 손님이 도착했다. 파라와 그의 어린 딸들이었다. 나는 파라가 자신이 가져온 음식을 식탁에 올려놓는 모습을 보며 '정말 사랑스럽다'고 생각했다. 그는 히로코와 아기에게 인사를 건네고 돈을 주기 시작했다. "오, 안 돼요" 히로코가 말했다. "내가 원하는 건 돈이 아니라 당신이 여기 와 주는 거예요." 하지만 파라는 고집을 부렸다. "아니에요, 제발, 꼭 받아 줘요. 우리나라에서는 아기

57) 각자 음식을 조금씩 가져와 나누어 먹는 일종의 파티

가 태어나면 이렇게 해요."

이 순간은 연구 관계에서 오랜 시간 동안 쌓아 온 히로코와의 우정을 존중하고자 하는 파라의 열망을 보여 주었다. 또한 이는 에드먼턴에서 히로코의 공동체 중 하나에 참여하도록 하는 초대, 즉 히로코의 베이비 샤워 초대를 수락한 파라의 개방성을 보여 준다. 교외 지역에 살지 않았던 파라는 이 파티에 참석하기 위해 먼 거리를 운전해 왔다. 파라는 이 새로운 공동체와 함께하기를 원했지만, 그가 시리아에서 알고 있던 것과 내러티브적으로 일관된 방식으로 소속되기를 원했다. 신생아에게 돈을 선물하며 축복하는 것은 그가 알고 있던 방식이었다. 이 과정에서 그는 우리에게 우정의 정신으로 타자성을 극복하는 참된 공동체에 대한 부버의 감각을 떠올리게 했다.

4부

상상력, 탐구, 경이로움과 놀이성: 리미널리티[58]와 불확실성으로 들어가기

상상력과 경이로움은 우리 삶의 리미널리티와 불확실성을 이해할 수 있는 단초를 제공할 뿐만 아니라 새롭고 무한한 가능성을 창조하는 데 중심 역할을 하기 때문에 오랫동안 우리의 생각을 사로잡아 왔다. 상상력은 경험에 대한 선형적 관점을 중단시

58) 리미널리티(liminality)는 라틴어로 문지방을 뜻하는 리멘(limen)에서 파생한 용어로 아르놀드 방주네프(Arnold van Gennep)가 처음 사용했으며, 이후 빅터 터너(Victor Turner)가 그 개념을 발전시켰다. 방주네프에 따르면 한 개인의 삶은 시작과 끝이 출생에서 죽음의 연속적인 단계로 이루어져 있으며, 각 단계에서는 개인을 한 상황에서 다른 상황으로 보내 주기 위해 의식이 행해지는데, 이를 통과의례라고 한다. 통과의례는 분리, 전이, (재)통합의 과정을 거치는데, 이때 전이 단계란 개인이 기존의 정체성을 버리고 새로운 정체성을 얻기 전 과도기에 해당한다. 터너는 이 과도기를 '이도 저도 아닌 상태'인 '문지방 기간'으로 정의했다. 이 책에서는 방주네프와 터너의 개념 정의를 따르고 그 의미를 충실히 전달하고자 원어를 사용했다(van Gennep, 1981/2022; Turner, 1970/2020).

키고, 경험을 다시 이야기하고 다시 살아갈 가능성을 열어 준다. 이를 통해 결국 우리는 계속해서 삶을 관계적으로 구성하고 재구성할 수 있다. 상상력은 우리로 하여금 과거와 현재의 경험, 그리고 아직 경험하지 못한 경험을 인정할 수 있도록 해 준다. 9장에서는 상상력에 대한 개념을 좀 더 자세히 살펴보고, 10장과 11장에서는 상상력을 촉발하는 과정으로 볼 수 있는 경이로움과 탐구, 상상력에 대한 우리 이해와 연관된 불확실성과 리미널리티를 살펴본다. 12장에서는 놀이성이 상상력과 불확실성에 어떻게 연결되는지 살펴본다.

9장
상상력[59]

개요

상상력은 예술뿐만 아니라 철학적 사고에서도 그 역사가 길다. 이 장에서는 내러티브 탐구와 가장 관련성이 높은 방식으로 상상력에 대한 아이디어를 추적한다. 즉, 상상력을 관계적 맥락에 위치시킨다. 우리가 상상력을 통해 타인과 긴밀한 관계를 유지한다는 것을 알게 될 것이다(Caine & Steeves, 2009). 시어도어 사빈(Sarbin, 1998; 2004)은 우리의 상상이 플롯화된 내러티브[60]이며, 이러한 내러티브에 중요한 것은 우리가 믿는 상상(believed-in imagining)이라는 점을 상기시켜 준다. 아렌트(Arendt, 1958)에게 상상력은 새로운 질문을 던질 수 있게 해 줄 뿐만 아니라 되기의 근거를 만들 수 있게 해 준다.

---

59) 문맥에 따라 상상력, 상상으로 번역했다.

60) 플롯이나 스토리라인의 맥락에 사건이 배치된 내러티브라는 의미다.

1234.62달러는 메인 스트리트 프로그램(Main Street Program)이라는 아웃리치 스쿨(outreach school)에서 청소년 직원으로 일할 때 매달 나의 급여 수표 명세서에 적힌 금액이었다. 나는 때때로 서류 캐비닛을 열어 이 초기의 경험을 되돌아본다. 나는 이 기간에 받은 모든 수표 명세서를 보관하고 있다. 날짜를 표시하는 급하게 쓴 글씨가 적힌 수표는 종이 폴더에 종이 클립으로 함께 고정되어 있다. 시간이 지나면서 색이 바래고 닳아 없어지기 시작했다. 기억을 담고 있는 종이 수표들[61]은 안전하게 보관되어 있다.

메인 스트리트 프로그램은 서스캐처원주 새스커툰(Saskatoon) 브로드웨이 스트리트(Broadway Street) 바로 옆, 작은 벽돌로 된 가게 앞 공간에 위치하고 있었다. 주류 학교 시스템에 어려움을 겪는 청소년(9학년)을 위한 학교 프로그램이었다.

천천히 열리는 문, 로럴(Laurel)이라는 중년 여성과의 만남, 그의 따뜻한 환영 등 첫 면접 인터뷰의 기억이 떠오

61) 색이 바래고 닳은 종이 수표에 대한 기억을 떠올리며 저자는 이를 종이 '메모리 마커(memory markers)'라고 표현했다.

른다. 그는 프로그램 코디네이터였다. 나는 내 소개를 하고 주변을 훑어보았다. 1970년대 녹색 빈티지 소파와 작은 난로, 간이 주방이 있었고, 긍정적인 메시지가 담긴 포스터가 벽을 가득 채우고 있었다. 이 이미지들이 내 기억에 남아 있었다.

그 첫 번째 만남에서 로럴과 나는 한 시간 넘게 편안하게 이야기를 나누었다. 우리는 소파에 앉아 여름 여행에 대해 이야기하고 청소년과 함께 일하는 것을 어떻게 생각하는지 이야기했다. 지금 생각해 보면 우리는 학교를 공식적인 의미로 논의하지 않았다. 그날 내가 떠나기 전에 로럴은 내게 아웃리치 스쿨에서 일할 것을 제안했다. 그것은 내 첫 직장이었다. 이는 다른 방식으로 청소년과 함께 일하는 방법을 배우는 지속적인 성장의 시작이었다. 그때 나는 열아홉 살이었다.

메인 스트리트 프로그램에서의 두 번째 해 중반에 로럴은 일대일 미팅과 평가를 위해 나를 불렀다. 그는 내가 학교로 돌아가 정식으로 교사가 되기를 원한다고 말했다. 로럴은 "머물러서는 안 되고 계속 가야 한다"라고 말했다. 처음에 내 마음은 저항감과 함께 내가 충분히 똑똑하지 않다는 의심으로 가득했다. 가족 중 대학에 진학한 사람은 아무도 없었다.

글을 쓰면서, 나는 로럴을 내 초기 경험의 선생님, 내 안에서 다른 무언가를 보았던 사람, 당시에는 나 자신 안에서 내가 볼 수 없었던 무언가를 보았던 사람으로 인식하게 되었다. 내가 본 것은 무엇이 가능한지에 대한 내 상상력에 의해 제한되었다.

로럴은 내가 자신감도 경험도 없던 세상에서 더 편안하게 지낼 수 있는 방법을 알려 주었다. 지금에야 중요하다고 생각되는, 작은 목적의식이 있는 경험을 통해 그는 나를 가르치고 있었다. 로럴은 그 과정에서 나에게 가능성을 보여 주며 나를 가르치고 있었다. 그는 나를 커피숍에 데려가 지역 연극에 대해 이야기하고 내가 모르는 책과 작가를 소개해 주었다. 대학 등록 서류 양식을 받기 위해 캠퍼스를 걷는 것에도 목적이 있었다. 그는 나를 데리고 대학 도서관을 처음 방문하면서 자신의 대학 경험 이야기를 들려주었다. 로럴은 자기 신용카드로 원서 등록을 해 주었고, 내가 공식적으로 제시간에 서류를 제출하도록 도와주었다. 결국 나는 원주민 교사교육 프로그램에 합격했다.

이것은 많은 면에서 전환하는 이야기(shifting story)였다. 나는 가을 학기에 대학에 입학했다. 마치 전에 그곳에 가 본 적이 있는 것처럼 느껴졌다. 낯섦이 엄습하는 장소들을 인식하면서, 나는 로럴과 함께 그 공간들을 걸었던 적이 있다는 사실도 깨달았다. 나는 도서관에 가 본 적이 있었다. 전에도 이런 식으로 음악을 들어 본 적이 있었다. 대학교 1학년 때 배운 작가들의 책을 읽은 적도 있었다.

1234.62달러

내 첫 번째 선생님 중 한 분을 생각하면서 그 기억을 담고 있는 종이 수표의 가장자리를 느낀다.

'다른 것'에 이르도록 하는 상상력

메인 스트리트 프로그램에서 첫 번째 직책을 맡게 된, 그리고 그로부터 교사교육 프로그램에 입학하게 된 숀의 이야기를 읽으면서, 우리는 숀을 곁에서 지켜보고 함께 일하며 숀이 자신을 '다르게'(Greene, 1995) 상상하도록 도와준 사람이 바로 로럴이라는 것을 알 수 있다. 로럴은 천천히 그리고 조심스럽게 숀이 자신에 대해 가지고 있던 이야기를 그린이 정의한 대로, 즉 상상력을 발휘하는 방식으로 바꾸어 나갔다. 그린에게 상상력은 다음과 같은 것이다.

> 상상력을 통해 우리는 당연하게 여겨지는 것의 장벽을 뚫고 나아가 세상에서 살아가고 존재하기 위한 대안적인 가능성을 떠올릴 수 있다. 상상력은 숨 막힐 정도로 익숙한 것과 진부한 것을 (적어도 잠시나마) 내려놓을 수 있게 해

> 준다. 그것은 예측 가능한 것보다는 가능한 것에 대한 비전을 열어 준다. 만약 우리가 상상력을 자유롭게 발휘한다면, 사물을 '다른 것'이 될 수 있는 것으로 바라볼 수 있게 된다.
>
> Greene, 1994:494~495

그린의 상상력 개념은 내러티브 탐구에서 강력한 힘을 발휘한다. 이미 알려진 것, 예측 가능한 것으로 간주될 수 있는 것보다는, 가능해질 수 있는 것에 주목하는 동시에 우리에게 "살아가기 위한 대안적 가능성"을 일깨워 주는 변화의 가능성을 강조한다. 숀이 메인 스트리트 프로그램에 지원해 처음 갔을 때의 이야기에서, 학교에 대해 당연하게 여겼던 것들과 교사와 학생이 되는 것의 의미에 처음으로 이의를 제기하는 것은 물리적 건물과 내부 장식이다. 숀이 로럴과 함께 앉아 **학교**에 대한 토론이라 인식하지 못했던 많은 이야기를 나누면서, 학교에서 청소년과 함께 일할 때 무엇이 중요한지에 대해 그가 알고 있는 것에도 도전하게 된다. 숀의 예상은 빗나가고 새로운 가능성의 토대를 마련한다.

로럴이 숀과 함께 걸으며 그가 세상에서 어떤 사람이 될 수 있을지 조심스럽게 비계(scaffolds)를 세울 때, 우리는 숀이 자신이 알고 있던 것을 깨뜨릴 능력을 키우기 시작하며 자신을 **가족 중 대학에 진학한 첫 번째 사람**으로, **대학에 갈 만**

큼 똑똑한 사람으로 다르게 상상하기 시작하는 것을 볼 수 있다. 나중에 대학에서 공부하는 낯섦과 씨름하면서, 숀은 로럴이 세심하게 형성해 준 상상력에 의지해 자신을 지탱해 나간다. 숀은 지금 자신의 경험에 대해 글을 쓰면서, "다양한 관점의 경이로움"(Greene, 2001:187)에 주목한다. 이때 경이로움이란 자신이 누구이며, 어떤 사람이 되어 가고 있는지에 대한 다양한 관점의 경이로움이다. 이러한 다양한 관점은 로럴이 그에게 제공한 가능성에 의해 형성되었다. 숀은 자신에게 어떤 일이 일어났는지, 그리고 자신을 다르게 상상할 수 있다면 어떤 일이 가능할지 생각하기 시작했다. 다른 가능성을 상상한다는 개념은 연구 참여자들과 함께 내러티브 탐구를 할 때 매우 중요하다.

숀은 자신에 대한 이야기에서 두 번의 중단을 기술한다. 첫 번째는 그가 학교에서 청소년과 함께 일하는 것이 어떤 의미인지 처음 질문하는 로럴과의 대화이며, 두 번째는 나중에 로럴이 **"머물러서는 안 되고 계속 가야 한다"**라고 말했을 때다. 숀이 대학 교육을 받은 교사가 아니라 청소년과 함께 일하는 사람으로서 자신의 이야기를 들려주려 하자 로럴은 몇 마디 말로 그의 이야기를 날카롭게 가로막는다. 그 중단으로, 로럴은 숀에게 대학에 진학해 교사로서 교육받을 수 있다는 또 다른 가능성을 열어 준다. 숀은 서서히 자신이 누구인지에 대한 이야기를 바꾸기 시작하고 천천히 다른 것을 보기 시작한다. "일차원적 시각을 버리고 여러 유리한 관점에서 바라보는 것이 가능해졌으며, 그럼으로써 이전에는 거의 의심할 여지가 없었던 의미를 구성할 수 있게 되었다"(Greene, 2001:187). 숀에게는 아마도 자신에 대한 이야기가 "일차원적 시각"이었을 것이다. 메인 스트리트 프로그램에서 청소년들과 함께 일하는 자신이 어떤 사람이 될 수 있는지에 대한 이야기 말이다. 그는 청소년들과 함께 일할 수 있는 사람이었지만 처음에는 스스로를 지식을 가진 사람으로도(2장 참조), 대학에서 공부할 수 있는 사람으로도 상상할 수 없었다.

그린이 지적한 것처럼 가능성을 열어 가는 이 과정이 숀에게 놀라움으로 다가오지 않았을지 궁금하다. 내러티브 탐구자에게는 상상력을 계속 발휘해 이야기 안에서 다른 가능성을 위한 공간을 열어 두는 것이 중요하며, 다른 가능성에 열려 있는 우리 능력이 놀라움의 가능성을 열어 준다는 것을 아는 것이 중요하다. 그린(Greene, 1994)은 내러티브 탐구자가 정체성 형성을 놀라운 과정, 진행 중인 과정으로 이해할 때 이러한 이해를 개념화하는 데 도움을 준다.

> 놀라움은 상상했던 가능성을 행동으로 옮기는 방법을 찾으면서 의식적으로 달라지는 것과 함께 온다. 다른 단어와 음악을 듣고, 익숙하지 않은 각도에서 바라보고, 한 곳에서 인식하는 세상이 세상이 아니라는 것을 깨닫는 것과

함께 놀라움이 찾아온다.

Greene, 1994:20

숀이 대학에서 학생으로서 처음 경험한 것에 놀랐던 그의 이야기에서 이것을 본다. 숀은 **마치 전에 그곳에 가 본 적이 있는 것처럼 느끼고, 로렐과 함께 그 공간들을 걸었던 적이 있다는 사실을 깨달았을 때** 놀랐다. 숀은 **도서관에 가 본 적이 있었다. 전에도 이런 식으로 음악을 들어 본 적이 있었다. 대학교 1학년 때 배운 작가들의 책을 읽은 적도 있었다.** 우리는 숀의 놀라움을 들으면서 로렐이 그와 함께 상상했던 다른 가능성을 숀이 이제 행동에 옮겼다는 사실도 알게 된다. 숀은 이전에 자신에게 유일한 장소로 인식했던 세계가, 지금 자신이 살고 있는 세계가 아니라는 것을 깨달았다.

관계에 내재된 상상력

숀은 자신의 이야기에서, 로렐이 그가 살아갈 다양한 이야기를 상상할 수 있었기 때문에 새로운 가능성에 자신을 개방할 수 있었다고 말한다. 그린(Greene, 2001)은 우리 자신을 개방하는 이 감각과 그러한 개방이 어떻게 가능한지 다음과 같이 자세히 설명한다.

> 일차원적이고 얄팍한 관습을 제쳐 두고 우리 자신을 개방할 때, 우리는 차이를 보존하고, 예술 경험을 통해 욕망이나 **코뮤니타스**(communitas)[62]를 키울 수 있다. 우리는 우리 자신을 긍정하고 다른 사람들과 융합하기 위해 노력하면서, 고정된 길과 평범한 삶에서 벗어나 무엇이 될 수 있는지에 대한 점점 더 많은 길을 제시하며 우리 자신의 지평에 닿아야 한다(Greene, 2001:190). … 이 가운데 어느 것도 여러분이 이 일들을 좋아해야 한다거나 그 안에서 틈을 발견해야 함을 의미하지는 않는다. 나는 상상력이 열어 주는 가능성, 즉 여러분의 경험에서 어떤 일이 일어날 가능성, 세상을 보거나 느끼는 새로운 방식 또는 세상에 대처하는 새로운 방식이 열릴 가능성을 여러분에게 제안하는 것이다.
>
> Greene, 2001:188[63]

그린의 아이디어를 가지고 사고하는 것은 내러티브 탐구자들이 상상력을 개인의 노력이 아니라 관계 속에서 일어나

62) 인류학자 빅터 터너가 사용한 용어다. 'community'와 어원이 같지만 'community'는 지역적, 공간적 의미만을 규정한다는 한계가 있는 것으로 인식되기에 터너는 시간적, 공간적 의미를 모두 포괄하는 용어로 코뮤니타스를 사용했다(Turner, 1975/2018).

63) 강조는 원문(Greene, 2001)을 따랐다.

는 것으로 이해하는 방식을 형성했다. 그린은 **코뮤니타스**에 대한 욕망이 중요하다고 지적한다. 케인과 스티브스(Pam Steeves)는 "상상력은 우리 삶 그리고 우리 관계 속에 불가분하게 서로 얽혀 있다"(Caine & Steeves, 2009:1)고 주장한다. 우리는 로렐과 숀과 그들의 관계를 나란히 놓고 함께 생각해 왔지만, 그들이 각각 맺고 있는 관계 또한 더 큰 공동체의 일부라는 점을 이해하는 것도 중요하다. 로렐은 숀에게 생소한 지역 연극, 작가, 책을 그에게 연결해 줌으로써 새로운 세계를 열어 주었다. 이러한 방식으로 그는 다른 사람들이 숀을 알게 될 가능성을 열어 주었다. 그렇게 함으로써 로렐은 타인에 대한, **코뮤니타스**에 대한 돌봄과 관심으로 가득 찬 그린의 '지평 융합의 감각'을 자신의 행동에 반영했다.

내러티브 탐구자들은 "다른 말과 음악을 들을"(Greene, 1994:28) 가능성을 제공하는 상상력을 이해하고, 다양한 각도에서 바라보고, 세계의 다양성과 우리가 속한 공동체, 우리가 주변부로서 살고 있는 공동체와 우리가 배제된 공동체의 다양성을 인식하면서 연구한다(8장 참조). 우리 삶을 형성하는 세계와의 연결과 그 세계 안에서의 연결은 상상력을 자극한다. 이러한 연결은 우리가 우리 자신의 삶과 타인의 삶에 세심하게 관심을 기울이고, '마치 무엇처럼'을 상상하도록 한다.

그리고 내러티브 탐구자로서 우리 연구의 대부분은 사람들이 자기 경험을 이야기하고 다시 이야기하는 것에 귀를 기울이는 것이 특징이지만, 우리는 삶에도 관심이 있다(Clandinin & Connelly, 2000). 우리가 단순한 관찰자가 아니라 우리가 살고 있는 세계를 형성하고, 때로는 익숙하지 않은 관점을 제시하며, 다르게 행동할 가능성을 형성한다는 것을 가장 명확하게 볼 수 있는 것은 바로 삶 속에서다. 사람들과 긴밀히 협력함으로써, 우리 또는 우리가 함께 일하는 사람들은 "세상을 보거나 느끼는 새로운 방식 또는 세상에 대처하는 새로운 방식에 개방될 수 있다"(Greene, 2001:188). 숀은 로럴과 함께 자신의 이야기를 다시 이야기함으로써, 우리가 무엇을 하고 있는지를, 그리고 상상력이 다른 가능성을 향해 가는 데 반드시 필요하다는 사실을 깨닫게 해 준다.

정체성에 대한 내러티브 용어인 살아가고자 하는 이야기는 관계적 공간, 즉 사이에 있는 공간, 다르게 되는 것에 대한 긴장과 주목을 특징으로 하는 공간 안에서 구성된다. '사이' 공간은 우리가 '무엇'인지가 아니라 '누구'인지 서로에게 묻는 공간이다(Arendt, 1958). 이러한 공간은 사랑의 인식(loving perception)의 장소이며(Lugones, 1987), 우리는 "우리 관계에 생명을 불어넣어 우리가 바람을 느끼고, 그 위에서 서로의 세계를 사랑스럽고 유쾌하게 여행하며, 믿고 상상할 수 있게 하는 것이 바로 사랑의 인식이 아닐까"(Caine & Steeves, 2009:8) 생각한다. 이러한 사이 공간은 관계를, 관계에 대해 말하지만 동시에 우리 삶을 형성한 더 큰 공동체 안에 우리가 어떻게 포함되어 있는지를, 그리고 "사물을 다른 것이 될 수 있는 것처럼"(Greene, 1994:495) 바라볼 가능성을 가시화한다.

은유적 사고로서의 상상력: '마치 무엇처럼'으로 생각하기

'마치 무엇처럼'이라는 개념을 가지고 놀이에 참여하기 위해 상상력을 자극하고 펼칠 필요가 있다. 새로운 가능성과 새로운 삶의 이야기에 대한 깊은 각성, 즉 깨어 있기의 감각이 있다. 숀의 대학 입학 경험을 생각해 보면, 숀은 로럴과 함께했던 순간, 자신을 바라보며 마치 선생님이 될 수 있을 것 같았던 순간에 대한 기억을 간직하고 있음을 알 수 있다. '마치 무엇처럼'이라는 이야기를 기억하는 순간, 그는 자신이 선생님인 것처럼 행동하기 시작한다. 그는 대학에 진학하면서 자신을 지탱해 줄 이야기를 만들기 시작한다. 숀은 이 '마치 무엇처럼'의 이야기를 받아들이기 시작하면서 원주민이라는 이야기를 거부하고, 자신이 누구여야 한다는 이야기를 거부하고, 무엇이 가능한지에 대한 판단력을 거부해야 한다. 숀은 자신을 위한 공간, 즉 농장에서 살았다는 것, 가난하다는 것, 원가족에게서 다른 곳으로 보내졌다는 것, 원주민이라는 것

등 자신을 위해 구성된 좁은 각본을 거부하고 자신의 '마치 무엇처럼' 이야기를 지지하는 공간을 찾는 데 도움이 되는 원주민 교사교육 프로그램에 입학하기로 결정한다. 신시아 오지크(Cynthia Ozik)는 다음과 같이 썼다.

> 은유를 통해 과거는 우리를 상상할 능력이 있고, 우리는 과거를 상상할 능력이 있다. 은유적 집중을 통해 의사는 환자가 되는 것이 어떤 것인지 상상할 수 있다. 고통이 없는 사람은 고통받는 사람을 상상할 수 있다. 중심에 있는 사람은 바깥에 있는 것이 어떤 것인지 상상할 수 있다. 강자는 약자를 상상할 수 있다. 밝음 속에 있는 사람들은 어둠 속의 삶을 상상할 수 있다. 황혼의 시인은 낯선 사람의 익숙한 마음을 상상할 수 있다.
>
> Ozik, 1989:283

하지만 우리는 '만약'이라는 질문이 불러일으키는 경이로움에 수없이 길을 잃는다. 우리 삶의 맥락과 윤곽이 어떻게 바뀔 수 있는지 다른 가능성을 볼 수 있는 우리의 능력에 의해 상상력이 제한되고, 거기서 길을 잃는다. 그러나 우리가 학생이 되고, 환자가 되고, 아들과 딸이 되고, 사랑하는 사람이 되는 것이 어떤 것인지 상상할 수 없다면 어떻게 될까? '만약'이라는 질문에 대한 대답으로 우리 자신을 상상할 수 없을 때도 마찬가지다. 아마도 이러한 순간에 우리가 느끼는 상실감은 발밑의 지반을 이동시키면서 우리가 누구인지를 변화시킬 것이다. 길을 잃었다는 상실감은 취약성을 느끼게 하는 동시에 '만약'이라는 질문을 제기한다. 그리고 길을 잃었다고 느끼는 이 순간, 오지크는 우리에게 다음과 같은 사실을 상기시켜 준다.

> 기억과 역사라는 은유가 없다면 우리는 타자의 삶을 상상할 수 없다. 우리는 다른 사람이 된다는 것이 어떤 것인지 상상할 수 없다. 은유는 호혜적 행위자(reciprocal agent)이고, 보편화하는 힘이다. 은유는 낯선 사람의 마음을 상상할 수 있는 힘을 가능하게 한다.
>
> Ozik, 1989:279

상실의 시대에 우리의 기억과 역사에 다가가는 것은 중요하다. 그것은 "서로에게 관심을 기울이고, … 변화하는 전경(속에서)으로부터 그리고 … 체현된 앎에 주의를 기울일 수 있는"(Caine & Steeves, 2009:3) 기회다. "상상력을 지각적이고 체현된 앎의 한 형태"(Sarbin, 1998, 2004; Greene, 1995)이자 "존재의 본질적인 방식"(Merleau-Ponty, 1962)으로 이해하고, "우리 경험으로부터 주의를 기울이는 방식"(Polanyi, 1969)으로 이해하는 것은 "특정한 방식으로 주의를 기울이도록"(Caine & Steeves, 2009:3) 우리를 지탱해 준다. 상상력은 '만약'의 근거가 된다. 상상력을 통해 우리는 우리 자신과 타인을 탐구할 수 있으며 이러한 탐구는 다른 사람들을 놀이에 참여시키는 탐구다.

여기에는 인간다움에 대한 감각과 타자에 대한 감각이 내재되어 있으며, 그 숨결이 자신의 몸을 지탱하고, 자신이 누구인지의 근거가 된다. 케인과 스티브스는 "우리가 믿는 상상은 대화적이며 우리 자신, 우리 역사, 현재의 삶과 미래, 서로의 관계, 그리고 우리가 살아가는 이야기 속에서 반향을 일으킨다"(Caine & Steeves, 2009:8)고 쓰고 있다. 우리가 '만약'이라는 질문을 고민할 때 우리의 상상력은 날아올라, 되기를 위한 새로운 지평을 열기 시작한다.

기억과 결합된 상상력

내러티브 탐구자로서 우리는 상상력과 기억이 깊게 얽혀 있는 과정이라는 점에 주목한다. 커비는 우리에게 다음과 같은 내용을 상기시켜 준다.

> 상상은 기억과 유사한 현상적 구조(phenomenal structure)를 공유하기 때문에 서로 분리하기 어렵다. … 상상은 종

> 종 우리가 살았더라면 좋았을 과거, 또는 지금 우리가 살았으면 하고 바라는 그 과거를 우리에게 제시한다. … 상상이 회상과 회상된 기억의 가치를 증가시킨다고 말할 수 있다.
>
> Kerby, 1991:25

커비는 상상력이 기억을 채우거나 증가시키는 방식을 우리에게 안내한다. 내러티브 탐구에서는 기억을 비디오 녹화나 오디오 녹음을 통해 얻는 것과 같은 것으로 보지 않는다. 내러티브 탐구에서 우리는 커비처럼 기억을 상상력과 융합된 것으로 이해하는데, "기억은 우리 세계의 구조에 짜여 있으며, 기억은 주로 알려지고 기억된 다른 사건들과의 연관성을 통해 기억으로서의 지위를 얻는다"(Kerby, 1991:27).

에이든 다우니(Aiden Downey)와 클랜디닌은, 내러티브 탐구자가 기억과 상상력을 연결된 것으로 보는 방식을 생각하는 방법으로 브루너(Bruner, 2002)의 내러티브 개념, 즉 내러티브가 경험을 종속화(subjuntivizing)한다는 개념을 활용한다(Downey & Clandinin, 2010). 브루너는 다음과 같이 이해를 돕는다.

> 내러티브를 통해 우리는 어제와 내일을 구성하고 재구성

> 하며 어떤 면에서는 재창조한다. 그 과정에서 기억과 상상력이 결합한다. 허구의 세계를 창조할 때도 우리는 익숙한 것을 버리지 않고 과거에 있었던 일과 앞으로 있을 수 있는 일에 종속시킨다. 인간의 정신은 아무리 기억력을 키우고 기록 시스템을 정교하게 다듬어도 과거를 완전히 충실하게 되찾을 수는 없지만, 과거에서 벗어날 수도 없다. 기억과 상상력은 서로의 산물을 공급하고 소비한다.
>
> Bruner, 2002:93

숀이 현재 자신의 이야기를 쓸 때, 우리는 그가 로럴을 만났던 방을 묘사하는 방식이 부분적으로는 상상된 것이고 부분적으로는 세부 내용에 대한 기억의 기록임을 알 수 있다. 만남의 순간과 장소를 기억할 때, 그것은 기억과 상상 둘 다지만 "있었을지도 모르는 일과 있을지도 모르는 일"(Bruner, 2002:93)에 종속되어 있다.

내러티브 탐구에서는 상상과 기억을 함께 엮어 내는 이 과정이 우리의 경험적 지식과도 얽혀 있다고 본다(2장 참조). 즉, 우리의 경험적 지식은 기억과 상상 모두에 기반을 둔다. 케인과 스티브스는 다음에 주목한다.

> 기억 속 시간 여행은 상상을 뒤로 이동시키고, 삶의 이야기를 확장하며, 우리의 이야기된 세계를 다른 세계와 연결

> 할 수 있는 다양한 공명을 가능하게 한다(Hale Hankins, 1998). 상상을 통해 타인과 연결되면 우리의 관계가 진화하는 것을 느낄 수 있으며 미지의 것, 다른 것, 우리와 타인, 타인과 우리를 연결하는 것을 발견할 가능성을 만들어 낸다.
>
> Caine & Steeves, 2009:6

이들은 기억한다는 것이 종종 우리가 우리 자신을 발견하는 관계에 의해 촉발되는 과정임을 알 수 있도록 돕고자 독일어 표현 'Spurenim Gedächtnis(기억 속의 흔적)'를 사용한다. 이런 식으로 상상과 기억의 결합은 관계 속에서 확장된다. 이러한 기억의 감각은 우리 기억에 접근해 잊혔을지도 모르는 사건, 우연히 일어난 일, 연관성 등을 불러낼 가능성을 만들어 낸다. 내러티브 탐구에서는 상상과 기억이 공백과 침묵을 남기고, 사건과 우연히 일어난 일 등을 지울 수 있으며, 우리가 기억하는 것을 재창조할 수 있는 동시에 우리가 한때 알고 있던 것에 대한 상실을 애도하는 방식으로 결합한다는 것을 이해한다. 여기서 우리는 믿는 상상으로 향한다.

믿는 상상으로서 플롯화된 내러티브

사빈(Sarbin, 1998; 2004)은 내러티브 탐구자들에게 우리의 상상이 플롯화된 내러티브이며, 내러티브에 중요한 것은 우리가 믿는 상상이라는 점을 상기한다. 그는 "우리가 신념이라고 부르는 인간의 행동은 상상 밖에서 독립적인 지위를 갖지 않는다. 나는 또한 상상에 신뢰성을 부여하는 것은 일관된 자기 내러티브(self-narrative)에 대한 요구를 충족하기 위한 의미 부여 행위라고 주장한다"(Sarbin, 1998:17)라고 썼다.

믿는 상상이 자리 잡기 위해서는 관계적 공간과 펼쳐지는 삶에 대한 관심이 필요하다. 사람들이 내러티브 일관성(Carr, 1986)을 만들어 내는 방식으로 자신의 삶을 구성하고 재구성할 수 있는 공간과 "내러티브에서 영감을 받은 상상이 신념과 행동에 영향을 미칠 수 있는"(Sarbin, 2004:6) 공간이 그 안에 있다. 이러한 방식으로 플롯화된 내러티브는 우리 삶의 일부인 연속성과 불연속성, 공백과 침묵을 이해하는 방법을 만들어 낸다. 하지만 내러티브는 그 이상의 역할을 한다. 내러티브는 삶을 변화시킬 가능성을 만들어 낸다.

사빈의 아이디어를 떠올리며 믿는 상상을 바탕으로 숀과 관련된 플롯화된 내러티브를 만들어 낸 로럴의 이야기로 돌아가 본다. 로럴은 새로운 가능성을 보았고 교사로서 숀의 능력에 높은 가치를 부여했다. 내러티브가 행동을 형성할 뿐만 아니라 정체성 발달에 심오한 방식으로 영향을 미칠 수 있다고 지적한 사빈(Sarbin, 2004)의 주장은 흥미롭다.

> 1234.62달러
>
> 내 첫 번째 선생님 중 한 분을 생각하면서 그 기억을 담고 있는 종이 수표의 가장자리를 느낀다.

메모리 마커인 종이 수표는 숀을 로럴에게 데려다줄 뿐만 아니라 자기 삶이 다른 방식으로 전개될 것이라고 상상했던 시간으로 데려다준다. 로럴과의 관계를 통해 새로운 이야기가 가능해지고 새로운 상상이 펼쳐진다. 사빈은 "우리가 신념이라고 부르는 인간 행동의 내용은 상상 밖에서 독립적인 지위를 갖지 않는다"(Sarbin, 1998:17)라고 주장한다.

로럴이 믿는 상상은 특정 행동으로 이어지고, 로럴은 숀이 스스로에 대해 하는 이야기를 가로막는다. 이러한 상호작용의 결과로 숀의 삶은 심오한 방식으로 변화한다. 여러 가지 면에서 그는 "도덕과 윤리의 문제를 특정 플롯의 중심"(Sarbin, 2004:18)으로 만든다. 숀은 더 이상 자신이 대학에 갈 만큼 똑똑하지 않다고 생각할 수 없게 된다. 로럴이 믿는 상상은 숀이 자신이 누구이며 어떤 사람이 되어 가고 있는지에 대한 다른 이야기를 만들도록 도와준다. 케인과 스티브스는 다음과 같이 썼다.

> 이는 "교실, 복도, 운동장, 지역사회가 오늘의 사람과 사건이 다시 이야기되고 내일의 연구 텍스트로 작성되는 기억 상자[64]가 되며"(Clandinin & Connelly, 2000:66), 사람들이 살아가는 이야기 속에 그리고 자신들의 삶에 대해 말하는 이야기 속에 살아 있다는 것을 우리가 이해하기 때문에 내러티브 탐구자인 우리에게 공감을 불러일으킨다.
>
> Caine & Steeves, 2009:6

되기의 새로운 토대를 만드는 상상력

아렌트(Arendt, 1958)에게 상상력은 새로운 질문을 던질 수 있게 해 줄 뿐만 아니라 되기의 토대를 만들 수 있게 해 준다. 사빈(Sarbin, 2004)도 상상력을 개념화하면서 되기를 위한 새로운 토대나 새로운 맥락을 만들 가능성을 창조하는 방식으로, 맥락적인 되기의 토대를 강조한다. 사빈은 내러티브

---

64) 기억 상자(memory box)는 중요했던 시점, 사람, 사건에 대한 기억을 재생하는 데 풍부한 원천을 제공하는 물건들을 담아 보관하는 상자를 의미한다(Clandinin & Connelly, 2000/2007).

탐구자들로 하여금 사람들이 "재현 방식으로서의 내러티브와 존재론적 형식으로서의 내러티브"(Smith, 2008:112)의 차이를 강조하는, "이야기로 형성된" 세계에 산다고 보는 관점으로 연구하는 데 도움을 준다. 아렌트와 사빈에게 상상력은 '되기'의 새로운 토대를 만들어 낼 수 있게 해 준다.

숀이 메인 스트리트 프로그램에서 일하면서 자신처럼 다른 방식으로, 가능한 다른 삶의 궤적을 상상하지 못했던 청소년들과 함께 자신이 어떤 사람이 될 수 있을지 스스로에게 새로운 질문을 던지기 시작했을 것이라고 상상해 본다. 그리고 숀에게 질문을 던지면서, 숀이 대학에 진학하고 교사가 될 수 있다는 가능성을 상상하도록 격려하기 시작한 것은 바로 로럴이었다. 이것이 바로 로럴이 숀과 함께/숀을 위해 구성했던 플롯화된 내러티브였다.

몇 년 후, 숀이 가르치기 시작했을 때 우리는 그가 학교의 지배적인 구조와 시스템에 저항하거나 '적응하지' 못하는 청소년들과 함께 일하는 모습을 보게 된다. 숀은 로럴이 가르쳤던 방식으로 청소년들과 함께, 되기의 새로운 토대를 만들어 가고 있었다. 숀은 박사 학위 논문에서 원주민 청소년을 위한 여름학교 '파우와우 학교(powwow school)'를 설립해 그들의 고향 공동체에서 했던 일에 대해 기술했다. 그는 청소년들이 집에서 여름학교를 다니고 이후 졸업까지 할 수 있는 되기의 새로운 토대를 상상하고 있었다. 그는 학생들에게 질문을 던지고 졸업 요건을 이수하지 못하는 이유를 알아내기 위해 노력하면서 새로운 토대를 만들기 시작했다. 여름학교를 구성하고 이 새로운 '되기의 토대'에 발을 디디면서 숀이 함께 일하는 청소년들과 자신의 다른 삶과 다른 가능한 이야기를 상상하기 시작했을 때, 숀에게는 다른 세상이 펼쳐졌다.

아렌트(Arendt, 1958)가 지적했듯이 상상은 우리가 던질 수 있는 질문의 토대가 될 수 있다. 그린은 다음과 같이 지적한다.

> 상상은 의미를 추구하고 인식을 확장하려고 하지만 아직 아닌 것, 당연히 그래야만 하는 것에 대한 가능성을 엿볼 수 있게 해 준다. 상상은 예측을 넘어선다. 상상은 현실에 창을 열어 주고, 미디어가 지배하는 이 시대의 특징인 강압에서 사람들을 해방한다. 하지만 그렇다고는 해도, 상상은 선하고 품위 있는 비전을 열어 줄 뿐만 아니라 끔찍한 일로도 이어질 수 있다는 점을 항상 기억해야 한다고 생각한다.
>
> Greene, 1995:321~322, 에이어스(Bill Ayers)와의 대화

상상은 또한 "서로의 세계로 여행하고 애정 어린 방식으로 여행할 가능성을 설정하며 내러티브 탐구의 사이 공간에서 함께 되기의 토대를 마련"(Caine & Steeves, 2009:9)한다.

그러나 우리는 또한 우리가 되기의 토대를 만들 수는 있지만 위치 잡기(positioning), 권력, 형평의 문제에 주의를 기울여야 한다는 것을 안다.

에이어스와의 대화에서 그린이 지적한 것처럼(Greene, 1995), 도덕은 항상 이러한 되기의 새로운 토대와 얽혀 있다.

> 예를 들어 우리는 경쟁적인 가치와 삶의 방식이 가득한, 점점 더 다양해지고 다원화되는 세상에 살고 있다는 것이 무엇을 의미하는지 끊임없이 생각한다. 너무나 다양한 많은 사람을 그룹이나 범주로 묶지 않고 그들의 생생한 현실에 주목하려면 엄청난 상상 행위가 필요하다. 다원주의, 상대주의, 원근적 관점(perspectival), 동시에 공동체를 향한 열망이 있는 세계를 파악하려면 엄청난 상상 행위가 필요하다. 이를 위한 지도는 없다. 우리는 새로운 시작을 통해 살아가고 있으며, 가능성이라는 느린 도화선에 불을 붙이기 위해 상상력이 필요하다.
>
> Greene, 1995:322

그린은 우리를 케인과 스티브스에 다시 연결해 주고, 토대가 어떻게 각각의 사람을 허용하는 방식으로 형성되는지 그 중요성을 알려 준다. 또한 사람들이 살아가는 맥락의 중요성, 우리 각자가 걷고 있는 도덕적 토대에 주의를 기울이는 것의 중요성을 다시 일깨워 준다.

요약

이 장에서는 내러티브 탐구에 중요한 상상력이라는 아이디어를 정리했다. 이는 펼쳐지는 삶에서 다르게 되기의 중요성을 보여 준다. 이러한 '그렇지 않으면'의 감각은 놀라움과 '마치 무엇처럼'이라는 개념을 활용한 놀이라는 특성을 지닌다. 우리는 관계에 내재되어 있고 기억과 연결된 상상의 중요성을 보였다. 다음 장에서는 탐구와 경이로움, 그리고 그것들이 경험에 어떻게 연결되는지 살펴본다.

10장
탐구와 경이로움

개요

이 장에서는 널리 깨어 있음(wide-awakeness)과 깨어 있기(awakening)가 어떻게 우리의 탐구와 경이로움을 지속하는 데 중심이 되며, 불확실한 상황에서도 탐구와 경이로움을 멈추지 않고 우리를 지탱할 수 있게 해 주는지 보일 것이다. 내러티브 사고에서는 관계적 맥락에서 우리가 누구인지에 대한 질문에 주의를 기울이는 것이 중요하다. 상상할 수 없는 것에 주의를 기울이면 타인의 인식 불가능성에 열린 자세를 유지할 수 있다. 커니(Richard Kearney)는 "다르게 상상해야 할 윤리적 요구"(Kearney, 1988:364)를 이야기한다. 우리는 탐구심이나 경이감 없이는 이러한 윤리적 요구에 응답할 수 없다. 이 장에서 우리가 주목하는 것은 핵심 개념으로서 탐구와 경이로움이다. 우리에게 이러한 경이로움에 대한 감각은 "당신은 무엇인가"가 아니라 "당신은 누구인가"(Arendt,

1958)를 묻는 호기심의 일부일 뿐만 아니라, 진행 중인 삶과 관계 속에서 우리가 누구인지에 대한 질문이기도 하다.

타운하우스에서의 순간 1: 익숙함은 편안함으로 우리를 속인다

가족이 빌린 타운하우스에 아지마(Azima)와 내가 함께 앉았을 때, 나는 이 새로운 장소가 아지마를 어떻게 형성하는지 생각했다. 타운하우스 거실은 푹신한 조립식 소파와 크기, 모양, 스타일이 나에게 익숙한 테이블로 가득 차 있다. 이곳은 수년 동안 내가 살고 방문했던 많은 타운하우스와 비슷한 물리적 장소다. 아지마가 영어로 편하게 인사를 건네는 모습이 나에게 친근감을 더해 준다.

첫 번째 대화에서 나는 시리아에서 레바논, 캐나다 서부까지 이어지는 여정에서 아지마가 무엇을 남겨 둔 채 왔는지 물었다. 묻기는 했지만, 그가 기억을 하고 싶어 하는지 궁금했다. 아지마는 "그것을 생각하고 계속 생각하기 위해서, 모든 것을 기억하고 … 오래전에 … 일어난 일을 기억하고"(Basso, 1996:70) 싶을까? 그가 떠난 이 장소들, 그의 조부모와 증조부모는 떠나지 않았지만 지금 그는 떠난 장소들에 대해 대화를 시작하면서 나는 여기서 누구인가? 그는 내가 그의 세계, 그가 떠났고 기억 속에서만 돌아갈 수 있는 세계로 여행하는 것을 돕고 싶어 할까? 그에게는 이 새로운 장소에서 무슨 일이 일어나고 있는지에 대해 이야기하는 것이 더 쉬운 일일지 궁금하다.

나는 방 안을 둘러보며 내게 어울리지 않는 것, 나를 속여 편안하게 만들지 않는 것들을 찾는다. 그러다 시리아 본가에서 아지마가 내내 사용해 왔을 것 같다고 생각했던, 커피 서버에 딱 맞는 커피포트를 발견했다. 나는 소파에 조심스럽게 앉아 있는 아지마를 바라보며 내 앞에 나를 위해 준비한 과일 접시가 놓여 있는 것을 의식한다. 아지마는 나를 편안하게 해 주기 위해 노력하고 있으며, 나는 몇 년 전 시리아에서 그를 만났다면 그가 나를 위해 무엇을 준비했을지 생각해 본다.

나는 거실 창밖으로 타운하우스 뒤편에 있는 넓은 공원과 눈으로 덮인 언덕을 바라본다. 나는 아이들이 언덕에서 미끄럼을 타는지, 언덕에서 노는 것을 좋아하는지 묻는다. 나는 우리가 이 언덕과 아주 비슷한 경사진 언덕이 있는 타운하우스에 살았을 때의 내 아들을 생각한다. 이 북쪽의 눈과 추위가 아지마와 아이들에게 얼마나 낯설지 생각해 본다. 아지마가 고향으로 알고 있었던 곳에서 위도와 경도가 많이 떨어진 새로운 장소가 그의 삶을 어떻게 형성하고 있는지 궁금하다.

경험에 대한 탐구

이 책을 통해 분명하게 밝혔듯이, 내러티브 탐구에 대한 이론적 아이디어의 첫 번째 토대는 경험에 대한 듀이의 아이디어에서 찾을 수 있다(1장 참조). 경험에 대한 그의 아이디어는 펼쳐지고 접히는 경험의 특성, 즉 각 경험이 미래의 경험으로 이어진다는 점에 초점을 맞춘 기초적인 것이다. 듀이는 시간이 지남에 따라 경험에 대한 이해를 발전시켰다. 1916년에 그는 경험에 대해 다음과 같이 썼다. "우리가 무언가를 경험할 때 우리는 그것에 대해 행동하고, 그것으로 무언가를 하고, 그 결과를 겪고 고통받는다. 우리가 사물에 무언가를 하면 사물은 그 대가로 우리에게 무언가를 한다. 이것이 바로 특별한 조합이다"(Dewey, 1916:139).

다우니와 클랜디닌은 다음과 같이 썼다.

> 듀이에 따르면 세상에서 우리 행동이 우리에게 영향을 미치고, 그 결과 '그것'과 우리 모두에 돌이킬 수 없는 변화가 일어난다는 의미에서 행함은 되돌릴 수 없는 결과를 초래할 수 있다. 듀이는 '우리'와 '그것'을 별개의 실체가 아니라 경험적 전체의 일부 또는 측면으로 이해했는데, 이는 이분법에 빠지기 쉬운 언어로는 설명하기 어려운 점이었다.
>
> Downey & Clandinin, 2010:384

이러한 방식으로 우리는 경험이 "우리가 세상에서 하는 일과 이것이 우리에게 하는 일의 관계, 즉 행동과 반응의 관계에서 일어난다"(Downey & Clandinin, 2010:384)는 것을 알 수 있다. 듀이는 경험의 두 가지 기준, 즉 연속성과 상호 작용을 설명했다. 연속성이란 "모든 경험은 이전에 있었던 경험에서 무언가를 취하고 어떤 식으로든 이후에 오는 경험의 질을 수정한다"(Dewey, 1938:35)는 의미다. 듀이는 경험의 펼쳐짐에 의해 새로운 관점을 갖게 되었다.

> (이후의 각 상황은) '성장'을 고정되고 발견되는 것이 아니라 잠정적이고 출현하는 것으로 만들면서, 경험에 이르는 경험, 경험에서 나오는 경험을 되돌아볼 수 있는 새로운 관점을 제공한다. 듀이에게 이러한 회고는 항상 미래 지향적이며, 궁극적으로 앞으로 나아가기 위해 뒤를 돌아보는 것이다.
>
> Downey & Clandinin, 2010:384

듀이(Dewey, 1938)가 제시한 경험의 두 번째 기준인 상호 작용은 '객관적' 조건과 '내적' 조건의 상호 작용을 포함한다. 듀이는 다음과 같이 강조했다.

> 우리 각자는 자신의 경험적 중간 지대에서 살고 있으며,

> 항상 여기에서 저기로, '무엇이다'에서 '해야 한다'로 가려는 혼란 속에 어느 정도 갇혀 있다. 이 혼란스러운 상황은 우리가 해결해야 하는 문제인데, 그렇게 함으로써 알 수 없는 미래 상황에서 불가피하게 발생할 수 있는 혼란에 대비할 수 있기 때문이다.
>
> Downey & Clandinin, 2010:384

진은 아지마의 집에 들어서자 자신이 살았던 다른 타운하우스와 친구들이 살았던 타운하우스에 대한 기억이 되살아나는 것을 알게 되었다. 진은 익숙한 타운하우스 배치뿐만 아니라 익숙한 가죽 가구, 의자와 테이블이 익숙한 방식으로 배열되어 있는 것을 발견했다. 아지마가 영어로 진에게 인사하며 안으로 반갑게 맞이하자 익숙한 경험들이 소환되었다. 익숙하다는 느낌, 이미 알고 있다는 느낌, 전에 와 본 적이 있다는 느낌에 속기 쉬웠을 것이다. 그러나 진은 캐나다 에드먼턴에서 몇 년 동안 살았던 사람을 만나는 것이 아니라 다른 나라에서 난민으로 이곳에 막 도착한 사람을 만나는 것이라는 사실을 알고 경이로움을 느꼈다.

널리 깨어 있음의 중요성

경험에 대한 듀이 철학의 이러한 아이디어를 바탕으로 현상을 내러티브 방식으로 이해하면 탐구는 삶의 일부가 된다.

우리는 경험을 겪으면서 삶의 순간순간을 파악하고, 이전의 경험을 새로운 경험으로 발전시키면서 항상 탐구에 참여한다. 어떤 일이 일어날지 예상한다. 물론 삶이라는 이 지속적인 탐구는 삶의 한가운데에서 '우리가 무엇인가'에 더 이상 깨어 있지 않는 방식으로 습관화될 수도 있다. 그린(Greene, 1995)은 세상에 존재하는 모든 것에 대해 피부로 느끼는 인식, 즉 널리 깨어 있음의 중요성을 지적한다. 그린은 널리 깨어 있음이라는 용어를 사용해 "자신에 대해 생각하고 자신의 삶을 성찰할 능력이 없으면 실제로 인식도 의식도 없는 것이다. 의식은 저절로 생기는 것이 아니다"(Greene, 1995:35)라고 강조한다. 그린에게 널리 깨어 있음의 개념은 "세상에 존재한다는 것이 무엇인지에 대한 인식"(Greene, 1995:35)이다. 그는 널리 깨어 있음이 삶을 살아가는 각 사람의 삶 만들기와 의미 만들기에 깨어 있고 주의를 기울임으로써 우리로 하여금 현상에 대해 내러티브 방식으로 생각하도록 한다는 점을 강조한다. 그린은 내러티브 탐구가 널리 깨어 있음, 즉 우리 자신과 타인 모두의 경험에 적극적이고, 참여하고, 주의를 기울여야 한다는 요청을 어떻게 받아들이는지에 대한 개념적 깊이를 제공했다. 그는 널리 깨어 있음이 "살아 있고, 깨어 있고, 호기심이 많고, 종종 분노하는 것"(Greene, 1995:35)을 통해 오는 것으로서, 삶에 대한 지속적인 탐구와 연결된다고 설명한다.

그린(Greene, 1995)이 호기심과 탐구에 연결된 능력 또는 상태로서 널리 깨어 있음에 주목한 반면, 내러티브 탐구 또한 깨어 있기라는 개념과 함께한다. 각 경험에 내재된 복잡성을 깨닫는 이 과정은 중요하다. 삶이 함께 모일 때, 우리는 관계 속에서 삶의 복잡성에 주목한다.

그린과 듀이는 경험의 미적 차원에 주목한다. 그린은 마취(anaesthetic)가 미학(aesthetic)의 반대라는 점을 지적함으로써 우리를 놀라게 한다(Greene, 2007). 마취는 우리를 마비시키고 경이로움과 탐구의 가능성을 닫아 버린다. 처음에 타운하우스의 물리적 공간과 가구는 진을 편안하게 만드는 익숙함을 조성해, 일종의 마취제인 경이로움의 결여로 그를 무뎌지도록 위협했다. 경외감을 무디게 하는, 무뎌지도록 위협하는 익숙함을 알아차리며 방에 앉은 진은 제자리에 있는 것보다는 낯선 것, 제자리를 벗어난 것에 주의를 기울였다.

경이로움은 내러티브 탐구에 대한 초기 이론적 이해에서 핵심적인 개념이 되었다. 옥스퍼드 영어 및 스페인어 사전에 따르면 경이로움은 "아름답거나 놀랍거나 낯선 것에 의해 야기되는 놀라움과 감탄의 느낌"을 의미한다(Oxford Lexico, n.d.). 처음에 내러티브 탐구자로서 우리는 경외감과 미지의 세계에 대한 감각을 가지고 새로운 상황에 진입할 필요가 있다는 생각에 경이로움이라는 아이디어에 끌렸다. 애니 딜라드(Annie Dillard)는 널리 깨어 있음에 대한 그린(Greene,

1995)의 아이디어와 공명하는 방식으로 경이로움에 대해 썼다. 그는 햇빛을 받는 나무를 보는 것을 "처음 보는 것이라는 느낌보다는 강렬한 시선에 숨이 멎을 것 같은 느낌"(Dillard, 1974:33)이라고 묘사한다. 이러한 경이로움은 내러티브 탐구의 중심이 되는 것에 대한 일종의 은유다. 딜라드는 우리가 진정으로 놀랍고 아름답고 낯선 것에 열려 있을 때 일어나는 퍼즐, 즉 경이로움의 중요성을 깨닫도록 도와주었다.

베이트슨(Bateson, 1989)은 내러티브 탐구의 핵심 개념으로서 경이로움의 중요성에 대한 통찰을 제공한다. 그는 우리가 새로운 상황으로 나아갈 때 우리가 알지 못하는 경이로움을 개념화하는 방법을 제시했다. 경험을 내러티브 현상으로 이해하기 위해 우리는 항상 낯선 현상의 한가운데에 있다는 느낌을 가지고 참여한다. 경험을 내러티브적으로 이해하기 위해 우리는 가정(assumption) 없이 불확실성, 낯섦 속에 머무른다. 이렇게 내러티브 방식으로 사고하는 것은 우리로 하여금 각 상황 안에서 관계에 개방적으로 참여할 수 있도록 해 준다. 존재 방식으로서 경이로움이라는 개념은 우리가 입장을 명확하게 정립하지 못한다고 생각하는 사람들에 의해 종종 비판을 받았지만, 우리에게 경험을 내러티브 현상으로 이해하기 위해 함께 나아가는 데 핵심이 되는 것은 가능성에 대한 개방성이었다.

경이로움으로 보는 힘을 기르는 것은 경험에 대한 듀이

철학의 관점에 내포되어 있다. 이를 위해서는 그린(Greene, 1995)의 설득력 있는 말처럼, 우리가 잠들지 않고 우리의 일상적인 보기 방식 바깥에서 살아가는 것들에 열려 있어야 하며, 베이트슨이 말한 "기분 좋은 놀라움(delicious surprise)의 가능성"(Bateson, 1989:4)에 열려 있어야 한다.

타운하우스에서의 순간 2: 경이로움으로 문턱을 넘기

하얀 드레스를 입고 엄마 앞에 서 있는 세 명의 여자아이가 첫 만남에 문 앞에서 나를 맞이한다. 세 아이의 나이가 내 딸과 비슷해서인지 기억에 남아 있다. 그들은 도시 북쪽에 있는 3층 아파트의 집으로 나를 자랑스럽게 맞이해준다. 우리 연구팀의 일원인 통역사 하난이 나를 데리고 이 가족을 만나러 왔다. 처음 방문했을 때 나는 몇 가지 기본 물품, 동의서, 간단한 연구 요약본 등이 담긴 노란색 가방을 들고 갔다. 가방 안에는 색연필과 도화지 등이 들어 있었는데, 결국 이 첫 만남의 날에 가장 중요한 물품이 되었다.

처음 문을 두드렸을 때 떨렸던 기억이 난다. 난민 가족이 되는 경험에 익숙하지 않았기 때문이다. 불확실성이 나를 둘러싸고 있었고, 나는 언어 차이, 문화 및 성별 차이, 알려지지 않은 의례, 지리적 고향과 그들이 온 곳의 정치 및 사회 역사에 완전히 낯설었다. 나는 첫 방문을 앞두고 잠시 걱정했고, 다음과 같은 것들이 궁금했다. 어떻게 시작해야 할까? 무엇을 입어야 할까? 올바른 순서는 무엇일까? '그냥 천천히 가자. 이번 첫 방문에서는 30분 정도만 짧게 머무르자'라고 스스로에게 말했던 기억이 난다.

하얀 드레스를 입고 엄마 앞에 서 있는 세 명의 여자아이가 첫 만남에 문 앞에서 나를 맞이한다. 첫째가 손을 내밀어 악수를 청하며 영어로 자기 이름을 말한다. 그 아이가 자매들과 엄마를 소개한다. 소개하는 동안 그 아이는 영어와 아랍어를 오가며 말을 했다. 나는 아랍어 소리에 익숙하지 않아서 무엇을 해야 할지 몰랐다. 나는 하난에게 도움을 청했다. 나는 아이들 아빠를 만나길 기다리며 다음에 무엇을 해야 할지 단서를 찾고 있었다. 너무 늦게, 막내가 내 손을 잡고 복도 카펫에서 코팅된 아파트 안 바닥으로 문턱을 넘어 데리고 들어왔다. 문턱을 넘을 때 나는 내가 아직도 재킷을 입고 야외용 신발을 신고 있다는 사실을 알게 되었다.

나는 유리문 너머 거리가 내려다보이는 작은 발코니가 있는 거실에 들어선다. 소파는 없고 의자 몇 개가 놓인 흰색 플라스틱 파라솔 세트만 있다. 노란색 대학 가방을 손에 들고 거실 한가운데 서 있으니 내가 공간을 차지하고 있는 것 같은 기분이 든다. 아이들이 질문을 하고 있는데, 막내가 내 다리를 붙잡고 있다. 어색하고 불편하다. 나는 하난과 아이들의 엄마를 바라본다. 둘 다 웃는다. 하난이 차를 마시겠냐고 물어보지만 내가 대답하기 전에 큰 애들이 이미 대답을 해 버렸다. 나는 아이들이 가지고 놀 수 있는 마커와 종이를 그들에게 주어도 되는지 아이들 엄마에게 물어봐 달라고 하난에게 부탁한다. 하난이 괜찮다고 한다. 우리는 종이를 바닥에 펼쳐 놓는다. 아이들은 모두 가장 화려한 종이를 원했고 그림을 그리기 시작한다. 나도 아이들과 함께 바닥에 앉아 다양한 색으로 그림을 그리고 있다.

나는 여전히 아이들 아빠를 만나려 기다리고 있고 시간이 점점 흘러가고 있다는 생각이 든다. 열쇠가 덜컹거리는 소리와 문이 삐걱거리는 소리가 들린다. 아이들 아빠가 집에 왔다. 아이들은 즉시 뛰어오른다. 나는 이 느낌을 알고 있지만 이제는 반대편에서 그 느낌을 본다. 나는 보통 집에 돌아오는 아빠이지, 아이들 아빠를 맞이하는 사람이 아니다. 종이로 만든 작품으로 둘러싸인 바닥에 마커를 들고 앉아 있으니 긴장이 된다. 하난과 아이들 엄마는 플라스틱 피크닉 테이블에 앉아 차를 마신다. 그들은 움직이지 않고 대화를 계속한다. 그가 나를 어떻게 생각할지 궁금하다. 뭐라고 말해야 할지, 올바른 방식으로 어떻게 나 자신을 소개해야 할지 궁금하다.

아이들이 "우리의 새 친구 숀을 만나요"라며 아빠를 부르는 소리가 들린다. 아이들은 아까 나를 끌어당겼던 것과 같은 방식으로 아빠를 방으로 끌어당긴다. 바닥에서 고개를 들어보니 온화한 미소가 나를 반겨 준다. 나는 몸을 일으켜 세우고 악수를 나누며 영어로 자기소개를 한다. 같은 언어를 사용한다는 것은 편안함을 느끼고 싶은 나의 욕구를 충족시켜 주는 연결점이다. "저녁 먹고 가세요"라고 그가 말한다. 나는 시계를 보며 가족에게 돌아가야 한다고 생각하지만 안 된다고 말할 수가 없다. 혼란스럽다. 나는 지금이 라마단 기간이고 그가 식사를 안 할 것임을 안다. 나는 하난을 바라본다. 하난은 괜찮다고 고개를 끄덕이며 그들이 머물러 달라고 요청했다는 걸 알려준다. 여기 계셔야 해요.

내가 누구인지에 깨어 있기

타운하우스에서의 두 번째 순간에서 탐구와 경이로움의 핵심 개념을 다시 한번 볼 수 있다. 우리는 경험이 어떻게 지속적인 탐구 과정으로 이해되는지 다시 한번 보게 된다. 숀이 새로운 장소, 즉 난민 가족이 연구에 참여하기로 동의한 장소에 온 것을 이야기할 때 이를 볼 수 있다. 타운하우스에서의 첫 번째 순간에서 볼 수 있듯이 경험은 다양한 장소와 사회적 맥락에서 시간이 지남에 따라 펼쳐지고 접히는 것으로 이해된다.

우리는 아름답거나 주목할 만한 것 또는 낯선 것을 경험함으로써 생기는 놀라움과 감탄의 감정인 경이로움으로 돌아간다. 베이트슨은 친구가 그에게 "사물에 대해 그저 궁금해하는 어린 소녀처럼 들리지 않게 하라"(Bateson, 2000:236)고 조언했다고 썼다. 그러나 베이트슨은 친구의 조언을 거부하고 계속해서 명백한 결론보다 경이로움을 더 강력한 것으로 여겼다. 우리는 베이트슨처럼 경이로움을 현상에 대해 내러티브적으로 사고하는 방법, 즉 각각의 새로운 경험을 낯설거나 놀라운 것으로 인정하는 방법으로 본다.

숀은 아지마 가족의 아파트에 도착하자마자 자신이 리미널 공간(liminal space)에 와 있다는 사실을 알고 경이로움을 느낀다. 아파트 문이 열리자 그는 공명, 익숙한 것, 편안함을 느낄 수 있도록 도와줄 무언가를 찾았다. 그는 자기 딸들이 무엇을 하기 좋아하는지 알고 있었고, 하얀 드레스를 입은 세 명의 소녀가 자기 딸들과 같은지 즉시 궁금해한다. 그는 '이 새로운 곳에서 나는 누구인가'라고 궁금해한다. 그는 현관 문턱에 서서 서성이며 분명히 존재하지 않는 아버지를 찾는다. 그는 낯선 남성인 자신이 지금 이 순간 한 여자와 그의 세 딸만 있는 집에 들어가고 있다는 사실을 깨닫는다. 그는 자신이 조언을 얻기 위해 자주 의지하는 하난과 함께 있다는 것을 안다. 그러나 그는 무슬림 가정에 있는 남성이라는 사실을 자각하고 자신의 존재가 젠더화된 사회적, 문화적 내러티브와 충돌하는 것은 아닌지 궁금해한다. 그는 경이로움에 사로잡혀 자신이 아파트 안으로 들어갈 수 있는 방법, 즉 탐구의 가장자리(inquiry edge)[65]를 찾는다. 그가 펼쳐지는 사건들 속에서 자신이 누구인지 궁금해할 때, 여자아이들은 그를 아파트 안으로 끌어당기는 행동을 한다.

타운하우스에서의 첫 번째 순간에서와 같이, 우리는 익숙하지 않은 것에 열려 있다는 감각으로 상황에 들어가는 것이 얼마나 중요한지, 자신을 편안하게 만들기 위해 익숙하지 않은 것을 지우면서 꼬리표와 확신을 가지고 상황을 예단하지 않는 것이 얼마나 중요한지 알 수 있다. 그렇게 하는 것은 다른 사람을 지우고 경이로움의 가능성을 차단할 수 있다. 우리는 불확실성에 머무르는 것, 불/편함과 불/안정에 머무르는 것의 중요성을 다시 한번 깨닫는다. 이렇게 경험의 현상을 내러티브적으로 이해하는 데 핵심이 되는 지속적인 탐구와

65) 여기서 아파트는 탐구의 공간을 의미하기도 한다. 그래서 숀이 아파트 안으로 들어가는 방법을 찾는다는 것은 숀이 탐구의 출발점을 찾는다는 의미를 담고 있다.

경이로움을 품고 살아가는 방식은 우리가 상상할 수 있는 것과 상상할 수 없는 것, 우리가 인식할 수 있는 것과 아직 인식할 수 없는 것에 대한 개방성을 가능하게 한다.

경이로움과 탐구를 통해 경험을 내러티브적으로 이해하는 것과 관련된 또 다른 핵심 아이디어는 불/편함과 불/확실성의 중요성이다. 편안함과 안락함을 추구하기 위해 돌아서지 않는 것이 내러티브 탐구의 핵심이다. 불확실성 속에서 살아가는 것은 우리를 계속해서 취약한 공간, 알지 못하는 공간에 있을 수 있게 해 준다. 왜냐하면 이 공간에서 우리는 함께하는 사람들의 경험에 가장 깨어 있기 때문이다.

타운하우스에서의 순간 3: 보이지 않는 부분과 취약성에 주목하기

> 매주 금요일 아침 시리아 센터에서 회의를 할 때 만들어진 공간에서 우리는 연구 참여자를 찾았다. 여기서 얀(Jaan)을 만났다. 매우 조용하고 영어를 거의 하지 못했던 얀은 사람들에게 종종 미소를 지었지만 대화에는 대개 참여하지 않았다. 나는 그의 조용함과 차분한 모습에 흥미를 느꼈다. 그의 두 아이는 사회적 관계에 참여하는 방식에서 얀과는 태도가 달랐는데, 얀처럼 자주 웃었지만 놀

기회를 찾기도 했다.

얀을 더 잘 알기까지 몇 달이 걸렸다. 우리는 항상 통역사가 있는 상태에서 그의 집을 방문하고 대화를 나누었다. 얀이 임신했을 때 그는 스스로를 고립시키며 영어 수업에 참석하는 횟수를 줄였고 결국 프로그램을 그만두었다. 그를 방문하고 대화를 나누는 동안 나는 그의 삶과 일상이 어떻게 구성되어 있는지 자주 궁금했다. 캐나다에 이민자로 와서 나 자신의 행복에 대해 궁금해했던 사람으로서 나는 그가 행복한지 궁금했다. 그의 행복에 대해 궁금해하면서 나에게 새로운 질문이 생기기 시작했다. 행복이란 무엇인가? 누군가의 행복을 어떻게 판단할 수 있을까? 왜 나는 얀과 관련하여 행복에 대해 생각했을까?

얀의 경험이 나에게 행복에 대한 질문을 던져 주었고, 나는 다음과 같은 내용이 궁금해졌다. 행복은 왜 나에게 중요한가? 행복은 약속인가(Ahmed, 2010)? 그리고 캐나다 시민권이라는 약속이 행복에 대한 약속(Ahmed, 2010)이었는지도 궁금했다.

얀을 바라보며 슬픔의 느낌, 즉 '누군가가 될'(Swanson, 2019) 기회가 그에게 거의 없었다는 느낌을 받았던 순간이 있었다. 하지만 얀을 더 많이 볼수록 그를 알아보지 못하는 나 자신이 더 궁금해졌다. 캐나다인이 되는 대가로 행복을 주는(Ahmed, 2010) 것에 실패한 캐나다 정부, 그리고 아마도 나의 실패일지도 모르는 것에 대해서도 궁금했다. 아메드(Ahmed, 2010)는 '무엇이든(whatever)'을 잃는 것은 또한 '어디든(wherever)'을 잃는 것이라 말하며, 행복이 (현재) 있는 곳에서 멀어진다면 어떨지 생각해 보라고 한다. 나는 종종 얀의 집을 떠나면서 그가 행복에서 멀어진 것처럼 느꼈다. 나는 이것이 실제로 그의 경험인지 궁금했다.

상상할 수 없는 것을 고려하기

비라와 얀의 경험을 내러티브 현상으로 이해하기 위해 우리는 상상할 수 없는 것(Ahmed, 2010)과 낯선 것에 대해 숙고함으로써 경이로움과 탐구라는 이론적 개념으로 눈을 돌린다. 우리 역시 자신과 타인의 지속적인 경험 한가운데서 우리가 누구인지 궁금해한다.

비라와 얀의 만남을 풀어 가면서 두 사람의 관계가 얼마나 복잡하고 서로 얽혀 있는지를, 그리고 궁금해하는 비라의 능력이 때때로 사라지거나 지워지는 것을 볼 수 있다. 그 사라짐과 지워짐의 순간에 담긴 것은 상상할 수 없는 것이다. 얀이 누구인지에 대한 비라의 감각을 형성하고 경이로움과 탐구에 대한 비라의 감각을 저지하는 것은 상상할 수 없음,

그리고 그에 따라 얀을 인식하거나 잘못 인식하는 무능력이다. 이러한 순간에 우리는 상상할 수 없는 것이 얼마나 큰 영향을 미치는지에 주목하게 된다. 우리는 상상할 수 없는 것을 묘사하거나 설명할 수 없다. 상상할 수 없는 것에 이름을 붙일 때, 그것은 상상할 수 있는 것이 되고 우리의 경이로움과 탐구를 다른 방식으로 형성한다. 이름을 붙일 수 없는 경험 속에서 궁금해하는 것은 어렵지만, 상상할 수 없는 것에 머무르며 익숙함을 추구하는 것에 저항하는 것은 중요하다.

상상할 수 없다는 것은 종종 경이로움이 드러나지 않고 차이만이 강조되는, 침묵 속에서 살아가는 사회적 고통을 반영한다. 말로 표현할 수 없는 순간, 상상할 수 없는 순간에 우리는 내러티브 현상으로서의 경험을 이해하기 위해 계속 신중하게 노력해야 한다. 우리는 종종 상대방과 관계를 맺는 방식으로 그를 인식하는 데 의존하지만, 여기에서 우리는 차이와 관계를 맺는 다른 방식들을 찾을 필요가 있다. 상상할 수 없다는 것은 우리를 낯선 방식으로 밀어붙인다.

듣기 어려운 이야기에 상상할 수 없는 것이 있을 수도 있다. 그것은 경이로움과 질문을 불러일으킨다. 비라와 얀의 경험으로 돌아가 이 둘을 나란히 놓고 보면, 상상할 수 없다는 것은 행복에 대한 이해와 집, 더 나아가 '집에 있는 것'의 의미에 대한 개념을 복잡하게 만든다는 것을 알 수 있다. 얀의 경험에서 비라에게 요구되었던 집과 소속감에 대한 생각을 통해 우리는 아메드에게로 관심을 돌린다. 아메드는 다음과 같이 썼다.

> 존재, 집, 세계의 관계는 집을 떠난 사람들의 관점에서 부분적으로 재구성된다. 이러한 재구성은 개인(이주민)의 영웅적 행위를 통해 이루어지는 것이 아니라, 공유된 지식이나 익숙한 지형이 없는 상황에서 기억이라는 집단적 행위를 통해 다양한 정체성을 만들어 내는 공동체 형성을 통해 이루어진다.
>
> Ahmed, 1999:329

아메드는 공동체로 눈을 돌리고, 그럼으로써 경이로움과 탐구에 대한 감각을 확장하라고 한다. 공동체로 관심을 돌릴 때, 우리는 사람들이 누구인지가 중요하다는 것을 인식한다.

우리에게 경이로움은 "당신은 무엇입니까"가 아니라 "당신은 누구입니까"(Arendt, 1958)를 묻는 호기심의 일부이며, 자신과 타인의 지속적인 경험 속에서 우리가 누구인지를 묻는 질문이다. 아렌트에게 '당신은 누구인가'라는 질문은 생명에 대한 긍정인 탄생성[66] 개념과 연결되어 있다. 아렌트는

66) 탄생성(natality)은 해나 아렌트가 주장하는 인간 조건의 핵심이다. 아렌트는 "인간사의 영역인 세계를 '자연적' 황폐화로부터 구원하는 기적은

탄생성과 정치를 연결해 행위자가 서로의 앞에 나타나는 관계를 구축했다. 탄생성은 현상의 공간[67]에서 실현되며, 다르게 생각하고 다르게 행동할 수 있는 공간을 제공한다. 여기서 우리는 새로운 것을 할 수 있고 경이로움과 탐구의 감각을 가지고 "당신은 누구입니까?"(Arendt, 1958:179)라고 물을 수 있다.

아렌트는 다음과 같이 지적한다.

> 각각의 사람은 독특하기 때문에 각각의 탄생과 함께 독특하게 새로운 것이 세상에 온다. … 행동이 시작으로서 탄생의 사실에 해당한다면, 그것이 탄생성이라는 인간 조건의 실현이라면, 말은 차이성(distinctness)의 사실에 해당하며, 다원성(plurality)이라는 인간 조건, 즉 동등한 존재들 사이에서 구별되고 독특한 존재로 사는 인간 조건의 실현이다.
>
> Arendt, 1958:178

다름 아닌 탄생성"이며, "인간의 행위능력은 존재론적으로 이 탄생성에 뿌리를 내리고 있다"(Arendt, 1958/2009:312)라고 주장했다.

67) 현상의 공간(space of appearance)은 말과 행위의 방식으로 사람들이 함께 사는 곳이면 언제 어디에나 존재하며, "이 공간에서 나는 타인에게, 타인은 나에게 현상"한다. 이 공간이 박탈당했다는 것은 "현상과 동일한 것인 실재를 박탈당했"(Arendt, 1958/2009:261)다는 것을 의미한다.

이러한 탄생성의 감각은 우리로 하여금 경이로움과 탐구의 감각을 관계적 공간과 우리 자신 이외의 세계로 사랑의 인식을 가지고 여행하는 공간(Lugones, 1987), 우리와 타인이 등장하는 공간(Dewart et al., 2019) 속에 위치시키도록 요구한다.

이러한 맥락에서 새로운 경이로움에 대한 질문이 제기되고, 이에 대해 탐구하는 것이 필수적이다. 낯설고 상상할 수 없는 맥락을 경이로워하거나 탐구한다는 것이 무엇을 의미하는지 의문이 생긴다. 만약 우리가 상대방을 인식하지 못한다면 경험을 형성하는 맥락, 역사, 미래, 장소에 대해 어떻게 질문할 수 있을까? 얀의 삶의 맥락과 비라와 그의 관계 맥락에서 행복을 이해하는 데 도움이 되는 경이로움을 어떻게 불러일으킬 수 있을까? 세계여행(Lugones, 1987)이라는 개념을 진지하게 받아들이고 '당신은 누구인가'를 묻는 방식으로 공적 공간에 참여하는 것에 관한 아렌트의 글을 고려한다면, 다르게 상상할 가능성을 남겨 두는 방식으로 취약성과 사회적 고통을 가시화할 수 있는 공간을 내러티브 탐구 내에서 어떻게 만들 수 있을지 질문이 생긴다.

비라의 경험을 생각해 보면 이주민이 된다는 것의 의미에 내재된 가정들을 볼 수 있다. 행복에 대한 개념은 특정한 이해에 묶여 있다. 비라는 얀이 나타나도록 하기 위해 열심히 노력해야 한다. 아렌트는 내러티브 탐구자로서 우리가 진지하게 고려해야 하는, 보이지 않는 것과 취약성 사이의 연관성을 도출한다. 세계여행과 놀이성[68](Lugones, 1987)에 대한 감각이 뒷받침된다면, 현상의 공간을 지우지 않고 창조하는 방식으로, 그리고 상상할 수 없는 것을 존중하는 방식의 탐구와 경이로움이 가능하다.

요약

이 장에서는 내러티브 탐구의 핵심 이론적 개념인 탐구와 경이로움을 살펴보았다. 이 장은 상상력과 불확실성을 다루는 3부에 포함되어 있는데, 이는 상상력과 경이로움, 불확실성이 경험에 대한 선형적 관점을 저지하기 때문이다. 이를 통해 과거와 현재의 경험, 그리고 아직 경험하지 못한 경험을 인정할 수 있다. 경이로움과 탐구는 상상력을 자극하고 익숙한 것과 상상할 수 없는 것을 깨뜨리는 과정이다. 다음 장에서는 불확실성과 리미널리티, 그것이 상상력과 탐구를 형성하는 방식을 살펴본다.

---

68) 'playfulness'는 '놀이성'으로, 'playful'과 'playfully'는 맥락에 따라 '유희적으로', '유희하는'으로 번역했다.

11장
불확실성과 리미널리티[69)]

개요

내러티브 탐구의 핵심 개념 중 하나는 삶, 우리가 살고 있는 세계, 우리가 종종 알지 못하는 세계에 존재하는 불확실성에 대한 깨어 있음의 중요성이다. 우리는 먼저 듀이가 사람들의 세계에서, 그리고 그들의 세계와 함께하는 일상적인 경험의 일부로서 불확실성에 주목하는 것을 통해, 내러티브 탐구의 중심이 되는 불확실성의 중요성에 주목했다. 듀이에게 불확실성은 우리 삶의 일부이자 삶을 살아간다는 것이 의미하는 바의 일부였다. 불확실성은 우리 각자가 살고 있는 세계에 필수적인 요소다. 헤일브룬(Heilbrun, 1999)에 따르면, 우리에게 다르게 존재할 가능성을 제공하는 리미널리티는 우리가 문지방에 서 있는 순간에 가시화된다.

---

69) 257쪽 각주를 참고하라.

경험으로 전환하기

1996년 가을, 캐나다 북부의 세 준주(Territories) 중 가장 인구가 많은 노스웨스트(Northwest)에 처음 갔을 때였다. 간호대학 4학년이었던 매기(Maggie)와 나는 북부의 작은 지역사회에서 마지막 임상 실습을 하게 되어 기뻤다. 처음에 우리는 옐로나이프 병원(Yellowknife Hospital) 응급실에 2주간 배치되었기 때문에 작은 지역의 주민들이 3차 진료가 필요할 때 어디로 오는지 더 잘 이해할 수 있었다. 그 후 우리는 두 달 동안 보다 작은 규모의 지역사회에 배치되었다. 병원 응급실에서 근무하면서, 우리는 우리 경험이 제한되어 있어 우리가 알고 있는 것만으로는 지역 주민들에게 필요한 치료를 제공하기에 충분하지 않을 때 전화할 간호사와 의사를 파악할 수 있었다.

지금도 나는 응급실의 분주함을 기억한다. 응급실은 나에게는 낯선 경험을 가진 사람들로 꽉 차 있었다. 어떤 순간에는 내가 왜 북쪽으로 왔는지 의문이 들기도 했지만, 그 외 대부분의 순간에는 작은 지역사회에서 필요한 기술을 배우느라 바빴다. 환자 상태의 심각성에 따라 옐로나이프나 에드먼턴의 병원으로 이송하는, 작은 마을 간 비행기를 제공하는 의료 후송 팀과 함께 하루를 보냈던 기억이 난다. 기상 조건으로 인해 비행기가 며칠 동안 작은 마을에 착륙할 수 없었던 절망의 이야기가 들렸다. 때로는 사람들이 함께 협력해 치료를 받을 수 있는 여건을 마련한 기지와 우연에 대한 이야기도 들려왔다. 결코 단순한 스토리라인은 없었다.

나는 내 간호 업무가 얼마나 달라질지 깨닫기 시작했다. 내 업무의 대부분은 지역사회 구성원들과 협력적인 방식으로 일할 수 있는지에 따라 그리고 내가 속한 관계에 따라 달라질 것이다. 내 업무의 영향력은 내가 수행할 수 있는 기술이 아니라 내가 참여하는 과정에 대한 관계와 주의력에 의해 측정될 것이다. 지난 3년 동안 배운 것도 중요하지만, 새로운 곳에서 내가 모르는 사람들과 함께 일하면서 경험할 불확실성을 편안하게 받아들이는 법을 배워야 한다는 사실을 금방 깨닫게 되었다.

불확실성의 한가운데서 살아가며 배우기

1장에서 살펴본 바와 같이, 경험에 대한 듀이의 개념을 따르면 사람들은 항상 자신이 하는 일과 상황이 그들에게 영향을 미치는 일의 연결을 만들기 위해 노력한다. 경험은 개인과 환경의 교호 작용으로 이해된다.

'경험으로부터 배운다'는 것은 우리가 사물에 행하는 일과 그 결과로 우리가 즐기거나 고통받는 일 사이를 앞뒤로 연결하는 것이다. 이러한 조건에서, 행하는 것은 시도하는 것이 되고, 세상이 어떤 곳인지 알아내기 위한 실험이 되며, 겪는 것은 가르침(instruction)이 되고, 사물의 연결성을 발견하는 것이 된다.

Dewey, 1916:140

다우니와 클랜디닌은 다음과 같이 썼다.

듀이에게 경험으로부터 배우는 것이란 우리가 하는 일의 점들(dots)과 그것이 우리에게 하는 일을 연결하는 것이 아니라 점 자체를 재고하는 것이다. 가장 중요한 것은, 이것이 교육을 경험의 지속적인 '재구성'으로 만들어, 그 의미를 향상하고 후속 경험의 과정을 지시하는 능력을 향상한다는 것이다(Dewey, 1916:40).

Downey & Clandinin, 2010:384

듀이가 주장했듯 배움은 확실성이 끝날 때 시작된다. 배움은 "의심, 망설임, 당혹감, 사고의 기원이 되는 정신적 어려움의 상태를 포함하며, 의심을 해결하고 당혹감을 해소하고 처리할 자료를 찾기 위해 탐색, 물색, 탐구하는 행위를 포함한다”(Dewey, 1933:12). 불확실성과 당혹감은 상황의 일부지만, 각 상황의 끝에는 확실성에 대한 추구가 있다.

듀이는 1910년 저서 『하우 위 싱크』[70]에서, 경험을 통한 배움에 최적의 모델이라고 믿었던 과학적 방법을 많이 활용했다. 과학적 모델은 불확실성이 탐구의 추동력이 된다. 듀이는 “과학적 방법을 일상생활의 통제할 수 없는 불확실성으로 옮기는 것의 문제점을 인식”(Downey & Clandinin, 2010:388)하고 있었다. 듀이에게 경험으로부터 배우는 것의 출발점은, 이해가 구체적인 상황에 대한 의구심(puzzling)에서 시작되며 이러한 의구심이 상황에 대한 이해를 변화시킬 것이라는 의도를 담고 있음을 인정하는 것이었다.

1장에서 우리는 듀이에게 세상을 살아간다는 것이 불확실성을 초래하는 예상치 못한 일들로 가득 찬 ‘일련의 상황’ 속에서 살아가는 것이라고 썼다. 듀이에게 교육은 예상치 못한 것이 일하게 하는, 궁극적으로 성장을 촉진하고 미래의 경험을 형성하고 지시하는 방식의 과정이다. 다우니와 클랜디닌이 쓴 것처럼, 듀이의 관점에서 보면 이러한 불확실성을 헤쳐 나가는 과정을 통해 “우리는 상황과 우리 자신에 질서를 부여하고, 예상치 못한 것을 미래로 추방해 계속해서 그것들을 다시 만난다”(Downey & Clandinin, 2010:389). 듀이

70) 원어 제목 ‘How we think’는 ‘우리는 어떻게 생각하는가’로 옮길 수 있다.

에게 불확실성은 예상치 못한 수수께끼를 만들어 내는 것이다. 우리는 경험을 통해 배우면서 수수께끼 같은 상황, 행동과 해결로 이어질 수 있는 가능한 해결책 둘 다에 집중하게 된다. 다우니와 클랜디닌(Downey & Clandinin, 2010)이 보여 주듯이, 불확실한 세계 속에서 매일을 살아간다는 것과 불확실한 상황을 떠나면서 또 다른 불확실한 상황으로 간다는 점을 인식하는 것, 이 두 가지 개념은 내러티브 탐구에서 연결되어 있다.

비라의 이야기에서 우리는 그가 옐로나이프 북부 지역사회로 날아가 멀리 떨어진 북부 지역사회의 맥락에서 돌보는 일을 배우는 것에 대해 고민하면서 듀이의 말처럼 예상치 못한 상황에 직면하고, 불확실한 상황에 처해 있다는 사실을 이해하게 되는 것을 본다. 그에게 응급실은 익숙한 곳이었지만 "**나에게는 낯선 사람들로 꽉 차 있었다**"라고 말한다. 비라는 자신이 불확실한 상황으로 나아가고 있다는 것을 알고 있었지만, 당황하는 와중에도 **작은 지역사회에서 필요한 기술을 배우는 데** 집중하는 모습을 볼 수 있다. 비라는 당시 상황을 더 확실하게 만들기 위해 자신이 할 수 있는 모든 것을 배우려는 노력을 통해 불확실성에 접근했다.

그러나 내러티브 탐구에는, 불확실성에 대한 듀이의 개념만으로는 "**새로운 곳에서 내가 모르는 사람들과 함께 일하면서 경험할 불확실성을 편안하게 받아들이는 법을 배워야 한**

다"는 비라의 말에 충분히 주의를 기울이게 할 수 없는 지점이 있었다. 비라는 불확실성의 경험 속에서, 아마도 자신이 확신을 찾을 수 없을 것이며 그 확신이 최종 목표가 될 수도 없다는 점을 보여 주기 시작했다.

며칠 후, 매기는 자갈길을 따라 틀리쵸[71] 준주 내의 한 마을로 이동했고 나는 와티[72]행 비행기를 기다렸다. 옐로나이프 공항 로비에 앉아 있던 기억이 난다. 조용히 지켜보며 기다리는데 로비는 서로 아는 사람들로 꽉 차 있었다. 비행기에 탑승할 시간이 되자 기뻤다. 책임감과 의구심이 뒤섞인 불안감이 내 몸을 가득 채웠다. 내가 가려고 하는 곳에 대해 내가 실제로 무엇을 알고 있을까? 나는 누구이며 이 새로운 곳에서 어떤 사람이 될까? 익숙하지 않은 곳에서 내가 어떻게 적응할 수 있을까?

비라는 석사 학위 논문에 다음과 같이 썼다.

---

71) 틀리쵸(Tłı chǫ)는 캐나다 노스웨스트 준주(Northwest Territories)에 거주하는 원주민 공동체다.
출처: https://tlicho.ca/(인출일: 2023. 12. 5.)

72) 와티(WhaTi)는 캐나다 노스웨스트 준주(Northwest Territories)에 거주하는 원주민 공동체다.
출처: https://tlicho.ca/community/whati(인출일: 2023. 12. 5.)

> 그 어느 때보다도 훨씬 더 북쪽과 서쪽 멀리로 날아가는 작은 비행기에 앉아서 나는 나 자신에게 물었다. 어떤 모습일까? … 내가 왜 이걸 하고 있는 걸까?
>
> 운 좋게도 나는 비행기에서 조니(Johnny)를 만났다. "와아, 우리는 당신에 대해 들었어요." … 그리고 침묵. … "순록들을 좀 봐요." … "오, 보고 싶었어요." 나는 내 눈이 아직 가을의 갈색과 노란색, 그리고 순록의 색을 구별하도록 훈련되지 않았고 지난 몇 년 동안 내가 살았던 도시의 회색에 너무 익숙해져 있었다고 말했다. 그게 우리 대화의 전부였다. 그가 무슨 말을 할 것이라고 내가 기대했겠는가? 나는 이제부터 상황이 달라질 것임을 깨닫기 시작했다.
>
> Caine, 2002:5

리미널리티를 고려하기

듀이가 삶의 불확실성에 주목했다면, 내러티브 탐구에서 관련 개념인 리미널리티에 대한 고려로 우리를 이끈 것은 헤일브룬이었다. 헤일브룬은 "리멘(limen)이라는 단어는 문지방(threshold)을 의미한다. 리미널리티의 상태에 있다는 것은 불확실한 땅 위에, 한 조건이나 국가 또는 자아를 떠나 다른 조건이나 국가 또는 자아로 들어가기 직전에 놓이는 것이다"(Heilbrun, 1999:3)라고 썼다. 불확실성은 리미널리티의 일부다. 그것은 사람의 외부와 내부 모두에 근거를 둔다. 리미널리티는 "한 조건을 떠나 … 다른 조건으로 들어가는 것"(Heilbrun, 1999:3)이다. 이러한 리미널리티의 감각은 불확실성을 항상 펼쳐지는 것으로 보는 데 도움이 된다.

헤일브룬은 여성의 삶, 특히 문학에서 여성이 묘사될 때 여성의 삶에서 리미널리티에 대한 개념을 풀어내면서 다음과 같이 썼다.

> 이러한 오래된 구조가 일부 사람들에게 매력적인 이유는 바로 그 구조를 따름으로써 리미널리티를 피할 수 있고, 문지방에서 맴도는 것을 피할 수 있으며, 용감한 결정을 내려야 하는 것을 피할 수 있고, 그 결정이 필연적으로 초래하는 불안과 불확실성을 안고 살아야 하는 것을 피할 수 있기 때문이다. 여러분에게 기대되는 일을 하는 것이 '강렬함과 긴장감' 속에서 사는 것보다 더 쉽다.
>
> Heilbrun, 1999:90

헤일브룬에게 '이러한 오래된 구조'는 여성의 삶을 구성하거나 쓰는 과정이나 방법을 설정하는 플롯라인 또는 스토리라인이다. 이러한 구조를 통해 여성은 이야기 속에서 자신을 찾고 그 결과를 알 수 있으며, 자신을 위해 쓰인 이야기를 알 수 있다. 다음은 여성들의 삶을 종결된 것으로 구성한 스토리라인이다. "'만약 그가 나를 알아본다면, 만약 내가 그와 결혼한다면, 만약 내가 대학에 입학한다면, 만약 내가 이 직장에 합격한다면, 만약 내가 그 일자리를 얻는다면' 거기에는 항상 무언가가 끝나고, 해결되고, 만족할 수 있는 길을 말끔하게 닦아 줄 가능성이 어렴풋이 보이는 것 같다"(Heilbrun, 1988:130). 해결, 확실성을 향해 이어지는 이러한 '만약'이란 진술은 각각 불확실성을 제거하고 리미널리티를 배제하는 오래된 구조를 지닌다. 헤일브룬은 "문지방은 … 여성으로서, 문학 창작자로서 우리 자신의 대사를 쓰고 결국에는 우리 자신의 희곡을 쓰는 곳"(Heilbrun, 1999:102)이라고 말한다. 방주네프(van Gennep, 1960)를 인용한 내러티브 탐구자인 멀 케네디(Merle Kennedy)는 리미널 공간을 다음과 같이 설명한다.

> 과거와 미래 중간의 사이 공간, 미래의 가능성을 접할 수 있는 사이 공간이다. 구조가 명백히 없는 것이 강점이자 약점인데, 강점은 리미널 공간이 그 공간에 참여하는 사람들에게 제공하는 것 때문이고, 약점은 우리가 사는 구조화된 사회에 있는 혼돈에 대한 두려움 때문이다.
>
> Kennedy, 2001:130

사람들을 위해 구성된 이야기와 다르게 될 가능성 사이의 긴장은 우리가 리미널리티에 대한 아이디어를 고려하면서 더욱 가시화되었다.

우리는 **비행기에 탑승할 시간이 되자 기뻐하는** 비라가 익숙한 것과 고군분투하는 모습을 본다. 비행기 탑승은 비라에게 익숙한 이야기다. 하지만 익숙한 것에 대한 갈망은 이 비행기 탑승이 오직 일시적인 확실성의 장소만을 제공한다는 그의 감정을 배제하지 않는다. 비라는 이 비행기가 자신을 불확실한 땅, 강렬함과 긴장감을 가지고 살아야 하는 곳으로 데려다 줄 문지방의 장소라는 것을 알고 있다. 비라는 **책임감과 의구심이 뒤섞인 불안감이 어떻게 자신의 몸을 가득 채웠는지** 설명하면서 문지방 안에서 사는 가능성을 열어 둔다. **내가 가려고 하는 곳에 대해 내가 실제로 무엇을 알고 있을까? 나는 누구이며 이 새로운 곳에서 나는 어떤 사람이 될까?** 그리고 비행기에서 그는 자신이 이곳에 대해 무엇을 알고 있는지, 어쩌면 자신이 알고 있는 것이 불확실성에 더 편해지는 데 도움이 될지도 모른다는 질문을 하기 시작한다. 하지만 그는 이 장소가 강렬함과 긴장감, 알지 못하는 것, 낯선 구조나 스토리라인에 대해 열린 마음을 가지도록 요구할 것이라는 점을 안다.

그리고 비라가 알지 못했던, 알 수 없었던 것을 깨우기 시작한 것은 비행기에서 그의 옆에 앉았던 조니였다. 비라는 자신이 이미 조니가 속한 마을에서 **"와아, 우리는 당신에 대해 들었어요"**라고 '이야기된 인물'이라는 사실은 알았지만, 어떤 이야기가 그에 대해 전해졌는지는 알지 못했다. 비라가 이미 이야기된 인물임을 알고 조니에게 어느 정도 확신감이 생겼을지 모르지만, 이러한 확신감은 비라가 그 전경을 모른다는, 즉, 그의 눈과 몸이 다른 곳의 전경과 광경에 익숙해져 있다는 사실을 상기시키면서 금방 사라진다. 조니의 말은 간결했지만 그는 비라의 이야기 속에서 하나의 인물이 되어 가고 있었다. 조니는 비라로 하여금 그가 가려고 하는 곳에서 그의 주변에 살고 있던 예상치 못한 일, 불확실성, 리미널리티를 받아들여야 한다는 사실을 인정하도록 도와주었다. **그가 무슨 말을 할 것이라고 내가 기대했겠는가?**

비라는 비행기에서 조니의 바로 옆에 앉았음에도 조니의 피부 속으로 들어갈 수 없었다.[73] 비행기를 타는 45분 동안 비라는 불확실성이 덜 부담스럽고 새로운 가능성처럼 느껴지는 곳에 갈 수 있을지 궁금해했다. 지형을 바꾸는 조건은 무엇일까? 아메드와 스테이시는 다음과 같이 썼다.

> 타인과의 친밀함은 항상 피부로 '느껴지는' 반면, 그 친밀함은 거리감 또는 상대방의 피부 속으로 들어가는, … 체

---

73) 조니에게 친밀감을 느낄 수 없었다는 뜻이다.

현된 공감 없음을 수반한다. 따라서 상호 체현은 타인과의 친밀함을 통해 사고하는 방식이지만, 그 친밀함은 거리와 차이를 수반한다. … 피부로 생각하기는 타인과 함께한다는 감각성뿐만 아니라, 타인의 피부에 거주할 수 없다는 윤리적 함의에도 주목하는 사유다.

Ahmed & Stacy, 2001:7

비행기가 비라를 와티 공동체에 더 가까이 데려다주자, 비라는 이미 상황이 달라졌다는 것을 알면서도 계속 자기 피부에 거주하기[74] 위해 고군분투했다.

비라는 자신이 문지방의 장소, 즉 "영구적인 점유를 위해 설계된" 곳이 아닌 장소로 가고 있다는 지식을 몸에 지니고 있었으며, "문지방을 차지하고 출입구에서 맴돌며 문을 두드리는 우리는 우리가 운명 사이에 있다는 것을 알고 있다. 그러나 이곳이 바로 우리가 현재 존재하는 대안들 중에서 선택하게 되는, 그리고 선택해야만 하는 곳이다"(Heilbrun, 1999:102). 문지방이 영구적인 장소로 설계되지 않았다는 사실을 알고 비라는 앞으로 두 달을 어떻게 헤쳐 나갈 수 있을지 궁금했다. 그는 와티를 집이라고 부르는 사람들과 관계를 맺을 수 있을지, 아니면 머무는 동안 문지방에 매달린 채 낯선 사람

74) 비라가 자기 자신의 삶과 정체성을 지키려고 고군분투했다는 뜻이다.

으로 남아 있을지 궁금했다.

리미널로 경험한 전경에서 살아가기

1993년 에이드리언 리치는 〈난파선 속으로 잠수하기〉라는 제목의 시를 다음과 같이 마무리했다.

우린, 난, 넌
소심해서 혹은 용감해서
여기에 다시 돌아오는 길을
찾는 사람,
칼 한 자루, 카메라 한 대,
우리의 이름이 적혀 있지 않은
신화에 대한 책 한 권을 가지고.

비라는 비행기에 앉아 이곳에서 저곳으로 이동하면서 자신이 누구인지 궁금해했다. 리치가 언급했듯이, 비라는 조니로부터 자신의 이름이 이미 와티 공동체의 이야기된 전경에 쓰여 있다는 사실을 알게 되었다. 하지만 비라는 자신에 대해 무엇이 쓰였는지 알지 못한다. 이야기된 전경에서 비라는 누구였을까? 그의 이름으로 무엇이 쓰여서 그가 이 새로운 장소에서 삶을 구성할 수 있게 했을까?

와티의 담당 간호사 린다(Linda)는 내 비행기가 착륙하기를 기다리고 있었다. 그는 원주민 공동체가 소유한 동네 트럭에서 기다렸다. 와티의 틀리쵸 공동체는 라크 라 마르트르(Lac La Martre)에 위치하며 동쪽 해안의 짧은 구간을 따라 뻗어 있다. 도착하자마자 나는 호수의 아름다움에 감탄했다. 공동체에 머무는 시간이 흐르면서 이 호수에는 사라진 사람들의 이야기도 담겨 있다는 사실을 알게 되었다. 때때로 호수는 거기서 죽은 사람들을 되찾지 못했지만 그것이 당연한 일로 여겨질 수는 없었다. 그 순간 나는 그 땅과 그 땅을 여행하는 사람들이 얼마나 밀접하게 연결되어 있는지 알게 되었다.

린다는 나를 학교 옆, 원주민 공동체 사무실 건너편, 마을 한가운데 있는 간호 스테이션으로 데려갔다. 작은 동네 식료품점은 가톨릭교회 옆 100미터 이내에 위치했다. 나는 독일 북부 시골 마을에서 어린 시절을 보냈지만, 이 새로운 곳을 이해하는 데 내 경험에 의지하는 일은 도움이 될 수 없다는 사실을 알고 있었다.

와티에 도착한 첫날 저녁, 어둠이 내려앉자 광활한 호수와 대지에 적막감이 감돌았다. 불확실성이 내 몸에 자리 잡았다. 모호함과 방향 감각 상실이 내 경험의 일부가 되었고, 문지방 장소가 가능성을 열어 주었다.

케네디(Kennedy, 2001)는 문지방을 넘어 새로운 공간으로 이동하는 것이 아니라 리미널리티에 머물며 문지방에 거주할 가능성을 제시한다. 그는 리미널리티를 다음과 같이 설명한다.

> 혼란스럽고 비선형적인 이야기. 그것은 몸에 쓰여지고 신체적, 정서적 차원에서 경험되는 이야기이기 때문에 언어 없이 시작된다. 우리는 경험에 단어를 넣을 수도 있고 넣지 않을 수도 있다. 만약 단어를 넣는다면, 듣는 사람이 경험의 신체적/정서적/영적/도덕적 차원을 인식할 수 있도록 사실상 단어의 수가 적고 기술적(descriptive)일 수 있다.
>
> Kennedy, 2001:141

비라는 작은 마을을 둘러보면서 사람들의 웃음소리와 대화 소리가 섞인 아름다운 호수, 가톨릭교회, 식료품점, 학교 등 몇몇 익숙한 랜드마크들을 알아챘다. 그와 동시에 비라는 이 새로운 장소에 내재된 리미널리티를 감지하고 자신의 몸이 와티라는 장소에 대한 체현된 지식을 가지고 있지 않음을 알았다. 호수는 아름답지만 낯선 방식으로 비밀과 몸을 지니고 있다. 익숙한 랜드마크들은 그가 어린 시절을 보냈던 독일의 작은 마을에서와 똑같은 의미를 지니지 않았고, 지금은 낯설기만 하다. 비라는 **이 새로운 곳을 이해하는 데 내 경험에 의지하는 일은 도움이 될 수 없다**고 쓰면서, 자신이 익숙한 것을 낯선 것, 이야기되지 않은 것, 혼란스러운 것으로 읽어야 하는 공간, 즉 리미널 공간에 들어섰음을 인정한다. 그는 문지방을 넘어 케네디(Kennedy, 2001)가 심연이라고 불렀던, 리미널리티의 장소로 들어가는 경험을 한다. 케네디는 심연이라는 개념을 사용해 리미널리티에 대한 관점을 발전시켰다. 백인 교사였던 케네디는 원주민 공동체 내에 위치한 학교 교실에서 연구를 수행했으며, 그는 이를 '리미널 공간'으로 개념화했다.

> (리미널 공간은) 학생과 교사가 심연 깊숙한 곳까지 서로 들을 기회를 제공한다. 그런 곳에서 일어날 수 있는 혼돈과 혼란은 그저 혼돈과 혼란일 뿐이다. 그것은 학생들의 행동을 나타내는 지표도 아니고, 교육과정을 전달하는 교사의 능력을 나타내는 지표도 아니며, 교실 운영 기술을 나타내는 지표도 아니다. 때때로 당황하고 겁에 질린 우리는 교실에서의 삶, 그리고 삶 자체에 대한 새로운 가능성을 상상하면서, 우리만의 대사를 쓰고 결국에는 우리만의 희곡을 쓸 수 있었다.
>
> Kennedy, 2001:143

비라는 작은 정착촌을 기억하고 20년이 넘는 시간적 거리를 두고 자신의 이야기를 하면서 당시 상황과 자신에게서 혼돈과 혼란을 느꼈다. 그는 자신의 지식에 의지할 수 없었다. 비행기에서 내린 첫 순간에 비라가 파악한 것은 단편들, 숨을 돌리려는 감각, 붙잡아야 할 먼 상상 속의 스토리라인이었다. 조니가 비라에 대해 들었던 이야기는 어쩌면 붙잡아야 할 이야기였을지도 모른다. 하지만 비라가 경험한 것은 침묵이었고 **불확실성이 그의 몸에 자리 잡았다. 모호함과 방향감각 상실이 그의 경험의 일부가 되었다.**

아름답지만 죽음과 비밀로 가득 찬 호수를 바라보며 비라가 경험한 것은 그가 알고 있던 이야기 구조와 맞지 않았다. 케네디(Kennedy, 2001)는 그러한 리미널 공간에 있다는 것은 다음과 같은 공간에 있는 것이라고 썼다.

> (그 공간은) 파편화되고 미결정적인, 우리가 듣는 데 익숙하지 않은 공간이다. 그것은 우리에게 익숙한 이야기 구조에 맞지 않기 때문에 우리는 보통 이야기를 하고 있는 사람의 말을 '듣지' 않거나 친근감을 만들기 위해 이야기를 중첩시켜 이야기의 고통을 회피한다.
>
> Kennedy, 2001:141

매일 일어나면서 나는 경이로움을 느끼며 호수로 가는 길을 걷고, 젊은이와 노인, 이곳에 근거를 둔 이야기를 지닌 원로들과 여러 사람을 찾아 나섰다. 간호 스테이션에서 벗어나 어느 정도 지역사회에 기반을 두고 호숫가에 앉아, 사람들과 함께 걸으며, 이야기를 듣고 불확실성 속에서 살아가는 법을 배우면서 다른 사람들의 이야기를 듣는 법을 배우고 싶다는 열망에 의해 내 행동이 형성되었다.

내러티브 탐구에서 불확실성과 리미널리티가 중요한 이유

예상치 못한 것은 내러티브 탐구에서 불확실성과 수수께끼에 우리를 눈뜨게 하고, 우리와 타인의 삶에 있는 리미널리티에 열린 자세를 가지도록 안내한다. 각 상황이 "수많은 다른 사람들의 복잡한 삶 속에 중첩되고 얽히고 엮인 상황들로 가득 차 있다"(Downey & Clandinin, 2010:390)는 점을 볼 수 없다면 우리는 내러티브적으로 사고할 수 없다. "내러티브적으로 탐구하는 것은 살아내고 말해진 이야기의 상황에 그리고 그 상황들 사이에 불확실성이 존재한다는 사실을 이해하면서, 살아내고 말해진 이야기로서 경험에 초점을 맞추는 것이다"(Downey & Clandinin, 2010:390).

내러티브 탐구가 우리에게 불확실성과 리미널리티에 열

린 삶을 살도록 요구하듯이, 우리 또한 다른 사람들도 그러한 가능성을 가지고 자신의 삶을 살아가고 있음을 알아야 한다. 우리가 살아내고 말하는 이야기가 우리를 어디로 데려가는지, 다른 사람들이 살아내고 말하는 이야기가 그들을 어디로 데려가는지, 그리고 우리의 이야기가 어디에서 교차하고, 함께 살아갈 가능성이 어디에서 열리는지를 따라가야 한다. 다우니와 클랜디닌은 다음과 같이 썼다.

> 내러티브 탐구에서는 가까운 미래에도 어떤 미래의 이야기가 살아지고, 이야기될지 확신할 수 없다. 행동만으로 실행되는 계획도 없다. 사람, 장소, 기타 사건, 감정, 도덕적 판단, 미적 반응에 따라 각자에게 열려 있는 가능한 플롯라인의 배열이 계속 바뀌고 변화한다. 내러티브 탐구자로서 우리는 가능한 플롯라인을 구상하고 그 가능성들의 배열을 암시할 수 있지만, 우리가 말할 수 있는 것은 현재로는 이것이 탐구자와 참여자가 이야기를 살아가고 말하는 방식이라는 점이다. 우리는 하나의 가능한 궤적을 따라 다른 가능한 불확실성으로 나아간다.
>
> Downey & Clandinin, 2010:394

트린 민 하(Trin Min Ha)(1989)는 이러한 불확실한 공간을 개별적인 접경(borders)이나 경계(boundaries)가 아닌,

조건과 범주가 서로 새어나가거나 스며드는 공간으로 볼 수 있도록 도와준다. 호미 바바(Homi Bhabha)(1994)는 이러한 공간 또는 조건을 사이 공간(in-between spaces)이라고 불렀는데, 이러한 공간 속에서 개인적, 문화적 정체성이 형성되고 우리의 가치와 이해관계가 협상된다. 이러한 사이 공간은 불확실성과 불확정성(indeterminacy)으로 가득 차 있으며 리미널리티가 존재하는 곳이다. 그리고 우리는, 비라가 지금 시간적 거리를 두고 자신이 누구이며 어떤 사람이 되어 가고 있는지 되돌아보면서 자신이 이러한 리미널 공간, 즉 자신을 개방한 공간에서의 경험에 의해 영원히 형성되었음을 깨닫는 것을 감지한다. 비라가 자신이 누구였고 어떤 사람이 되어 가고 있었는지를 협상하고 재협상할 수 있도록 해 준 것은 바로 이 공간들, 때로는 심연을 떠올리게 하는 공간들이다.

내러티브 탐구에서 우리는 리미널 공간에서 발견하는 불확실성에 주의 깊게 주목한다. 경계 주변의 이러한 사이 공간에서 우리는 오드리 로드(Lorde, 1984)가 경계지대(borderlands)라 부르는 것을 발견한다. 이 공간은 우리가 다른 가능성을 볼 수 있는 공간, 위협적인 공간이 아니라 우리와 다른 사람들의 창의성을 촉발할 수 있는 공간이다. 안잘두아는 경계지대에 대해 다음과 같이 쓴다.

> 부자연스러운 경계에 대한 감정적 잔여물이 만들어 낸 모호하고 결정되지 않은 장소 … 끊임없는 전이 상태. …'정상'의 경계를 넘거나, 지나치거나, 통과하는 사람들, … 로스 아트라베사도스[75]가 여기에 살고 있다.
>
> Anzaldúa, 1987:3

안잘두아(Anzaldúa, 1987)가 저항의 가능성을 발견한 곳은 바로 경계지대다. 그리고 비라는 자신이 어떤 사람이 되어 왔는지, 그리고 계속해서 어떤 사람이 되어 가고 있는지 되돌아보면서, 지금 와티에서 경험한 이야기 속에서 저항의 가능성을 발견한다. 이러한 저항은 그의 삶과 간호사로서의 실천 전반에 걸쳐 공명하는 것으로, 불확실성과 리미널리티에 의해 형성된 저항이다.

요약

이 장에서는 불확실성과 리미널리티에 대한 이해를 설명했

---

75) 아트라베사도스(los atravesados)는 '횡단하는 사람들'을 의미한다. 안잘두아는 저서에서 '동성애자, 혼혈아, 문제아 등 흔히 정상이라 여겨지는 범주의 경계를 넘나들거나 넘어서는 경계지대에 사는 사람들을 로스 아트라베사도스라 칭했다.

다. 리미널리티에 대한 우리 이해는 특히 헤일브룬(Heilbrun, 1999)의 문지방 개념과 케네디(Kennedy, 2001)의 심연 개념에 영향을 받았다. 12장에서는 경험을 끌어들이기 위한 하나의 방법으로서 놀이성을 살펴본다.

12장
놀이성

개요

11장에서 루고네스의 놀이성에 대한 아이디어를 우리가 어떻게 받아들이는지 보여 주기 시작했지만, 가능성과 관련해 놀이성을 이해하는 데 처음으로 도움을 준 사람은 페일리(Paley, 1993)다. 페일리의 연구는 유치원 교실의 맥락과 교사로서의 일에 기반을 둔다. 그는 어린이, 다른 교사, 까치 이야기 같은 상상의 이야기와 함께 계속 진행 중인 자신의 경험을 고찰한다. 놀이는 종종 일과 반대되는 개념으로 여겨지지만, 이러한 관점은 우리나 우리 연구에 영향을 준 사람들이 이 아이디어를 어떻게 받아들였는지에는 반영되지 않는다. 이 장에서는 놀이의 몇 가지 속성을 강조하고, 놀이의 복잡성을 풀어내며, 우리가 어떻게 놀이를 지속하고 여러 세계를 가로지르며 어떻게 놀이성으로 생각할 수 있는지 알아본다.

까치 울음소리에 깜짝 놀라며 환상에서 깨어나 나는 큰 소리로 웃는다. 갑자기 나무, 사람, 건물과 한 몸이 된 것 같다. 우연히 윈스턴 처칠의 동상을 발견하고 눈물이 쏟아지는 것을 느낀다. '윈스턴 경, 얼마나 오랜 세월 여기 혼자 서 계셨나요?' 샤워를 하고 아침을 먹고 다시 한번 연단에 오르면서 내 영혼은 계속 솟구친다. 수백 명의 청중이 행복한 표정으로 기다리고 있고, 나는 즉시 바로 전날 밤의 감정부터 시작해서 까치에 대해 이야기한다. 그 이야기를 하지 않을 수 없다. 청중 중 누군가가 숨을 헐떡이며 내 뒤쪽 창문을 가리켰고, 나는 고개를 돌려 까치 한 마리가 날아가는 것을 본다. 나는 "아, 이런 느낌이군요"라고 말한다. "이것이 바로 안젤로가 닌자 거북이가 되었을 때 다른 거북이들과 한마음이 되는 느낌일 겁니다. 안젤로는 낯선 사람들의 땅인 교실에 들어올 때면 환상 속에 잠겨 있다가 우리의 미소를 보고 미소를 짓습니다."[76]

하지만 그때, 누군가 그에게 너와 놀 수 없다고 이야기

---

76) 안젤로는 페일리가 가르치던 교실에서 따돌림을 당하던 유아다. 강의 중 일어난 상황에서 페일리가 느낀 기분이 항상 따돌림만 당하던 안젤로가 친구들과 같이 놀게 되었을 때 느낀 기분과 같을 것이라는 의미다.

하면, …

Paley, 1993:6~7

어렸을 때나 어른이 되어서나 '놀 수 없다'는 말을 들었던 기억이 떠오른다. 놀이에 대한 개념은 사람마다 다르지만, 놀이가 중요하다는 인식은 항상 존재한다. 놀이가 없는 삶은 우리에게 불가능하다.

놀이성의 속성

페일리는 놀이의 중요성에 대해 몇 년 동안 글을 쓰면서 "놀이에 쉽게 다가가지 못하는 사람이라면, 놀이에 대해 배울 것이 너무 많다"(Paley, 1990:64)고 지적했다. 이런 방식으로 이해하면 놀이는 주어진 것이 아니라 우리가 노력해야 하고 깨어 있어야 하는 것이다. 우리가 하는 일의 대부분은 논리에 대한 추구, 규칙이 지배하는 사회 시스템, '놀 수 없다'라는 개념을 강조하는 과정과 구조의 영향을 받기 때문에 놀이성을 배우는 것은 필수다. 페일리는 다음과 같이 쓴다.

> 오히려 나는, 어린이들과 내가 유치원 교실에서 중요한 문제에 대해 질문하는 법을 배우고 있다고 생각한다. 우

> 리는 녹색이 어떻게 만들어지는지에는 관심이 없다. 하지만 우리는 개인적인 환상이 사회적 놀이로, 사회적 놀이가 어린이들과 교사의 규칙이 지배하는 사회로 바뀌는 논리를 찾을 필요가 있다. 이러한 문제는 특히 4~5세 어린이들이 판단을 내릴 때 끝없이 논쟁의 여지가 있으며, 놀이가 어떻게 진행되는지 결정하는 과정이 놀이 그 자체보다 더 중요할 때가 많다. … 만족감은 플롯을 해체하는 것이 아니라 밝혀내는 데 있다. 내가 방해되는 것들을 덜 언급하고 어린이들이 등장인물과 플롯에 대해 이야기하도록 돕는 데 더 많은 시간을 할애할 때 놀이의 질이 향상되는 것은 분명하다.
>
> Paley, 1986:17

페일리의 글에는 어린이들의 경험과 교사로서의 성찰에 대한 설명이 풍부하게 담겨 있다. 그는 어린이와 어른, 어린이와 교사, 어린이들 간 상호 작용을 염두에 둔다. 신중하고 지속적인 탐구의 과정을 통해 페일리는 다음과 같은 중요성을 깨닫는다.

> 여러분의 놀이를 공식적인 내러티브로 만들면 내가 여러분과 같은 반 친구들이 서로의 이야기에 귀를 기울일 수 있도록 도와줄 것이다. 이런 식으로 여러분은 이미지와

주제, 시작과 결말, 참조(references)와 암시(allusions)로 이루어진 문학을 구축하게 될 것이다. 여러분의 아이디어를 다른 사람들의 아이디어와 연결하려면 여러분만의 문학을 창안해야 한다.

Paley, 1986:18

어린이들의 놀이성 감각에 초점을 맞추는 만큼이나 페일리는 자기 삶에서 놀이에 대해 고민하고, 우리가 놀이에 대해 생각하고 놀이와 함께할 수 있도록 세밀하고 복잡한 세계를 열어 준다. 우리는 페일리의 책을 읽으면서 놀이를 고려하지 않고 가르치는 것은 불가능하다는 것을 알게 된다.

페일리가 유치원과 교수학습 맥락에서 놀이에 대한 지속적이고 중요한 질문을 제기하는 반면, 루고네스(Lugones, 1987)의 세계여행에 대한 이론적 아이디어는 놀이성을 연구 맥락에 위치시키는 데 도움이 된다. 2018년에 우리는 루고네스를 바탕으로 다음과 같이 썼다.

"'세계'여행자인 우리는 '다른' 세계에서 다른 존재가 되고, 다른 '세계'와 그 안에 있는 우리 자신을 기억하는 능력이 있는 뚜렷한 경험을 지닌다"(Lugones, 1987:11). 그러나 이 개념은 '세계여행'이 더 어려울 때, 때로는 불가능해 보일 때 … (우리가) 관계의 어려움, 경험을 더 온전히

> 이해하기 위한 노력을 외면할 때 삶 속에서 (우리에게) 도전을 준다.
>
> Clandinin et al., 2018:194

세계여행과 놀이성을 생각하면서 루고네스는 유색인종 여성으로서 자기 경험에서 깊은 영향을 받았다. 이러한 경험은 그의 가능성을 형성하는 억압과 저항에 관해 생각하게 만들었다. 루고네스는 상호 의존과 잘못된 선형성, 다툼의 복잡한 세계 한가운데에 놀이성을 배치한다. 루고네스는 다음과 같이 쓴다.

> 나에게 내 안에 있는 놀이성은 나 또는 내 사랑의 경박하고 일회적인 특성이 아니다. 그것은 과정이자 성취해야 할 무언가로서 해방의 핵심이다. 나는 놀이성과 유연함의 관계에 중요한 무언가가 있다고 생각한다. 나는 놀이성이라는 감각이 위험과 결부되어 있음을 주장하면서 그 연관성을 풀려고 한다. 우리는 우리의 토대를 위험에 빠뜨리면서, 교차로에 서서 새로운 토대를 준비한다.
>
> Lugones, 2003:32~33

루고네스는 자신의 연구에서 놀이성을 속성으로 생각한다. 그러나 그것은 고정된 속성이 아니다. 루고네스는 자신이 이 속성을 가지고 있기도 하고 가지고 있지 않기도 하다는 것을 보여 준다. 그는 놀이성에 대한 자신의 이해를 탐구하면서 이중적인 이미지를 만들어 낸다. 루고네스는 놀이성에 대한 이해를 세계에 대한 자신의 생각과 연결한다. 그는 "아마도 여기서 일어나고 있는 일에 내가 가진 속성이 있지만, 내가 편안하지 않은 어떤 '세계'가 있고 내가 그 '세계'에서 편안하지 않은 것은 내가 그 '세계'에서 그러한 속성을 가지고 있지 않기 때문이라는 것"(Lugones, 2003:87)을 인식한다. 그러나 그는 특정 세계에서 편안하게 지내는 것에 대한 이와 같은 생각을 제시하자마자 다음과 같이 쓴다.

> 나는 "어떤 '세계'에서 나에게 그 속성이 없다"라고 했을 때 '세계'가 무엇을 의미하는지, 그리고 그 '세계'에서 나를 유희하지 않도록 한 것이 편안함의 부족 때문이라고 했을 때 그것이 무엇을 의미하는지 둘 다 궁금했다. 왜냐하면 단지 편안함의 부족 문제였다면 내가 그것을 해결할 수 있었을 것이기 때문이다.
>
> Lugones, 2003:87

그의 글을 읽고 다시 읽으면서 우리는 루고네스가 놀이성에 대한 다양한 개념, 즉 우리가 거주하는 세상에서 편안하다는 것이 의미하는 것, 또한 변화하는 땅을 걷는다는 것이 의미하는 것의 개념을 어떻게 형성하는지를 볼 수 있다.

페일리와 루고네스가 놀이성에 대한 우리 이해의 많은 부분을 형성했지만, 우리 이해는 또한 누군가가 '누구'인지와 '무엇'인지에 대한 아렌트의 구분에 의해 형성된다. 아렌트는 루고네스의 놀이성에 대한 감각이 우리 생활에, 우리가 살고 있는 평범하고 일상적인 세계에 중요하다는 것을 알 수 있게 해 준다. 아렌트는 다음과 같이 썼다.

> 어떤 사람이 '무엇'인지와는 대조적으로 '누구'인지를 드러내는 것, 즉 그가 드러내거나 숨길 수 있는 자질, 재주, 재능, 단점 등은 그 사람이 말하고 행동하는 모든 것에 내포되어 있다. 그것은 완전한 침묵과 완전한 수동성 속에서만 숨겨질 수 있지만, 마치 자신의 자질을 소유하고 처분할 수 있는 것과 똑같은 방식으로 이 '누구'를 소유하고 처분할 수 있는 것처럼, 의도적인 목적으로는 거의 공개될 수 없다(Arendt, 1958:179). … 우리가 어떤 사람이 **누구**인지 말하고 싶은 순간, 우리는 그가 그와 같은 다른 사람들과 필연적으로 공유하는 자질에 대한 설명에 얽매이게 되고, 그 단어의 오래된 의미인 유형 또는 '성격'을 묘사하기 시작하며, 그 결과 그의 특별한 고유성을 놓쳐 버린다.
>
> Arendt, 1958:181[77]

이런 식으로 놀이성은 정체성의 질문, 즉 우리가 '누구인가'의 질문과 연결되어 있다고 볼 수 있다. '놀 수 없다'라는 말을 듣는 순간, 우리는 또한 우리 자신이 될 수 없다는 말을 듣게 된다. 놀이성에 주의를 기울이면 루고네스의 말처럼 타자의 세부 사항과 가능성에 주의를 기울이게 되고, 이는 우리를 항상 세계여행으로 부른다.

놀이성에 저항하기

페일리가 지적했듯 우리는 놀이에 대해 배울 것이 많으며, 그 배움의 일부는 유희하는, 그리고 세계여행을 하는 방법을 찾는 데 있다. 우리는 응답 공동체와 대화를 통해, 우리 역시 우리 삶과 우리가 살고 있는 다양한 세계에서 때때로 유희하는 것에 저항한다는 사실을 깨달았다. 가끔 우리는 자신이 누구인지를 지키기 위해 놀이성에 저항하지만, 다른 때는 우리의 놀이성을 침묵시키는 억압적인 구조 속에서 살아간다. 이러한 순간에 놀이성에 대한 저항은 '그렇지 않으면'의 개념에 의해 형성된다.

저항에 대해 고민하면서, 우리는 유치원 교실의 위태로운

---

77) 강조는 원문(Arendt, 1958:181)을 따랐다.

방식[78]과 과정을 이해하기 위해 페일리에게로 돌아간다. 제이슨이라는 어린이와 함께한 경험에서 페일리는 다음과 같이 말한다. "제이슨은 변장의 중요성을 잘 알고 있다. 사이먼이란 이름을 사용하기 전에 제이슨은 그를 '그 다람쥐 녀석'이라고 불렀다. 맨얼굴을 드러낸, 혼란스러운, 성인 중심의 현실보다는 환상의 역할로 다가가는 것이 더 쉬운 경우가 많다"(Paley, 1990:39). 나중에 그는 다음과 같이 썼다.

> 어린이들은 아이디어를 떠올리고 말이 될 때까지, 즉 이야기의 양상을 띠게 될 때까지 즉흥적으로 그것을 가지고 놀이한다. 어린이에게서 나온 이미지를 사용하지 않고 어린이에게 무언가를 효과적으로 설명하는 것은 거의 불가능하다. 종이가 "그림을 먹는다(eats draw)"면, 시작점은 바로 거기다.
>
> Paley, 1990:43

연구자로서 우리의 삶과 일에는 많은 '그림을 먹는다'가 있다. 우리는 종종 이러한 '그림을 먹는다'에 대한 관심이 우리를 놀이할 수 있는 세계, 즉 경이로움에 필요한 불확실성과 리미널리티에 저항하지 않는 세계로 끌어들일 수 있는지

---

78) 놀이를 성인 중심의 현실로 이해하는 방식을 의미한다.

궁금했다.

놀이성의 복잡성

내러티브 탐구에 대한 개념적 이해에 중심이 되는 놀이성의 아이디어는 세계여행의 놀이성에 대한 루고네스(Lugones, 1987)의 저술로 형성되었다. 루고네스에게 놀이성은 다음과 같다.

> 우리의 활동에 의미를 부여하는 놀이성은 불확실성을 포함하지만, 이 경우 불확실성은 놀라움에 대한 개방성이다. … 우리는 자만하지 않으며, 우리 자신에 대한 특정한 구성에 고정되어 있지 않으며, 이는 우리가 자기 구성에 열려 있다는 말의 일부다. 우리에겐 규칙이 없을 수도 있고, 규칙이 있더라도 신성한 규칙은 없다. 우리는 능력에 대해 걱정하지 않는다. … 놀이성은 부분적으로 바보가 되는 것에 대한 개방성인데, 이는 능력에 대해 걱정하지 않고, 자만하지 않으며, 규범을 신성하게 여기지 않고, 모호함과 양면성을 지혜와 즐거움의 원천으로 삼는 것의 조합이다.
>
> Lugones, 1987:16~17

놀이성, 바보처럼 행동하는 것에 대한 개방성, 능력이나 자만 또는 학자로 여겨지는 것을 걱정하지 않는 열린 태도는 연구에 대한 지배적인 이야기에 쉽게 들어맞지 않는다. 연구자로서 우리 자신에 대한 특정한 구성을 버리면 새로운 가능성을 볼 수 있다. 이러한 놀이성은 승패나 경쟁으로 표시되지 않으며, 오히려 우리가 알지 못하는 것에 점점 더 주의를 기울이고 "지혜와 즐거움"(Lugones, 1987:17)의 감각을 얻을 수 있는 공동체 의식을 만들어 낸다. 이러한 놀이성에 대한 이해 속에서 우리는 상상력, 경이로움, 불확실성, 리미널리티의 복잡한 상호 작용을 볼 수 있다.

상상력과 놀이성

9장에서 우리는 그린이 상상력에 대한 우리의 이해를 심오한 방식으로 형성하는 것을 살펴보았다. 그린은 사회적 상상력에 대해 다음과 같이 언급한다.

> 우리가 살고 있는 거리와 학교, 그리고 결핍된 사회에서 무엇이 되어야 하고 무엇이 될 수 있는지에 대한 비전을 창출하는 능력이다. 사회적 상상력에 대해 글을 쓰면서 "우리의 어려움과 고통에 새로운 빛이 비치고 더 이상 이

> 러한 문제들을 참을 수 없다고 결정하는 날이 우리가 다른 상황을 상상할 수 있는 날이다"라는 장 폴 사르트르의 선언을 떠올려 본다.
>
> Greene, 1995:5

그린은 상상력을 통해 세상의 당면 문제에 대응한다. 상상력은 우리로 하여금 행동을 촉구하는 앎의 경지에 도달할 수 있게 해 준다. 그린과 마찬가지로 페일리도 상상력이 중요하다고 믿는다. 페일리는 상상력에 대한 이해를 어린이들의 놀이와 함께 보여 준다.

> 말을 하면서도 내 구분이 흔들린다는 것을 깨닫는다. '부모님이 돌아가신 척하기'와 '내가 널 죽이는 척하기'의 차이점이 있을까? 어린이들은 이 모든 것이 마법 놀이라는 것을 알고 있다. 같은 마법이 파괴하고 부활시키기도 하고, 고아나 엄마를 만들기도 하고, 초록 괴물을 만들기도 한다. 무언가를 상상하는 능력이 마법이고, 그것을 행동으로 옮기는 것이 놀이이며, 놀이를 하는 것이 아이디어를 안전하게 배출하는 방법이다.
>
> Paley, 1984:80

페일리의 이후 저서(Paley, 2010)에서는 상상력, 놀이, 다른 가능성의 밀접한 연관성을 볼 수 있다.

> 창의적인 친절에 대한 개념으로 돌아가 보자. 친구가 되는 새로운 방법을 찾는 것이 최고의 친절 행위다. 문을 열어 두는 것이 중요하다. … 이는 힘든 일이다. 소녀는 계속 그림을 떨어뜨리고, 집어 들고, 블록을 밀고, 다시 그림을 떨어뜨린다. 마침내 소녀는 소년의 곁에 다가가 그 옆에 있는 블록 위에 앉는다. "내가 너에게 줄 그림을 그렸어." 소녀가 말한다. "가져도 돼." 소년은 고개를 절레절레 흔들며 돌아선다. 몇 분이 더 지나자 소녀가 "배트맨이 되고 싶어?"라고 묻는다. 살짝 미소가 번진다. 소년이 "난 로빈이야"라고 소녀에게 말한다. "넌 원더우먼이 될 수 있어." 순식간에 두 아이의 모든 것이 바뀌었다. 어린이들의 얼굴에서 안도감을 볼 수 있다. "내가 널 찾는 것처럼 해 봐." 소년은 "네가 배트모빌에 타고 있는 줄은 몰랐어"라고 말한다. 소년은 배트모빌의 시동을 부드럽게 걸고 두 아이는 교실을 뒤로하고 떠난다. 이건 사랑 이야기가 아닌가?
>
> Paley, 2010:59~60

이러한 다른 가능성에 대한 감각은, 조심스럽게 진행된다면 특권적 무지를 해체하는, 유희하는 방법을 상상하는 데 도움이 될 수 있다. 상상력은 여러 세계를 가로질러 연합을 구축할 필요성과 가능성을 이해하는 데 도움이 된다.

경이로움과 놀이성

그러나 상상력은 경이로움의 감각 없이는 불가능하며, 경이로움은 놀이성의 중심이기도 하다. 상상력과 경이로움은 둘 다 "자신의 토대를 위험에 빠뜨리지"(Lugones, 2003:96) 않는 식민주의와 제국주의의 여정을 방해하는 데 필요하다. 루고네스에게 "놀이는 놀라움에 대한 개방성을 특징으로 하는 태도를 지니며, 이는 우리가 연합을 향해 '세계'여행을 하도록 한다"(Lugones, 2003:98). 루고네스는 더 나아가 다음과 같이 썼다.

> 긍정의 의미로 유희적 태도는 놀라움에 대한 개방성, 바보가 되는 것에 대한 개방성, 자기 구성 또는 재구성에 대한 개방성, 우리가 유희적으로 살고 있는 '세계'의 구성 또는 재구성에 대한 개방성, 우리를 억압자 또는 억압받는 사람으로 구성하거나 억압에 협력하거나 공모하는 것으로 구성하는 근거를 위험에 빠뜨리는 이러한 개방성을 포함한다. 부정의 의미로 놀이성은 불확실성, 자만하지 않는 것, 규칙의 부재 또는 규칙을 신성하게 여기지 않는 것,

능력에 대해 걱정하지 않는 것, 자신과 타인 그리고 그들과의 관계에 대한 특정 구성을 포기하지 않는 것 등을 특징으로 한다. 특정 '세계'에서 자신, 그리고 자신과 타인의 관계를 파악하려고 노력할 때, 우리는 자신을 공부하고, 조사하고, 이해할 수 있게 된다. 그런 다음 우리는 그 '세계'에 있는 존재에게 놀이를 위한 어떤 가능성이 있는지 알 수 있다. 심지어 우리는 자신을 더 잘 이해하고 창의적인 가능성을 찾기 위해 그 자신에 온전히 거주하기로 결심할 수도 있다.

Lugones, 2003:96

내러티브 탐구자로서 우리가 그린의 사회적 상상력 개념에 다시 연결될 수 있도록 도와주는 것은 바로 이러한 창의적 가능성으로의 전환이다. 우리 연구의 철학적 토대를 재방문하고, 우리를 형성한 사람들의 연구물을 다시 읽으면서 우리는 페일리처럼 "최고의 어린이책에 있는 시와 산문이 어릴 때 우리 마음에 들어와 평생 우리에게 노래를 불러 준다"(Paley, 1990:44)는 사실을 인식한다. 어린 시절의 책과 이야기에 의해 형성된 것이 바로 경이로움에 대한 우리의 감각이다.

불확실성, 리미널리티, 놀이성

11장에서 우리는 헤일브룬의 연구와 케네디가 이러한 아이디어를 받아들인 방법에서 불확실성과 리미널리티에 대한 이해를 추적한다. 그러나 불확실성, 리미널리티, 놀이성의 연관성을 이해하는 데 도움을 준 사람은 루고네스(Lugones, 1987)다.

> 우리는 아름답고 새로운 색을 보고 싶어 몇 시간 동안 계속 돌을 부딪친다. 우리는 놀고 있다. 우리 활동의 놀이성은 '돌 부딪치기'와 같이 고유의 규칙이 있는 특정 형태의 놀이가 있음을 전제로 하지 않는다. 그 대신, **우리가 활동을 진행하는 태도, 즉 유희적 태도가 활동을 놀이로 만든다.** 우리 활동에는 규칙이 없지만, 분명히 의도적인 활동이고 우리가 무엇을 하고 있는지 서로 이해한다. 우리 활동에 의미를 부여하는 놀이성은 불확실성을 포함하지만, 이 경우 불확실성은 **놀라움에 대한 개방성**이다.
>
> Lugones, 2003:95~96[79]

루고네스는 리미널리티, 불확실성, 놀이성 사이에 밀접

79) 강조는 원문(Lugones, 2003)을 따랐다.

하고 다방향적인 관계가 있음을 보여 준다. 어느 것도 다른 것 없이는 일어나지 않는다. 우리는 불확실성에 대한 깊은 포용 없이 놀이성에 참여할 수 없다. 그리고 삶이 포용하는 문턱을 열어 두도록 허용하지 않는, 고정되고 얼어붙은 근거를 찾는다면, 우리는 유희할 수 없다.

놀이성을 유지하고 유희하기

페일리와 루고네스가 놀이성을 상상력, 경이로움, 불확실성, 리미널리티와 연관된 것으로 보고 이해하는 데 도움을 주었다면, 유희하는 것과 놀이성을 지속하는 것이 무엇을 의미하는지 더 깊이 생각하도록 도와준 사람은 조이 루스 마이클슨(Joy Ruth Mickelson)이다. 조이 루스는 에드먼턴의 유명한 사회복지사이자 심리학자로 1990년대 초에 박사 과정 연구의 일환으로 교사교육개발연구센터(Centre for Research for Teacher Education and Development)를 찾아왔다. 그는 은퇴 연령이 가까워졌을 때 진의 학생으로서 박사 학위 연구를 시작했다. 조이 루스는 박사 학위 논문(『우리 아이가 행동장애라고요?』라는 책으로 출간됨)[80]을 마친 후 교사교육개발

80) Mickelson, J. R. (2000). Our sons were labeled behavior disordered:

연구센터에서 박사후 연구원으로 일했고, 이후 겸임 조교수로 일했다. 그의 가장 최근 저서인 『파편과 마주하기(Facing the shards)』는 2015년에 출간된 회고록이다. 수년 동안 조이 루스는 매주 센터에서 열리는 연구 이슈 그룹에 참석해 진, 비라, 숀과 함께 다양한 연구 프로젝트에 대한 내러티브 탐구에 계속 참여했다. 내러티브 탐구 경험이 풍부한 그는 많은 이들에게 영감을 주는 안내자였다. 2010년부터는 매주 참석할 수 없게 되었지만, 참석할 때는 종종 시와 창작 논픽션 글을 공유했다. 조이 루스가 살았던 웃음, 상상력, 그리고 가능성에 대한 감각은 탐구자이자 시인으로서 그의 작업에서 분명하게 드러난다. 조이 루스는 2017년에 세상을 떠났다. 조이 루스가 세상을 떠난 후 우리는 시 〈한때 살았다(Once Lived)〉를 비롯해 테이프로 녹음된 시들을 기록하기 시작했다.

한때 살았다

나는 한때 닭장에서 살았다

Here are the stories of our lives. Educators Intl Pr Inc. 염지숙 · 박세원 · 조현희 옮김(2012). 『우리 아이가 행동장애라고요?』 학지사.

3주 동안
비를 피하기 위한 피난처가 필요해
육각형 철조망을 통해 올라간 내 친구의 눈썹에서
매일 밤 깃털을 닦았다
배를 채우기 위한 음식
작은 이등변 삼각형의 닭장
침낭에 묶인 실루엣을 숨겼다
우리는 밤을 보내고, 낮을 깨워
윌리엄을 꿈꾸던 시절을 따라 간다
셰익스피어 정신은 하늘 높이
낮은 땅에서
빙글빙글 돌며
유유히 흐르는 강물 위에
에이번강과 그 지류와 개울에 놓여 있다
그의 삶은 그의 빛나는 단어들처럼
그리고 결코 잊혀지지 않을 플롯과 연극처럼 우리를 놀라
게 했다
우리는 앤과 윌리엄의 오래전 결혼식을 축하하기 위해 왔다
오래도록 기억에 남는 연극
우리는 우리를 더 좋은 친구로
더 많이 알릴 방법을
환영하기 위해 친구로 왔다

우리는 살고 기도하고 노래하고 옛이야기를 나누고
금빛 나비를 보며 웃을 것이다
셰익스피어의 마지막 프롤레인(fraeulein)

시를 다시 읽고 조이 루스의 목소리를 들으니 추억이 떠오르고 내 가슴이 다시 노래하기 시작한다. 화요일마다 우리는 교사교육개발연구센터 테이블에 모였고, 매주 화요일 나는 이미 조이 루스의 참석을 기대하고 있었다. 대학원생 시절 몇 년 동안 나는 조이 루스와 센터 옆에 있는 집필 공간을 공유했다. 그의 시는 내가 유희적으로 글을 쓰도록 도전했지만, 연구자로서 나의 삶과 일에 대해 생각하는 데 도움이 된 것은 그의 신체적 존재, 즉 자기 삶의 리미널리티를 포용하는 능력이었다. 조이 루스는 관대함과 친절함으로 나를 비롯한 다른 사람들도 그와 함께 유희하도록 초대하는 삶을 살았다. 조이 루스의 삶은 그의 저서 『파편과 마주하기』에서 언급했듯이 항상 쉽지만은 않았다. 그의 책 초록은 다음과 같다.

히틀러가 런던을 폭격하겠다고 위협하자 정부는 학생들을 영국 시골로 대피시키기로 결정했다. 조이 루스와 언니 비비언은 사랑하는 부모님을 떠나게 된다. 유대인인 두 자매는 양부모의 친절과 불친절을 경험한다. 전쟁의

> 시대를 배경으로 한 이 성장 회고록은 두려움, 상실감, 사랑이 우리를 갈라놓고 하나로 묶는 파편임을 보여 준다.
>
> Mickelson, 2015:뒤표지

조이 루스의 글에는 놀이가 삶 만들기와도 관련이 있다는 페일리의 아이디어가 반영되어 있다. 페일리는 다음과 같이 썼다.

> 거의 항상 그렇다. 문제는 해결하기 위한 것이 아니다. 문제는 우리가 소유하고, 가능성을 탐색하고, 원인과 결과를 연구하는 데 도움이 되는 것이다. 중요한 문제는 한 번의 거창한 계획이나 한 학년도 내에 해결할 수 없다. 어떤 문제들은 평생 해결해야 하고, 다른 모습으로 돌아와 새로운 통찰을 요구하기도 한다. 놀이 자체가 문제의 연습이며, 이 사실은 지나가는 대화에 조금만 주의를 기울이는 것으로도 입증된다. '괴물이 오고 있어! 거의 다 왔어!'
>
> Paley, 1990:48

우리는 조이 루스가 생의 마지막 순간에도 새로운 통찰을 얻는 데 도움이 되는 종류의 놀이를 계속했다는 것을 알 수 있다.

조이 루스는 '괴물이 오고 있어! 거의 다 왔어'라는 문장에 웃음을 터뜨렸을 것이다. 조이 루스가 그립고, 그의 따뜻한 웃음소리와 내 손을 부드럽게 어루만지던 그의 손길이 아직도 생생하게 들리고 느껴진다. 조이 루스는 나에게 괴물과 놀아 보라고 격려했을 것이고, 앞으로 다가올 일을 생각해 보라고 권했을 것이다. 쥐를 무서워하는 나에게도 닭장에서 함께 살자고 했을 것이다. 그는 나에게 질문하고, 사물을 다시 살펴보고, 오해의 가능성을 탐색하고, 단어를 신중하게 고려하고, 괴물이 가지고 있는 불확실성과 경이로움 및 가능성에 귀를 기울이도록 격려했을 것이다.

루고네스(Lugones, 2003)가 그랬던 것처럼, 조이 루스가 살아낸 놀이성은 가다머(Hans-Georg Gadamer)와 하위징아(Johan Huizinga)의 놀이 개념에 대한 이해에 도전하는, 친절함과 경이로움으로 가득 찬 세상에 존재감을 드러내는 것이었다.

호전적인 놀이에 이의를 제기하기

루고네스는 저서에서 놀이에 대한 다양한 개념을 신중하게 고려하며 다음과 같이 쓴다.

> 놀랍게도 나는 만약 그들(가다머와 하위징아)이 옳다면, 내가 놀이와 놀이성에 대해 생각했던 것이 완전히 틀렸다는 것을 발견했다. 여기서 가다머와 하위징아의 해석에 대한 논거를 제시하지는 않겠지만, 나는 두 사람 모두 호전적인(agonisitc) 놀이 감각을 가지고 있다는 것을 이해했다. 그들이 주장하는 놀이와 놀이성은 궁극적으로 맥락, 승패, 싸움과 관련이 있다. 내가 생각하는 놀이의 감각은 경기와는 아무런 관련이 없다. … 호전적인 놀이성의 감각은 역량이 중심이 되는 감각이다. 게임의 규칙을 아는 것이 좋다. 호전적인 놀이에는 위험이 있고 불확실성이 있지만 불확실성은 누가 이기고 누가 질 것인가에 관한 것이다. 적대감을 불러일으키는 규칙이 있다. **놀이성의 태도는 놀이에 부수적이거나 놀이에서 파생된 것으로 생각된다.** 놀이는 경기이기 때문에, 생각할 수 있는 유일한 유희적 태도는 호전적인 태도다. 이 태도는 활동을 놀이로 바꾸는 것이 아니라 놀이인 활동을 전제로 한다. … 호전적인 여행자는 정복자이자 제국주의자다. 호전적인 놀이성은 이러한 태도를 가지고 다른 '세계'로 여행을 시도하는 사람들을 실패로 이끈다. 호전적인 여행자는 이런 의미에서 여행을 시도할 수 없다. (그것은) '세계'를 여

행할 때 가져야 할 건강하고 사랑스러운 태도가 아니다.

Lugones, 2003:9[81)]

우리는 루고네스의 저서와 세상에 존재하는 조이 루스의 방식에서 호전적인 놀이로부터 벗어나는 것을 볼 수 있다. 호전적인 놀이에 대해 생각할 때, 루고네스와 그가 놀이성을 세계여행 및 사랑의 인식과 연결한 것이 놀이성에 대한 우리의 아이디어를 강하게 형성했음을 알 수 있다. 루고네스에게 놀이는 호전적인 방식에 자리 잡은 것이 아니라 놀라움과 바보가 되는 것에의 개방이라는 아이디어 속에 자리 잡고 있다. 루고네스의 저서는 놀이성에 대한 일반적인 개념을 깨뜨리고 우리가 참여자들과 유희적인 방식으로 관계를 맺을 수 있도록 해 준다. 조이 루스는 학교를 일찍 그만둔 청소년의 경험에 대한 내러티브 탐구(Clandinin et al., 2013)에서 연구 참여자 린(Lynn)과 함께 작업하면서, 자신과 린의 삶이 얼마나 다른지 깨달았다. 이러한 차이로 인해 조이 루스는 세계여행에 관심을 기울이고 유희하게 되었다. 조이 루스의 시 〈나의 시제는 항상 현재라는 것을 인식하라(Aware my tense is ever present)〉는 이를 잘 보여 준다.

---

81) 강조는 원문(Lugones, 2003)을 따랐다.

…

얼굴도 중요하고, 색깔도 중요하고, 장소도 중요하다
편안함에 맞는 것을 선택하기가 어렵다
우리는 걷고, 걷고, 또 걸으며
마침내 발견한다
검은 얼굴, 하얀 얼굴, 빨간 얼굴
우리는 앉아서
피자를 먹고, 말이 입술에서 샘솟는다
동그란 칼라마타 올리브가 녹은 치즈에 달라붙는다
극한의 추위로 얼굴이 거의 보이지 않을 정도로 얼어붙은 바깥 날씨
지탱하고 비틀거리는 몸은 시각을 나눈다
우리는 이곳이 대화를 위한 장소인지도 모른 채 앉아서 밥을 먹는다
온 세상이 들을 수 있는 사적인 대화
이곳은 파티 그룹, 혼자인 사람들, 그리고 우리 둘로 가득 차 있다

…

우리는 이야기 나눈다. 상황과 시간의 자초지종에 대해
부침, 전진과 후퇴, 경이로움과 실망감 등에 대해 이야기한다
나는 경청하고 또 경청한다

응답한 다음 너무 많이 말한다
너무 팽팽하게 연결된 실타래를 찾으라고 말하는
당신의 흐름과 추진력을 내가 파괴한 걸까?

Clandinin et al., 2013:174~175

오만한 인식

시의 단어와 행간을 통해 명백해지는 것은 조이 루스가 자신이 가지고 있었을지도 모르는 오만한 인식을 밀어내고 연구자이자 한 사람으로서 린과 함께 조심스럽게 유희적으로 살았다는 점이다. 우리는 조이 루스가 어떤 말을 했을지 상상해 보았다. 아마도 루고네스(Lugones, 1987)의 말에 공명했을 것이다.

> 나는 이 놀이성에 감사할 가능성에 주목하고 싶다. 여기서 나는 이 유희적 실천을 연습한다. 나의 놀이성에 대한 감사와 그 의미는, 이런 식으로 유희할 가능성이 집합적으로 실현되었을 때, 그것이 우리에 의해 실현되었을 때 성취될 수 있다. 감사할 수도 있고 그리워할 수도 있으며 감사하는 것과 그리워하는 것 모두 중요하다. 이 놀이성이 더 온전히 인정받을수록 나는 여러분에게 덜 부서지고 더 차원적(dimensional)인 것이 된다. 하지만 나는 여러분이 인정하지 않더라도 나의 다차원성을 발휘하고 싶다.

> 그렇지 않으면, 자기 훼손에 참여하는 것이고, 여러분이 보는 그 사람으로만 남게 될 것이다. 이런 식으로 놀이하는 것은 저항의 행위이자 자기 확언의 행위이기도 하다.
>
> Lugones, 1987:41, 각주

페일리(Paley, 1984)는 다른 방식으로, 이러한 저항의 행위에 용기가 필요하다고 설명한다. "놀이가 곧 삶"(Paley, 1990:19)이며, 우리의 삶이나 놀이 모두 우리가 따라갈 수 있는 지도가 명확하게 그려져 있지 않다는 것을 이해하는 자기 비판적인 용기가 필요하다. 조이 루스가 린과 함께 어떻게 행동해야 할지 몰랐던 것처럼 우리는 어떻게 행동해야 하는지 항상 알지는 못한다. 하지만 우리는 우리가 살고 있는 그리고 우리와 함께하는 다른 사람들이 살고 있는 세상에서 항상 유희하려고 노력해야 한다.

요약

마이클슨은 우리에게 말과 아이디어를 통해 유희하는 것과 우리 삶과 일의 연결을 상기시켜 준다. 그는 우리가 유희하는 것을 실천으로 인식하도록 도와준다. 그리고 유희하는 것의 실천은 세계여행의 일부이며 차이를 넘어 연합을 구축하는 것의 일부라는 점을 명확하게 지적한 사람은 바로 루고네스(Lugones, 2003)다. 아마도 놀이성의 깊이는 "우리는 놀이가 아이들의 일이라고 말하도록 배운다. 그러나 아이들을 지켜보고 그들의 말을 경청하면서, 나는 진리와 삶이 놀이와 다르지 않다는 것을 알았다"(Paley, 1990:17)는 페일리의 말을 통해 가장 잘 이해할 수 있을 것이다. 여러 세계를 넘나드는 유희적 사고를 통해 우리는 내러티브 탐구에서 불확실성, 경이로움, 리미널리티, 진리와 삶에 대한 탐구의 열린 공간을 확보할 수 있다.

방법론 노트

이 방법론 노트에서는 내러티브 탐구자가 방법론적 고려 사항과 특정 연구 방법을 형성하는 관계적 존재론 내에서 작업하는 방식에 주목한다. 내러티브 탐구의 중심에 관계적 존재론을 두는 일은 연구자로서 우리가 다른 사람을 연구하는 것이 아니라 연구자와 연구 참여자 사이에 살아 숨 쉬는 공간들을 연구한다는 것을 의미한다. 내러티브 탐구는 경험에 대한 연구이며 경험은 맥락적, 시간적으로 관계에 있는 사람들의 문제다. "참여자는 관계 속에 있고, 연구자인 우리는 참여자와 관계 속에 있다. 내러티브 탐구는 경험에 대한 경험이다. 그것은 관계 속에 있는 사람들이 관계 속에 있는 사람들과 함께 연구하는 것이다"(Clandinin & Connelly, 2000:189). 연구자와 참여자 사이의 공간에서 우리는 상상력, 경이로움과 탐구, 리미널리티와 불확실성, 놀이성이 작용하는 방식을 가장 명확하게 볼 수 있다. 현장 텍스트와 내러티브 기술의 단편들을 바탕으로 우리는 이러한 이론적 아이디어가 연구에서 어떻게 살아나는지를 가시화한다.

아지마를 만나기: 경이로움 속에서 시작하기

> 지역의 체인 커피숍에서 히잡을 쓴 아름다운 젊은 여성과 마주 앉아 딸기 스무디를 마시며, 더운 여름날 지역 쇼핑몰에 있는 이곳이 그가 알았던 그 어떤 곳과 어떻게 다른 느낌일지 궁금해졌다. 우리는 처음 만났다. 그가 고국인 시리아나 그와 그의 가족에게 초기 피난처를 제공한 레바논에 머물기 어려운 상황이었다는 것을 나는 알고 있다. 그가 편안하게 느낄 수 있는 장소에 있기를 갈망하는 마음이 느껴지지만, 내가 틀렸을 수도 있다. 그에게 내 마음 속에서 소용돌이치는 많은 질문을 하기에는 너무 이르다. 우리가 서로를 더 많이 알게 될 때까지, 우리 대화에서 그의 이야기가 아렌트(Arendt, 1958)가 말하는 '현상의 공간'을 우리 관계 안에 만들기 시작할 때까지 기다려야 할 것이다.

내러티브 기술의 이 단편에서 우리는 진이 연구 참여자 아지마를 만나는 모습을 볼 수 있다. 진은 질문과 경이로움으로 가득 차 있지만, 머릿속에서 소용돌이치는 질문을 말로 표현하는 것을 자제한다. 진은 자신과 아지마 사이의 공간이 자신의 질문으로 채워질 수 없음을 감지한다. 궁금해하는 것을 허용하면서도, 그 경이로움으로 공간을 채우지 않으려는 진은 자신의 질문에 대한 아지마의 대답이 아니라 아지마의 이야기를 먼저 들어야 한다는 것을 알고 있다. 내러티브 탐구자로서 우리는 공간을 채울 수 있는 가능한 이야기와 침묵을 제한하지 않도록 개방성과 호기심을 가지고 상호 작용하는 것을 염두에 둔다. 질문만 하러 온다면, 우리는 관계에서 그리고 함께하는 사람들에게 무엇이 중요한지 알 가능성에서 스스로를 배제하는 것이다. 우리는 내러티브 탐구자로서 경이로움 속에서 시작해 참여자들과 함께 계속해서 경이로움 속에서 살아야 한다.

내면으로 궁금해하기: 그 여정에서 탐구에 참여하기

진은 또한 자신이 살아내는 이야기를 탐구를 통해 시작하고 풀어내기 위해, 자신의 경험을 탐구하는 것이 중요하다는 사실을 깨닫는다. 내러티브 탐구자로서 이러한 자기 대면은 시작부터 끝까지 각 탐구를 표시하는 반성적이고 성찰적인 작업의 일부다. 우리는 내러티브 탐구자로서 "어떤 이야기도 독자적으로 존재하지 않고 내러티브 탐구자의 이야기를 포함해 다른 많은 이야기와 관련되어 있기 때문에, 우리는 살아내고 말해진 이야기의 밑바닥이나 가장자리에 있는 이야기를 이해하려고 노력한다"(Downey & Clandinin 2010:387)는 것을 알고 있다. 진은 자신의 경험을 탐구하기 위해 내면으로 눈을 돌리면서 아지마와 관계적 탐구 공간을 공동 구성하기 위해 가져온 이야기를 스스로에게 가시화하기 시작한다. 이러한 자기 대면의 과정을 통해 진은 아지마와 함께하면서 탐구와 경이로움을 위한 열린 공간을 가질 수 있게 되었다. 아지마를 처음 만났을 때 진은 캐나다의 한 곳에서 다른 곳으로 이사하는 중이었고, 이사 경험을 통해 아지마의 경험에 대해 가질 수 있는 가정을 분별하고 깨어 있으려고 노력하기 시작한다.

> 내가 집이라고 생각했던 이 장소는 나에게 소중한 사람들, 나를 반겨 준 학교, 책으로 가득 찬 작은 연구실, 익숙한 복도, 학문적 모임 장소였던 센터 등과 분리될 수 없다. 이곳에 내린 뿌리를 뽑아내려고 애쓰는 만큼 떠나는 과정은 점진적으로 이루어진다. 끝이 보이지 않을 것 같은 넓은 하늘, 창공에서 밝게 빛나는 태양, 얼굴의 수분을 빨아들이고 건조함과 얼어붙는 추위로 피부를 자주 아프게 하는 공기를 떠나기 위해 애쓰고 있다. 이곳은 내 몸이 집이라고 인식하는 곳이다. 나는 이곳이 어떤 느낌인지, 어떤 냄새가 나는지, 어떤 모습인지 잘 알고 있다. 책과 물건을 새집으로 천천히 옮기면서 나는 익숙한 곳, 집이라는 장소가 주는 끌림을 느낀다. 새집에 짐을 푼다. 공기가 피부

에서 다르게 느껴지고, 하늘이 훨씬 더 가깝고, 구름으로 자주 가려져 태양을 볼 수 없으며, 꽃과 삼나무와 전나무 냄새가 공기를 가득 채우는 것을 알 수 있다. 그리고 이 낯선 새로운 곳에서 나는 집에 대한 익숙한 기억을 찾는다.

진은 장소와 관계에 대한 자신의 경험에 주목하면서 아지마도 에드먼턴의 새로운 공간에 와서 비슷한 경험을 하고 있을지도 모른다는 것을 알게 된다. 그러나 진은 자신의 경험이 아지마의 경험과 같다고 가정할 수 없다는 사실도 알고 있다. 진은 자신이 신중하게 계획한 이사, 자신이 선택한 이사, 그리고 돈이 주는 여유를 가지고 착수할 수 있는 이사라는 특권을 깨닫는다. 진은 자신이 자원도 없고, 익숙한 언어도 없이 다른 나라로 떠나도록 강요당하는 것이 아니라는 사실을 안다. 기억과 상상력이 엮이는 방식에 세심하게 주의를 기울이면서 신중하게 탐구하지 않으면, 아지마와 함께한 진의 작업은 오만한 인식(Lugones, 1987)을 특징으로 할 수 있다.

아지마와 함께 탐구를 시작하기

진은 아지마가 도착했을 때 후원자들이 아지마와 그 가족을 위해 마련해 준 에드먼턴의 타운하우스를 방문하면서 아지마를 다시 만났다. 진은 이 대화를 위해 서부 해안의 새집에서 에드먼턴으로 돌아왔다.

> 아지마를 타운하우스에서 만나면서 나는 낯선 곳으로, 아직 집이 아닌 곳으로 이사하는 일이 나에게 얼마나 힘들었는지, 그리고 이 새로운 곳이 어떻게 나를 낯선 방식으로 형성하고 있는지 생각했다. 하지만 언어가 바뀌지 않았고, 집은 익숙한 물건과 책으로 가득 차 있으며, 내게 집을 꾸밀 수 있는 자원이 있고, 나 자신을 정착시키는 데 도움이 되는 차도 있다. 나의 새로운 장소는 경도로 몇 도밖에 떨어져 있지 않으며, 새로운 주에 속해 있지만 여전히 캐나다다.
>
> 나에게는 익숙하지만 아지마에게는 그렇지 않을지도 모르는 크기, 모양, 스타일의 테이블과 푹신한 조립식 소파로 가득한 새 타운하우스에 아지마와 함께 앉아 그를 생각한다. 나는 나를 위해 과일 접시를 준비한 채 소파에 조심스럽게 앉아 있는 그를 바라본다. 아지마는 나를 편안하게 해 주기 위해 노력하고 있으며, 나는 시리아에서 그를 만났다면 그가 나를 위해 무엇을 준비했을지 생각해 본다.

진은 아지마의 타운하우스를 염두에 두고 오랫동안 자신

의 집이었던 곳에서 떠나온 경험, 즉 진이 스스로 선택한 이사를 떠올린다. 진은 한 장소에서 다른 장소로 이사하는 이러한 경험, 이주민이라는 경험이 자신과 아지마를 어떤 식으로든 연결해 주는지 궁금해한다. 아메드(Ahmed, 1999)가 제안한 것처럼, 이주민으로서 그들의 "흔치 않은 소외"가 진이 이 시간과 공간에서 그들의 공통점을 가시화하기 시작할 수 있도록 한 것일까? 하지만 진은 이것이 불확실한 근거라는 점을 안다. 즉 진은 아지마가 처한 상황은 자신이 머물 수 있는 상황이 아니며, 아지마가 정치적 맥락 속에서 난민이자 이주민이 되었다는 사실을 안다. 내러티브 탐구에는 수많은 탐구의 출발점이 있으며, 우리는 그 탐구를 형성한 경이로움으로 몇 번이고 되돌아가고 출발점들은 새로운 방식으로 다시 나타난다. 진은 아지마가 살아가는 리미널리티와 아지마와 함께 내러티브 탐구자가 되는 리미널리티를 받아들일 때 비로소 탐구의 출발점을 찾을 수 있다.

경험의 리미널 공간으로 들어가기

> 시리아에서 레바논, 캐나다 서부로 이어지는 여정에서 그가 무엇을 남겼을지 궁금하다. 그가 기억하고 싶어 하는지 나는 궁금하다. 그는 '그들에 대한 모든 것을 기억하고'

> 싫어 하는가? '당신은 그들의 이름을 배워야 한다. 당신은 오래전에 그들에게 일어난 일을 기억해야 한다. 당신은 그 일에 대해 생각하고 계속 생각해야 한다'(Basso, 1996). 그가 떠난 이 장소들, 그의 조부모와 증조부모가 집이라고 불렀던, 지금은 그가 떠난 장소들에 대해 대화를 나누기 위해 이 공간을 여는 나는 지금 누구인가?

두 사람의 대화에서 아지마가 자기 삶에 너무 많은 변화를 가져온 시리아 내전 이후 어떤 일이 일어났는가에 대한 이야기를 말할 때 진은 '그렇지 않으면'이라는 상상력에 열려 있으려고 노력한다. 내러티브 탐구자로서 우리는 기억과 상상력을 서로 엮여 있는 것으로 이해한다. 따라서 내러티브 탐구자로서 우리의 작업은 기억 작업인 동시에 상상력 작업이기도 하다. 9장에서 썼듯이, 새로운 질문을 던질 수 있게 해 주고 되기의 근거를 만들어 주는 것은 상상력이다. 아지마가 집을 떠난 이야기를 할 때 아지마의 경험을 상상하려고 노력하면서, 진은 아지마와 함께 사랑의 인식으로 세계여행(Lugones, 1987)을 해야 한다는 것을 알게 된다. 질문하지 않고 아지마가 자신의 이야기를 할 수 있도록 경청하는 동안 진은 아지마가 이야기를 침묵시키고, 자신의 삶에서 장소들을 지우고, '그렇지 않으면'으로서의 자신을 다시 상상하는 것을 선택할 수도 있다는 점을 알고 있다.

새로운 장소에서 과거의 집을 유희적으로 상상하기

그로부터 거의 2년이 지난 지금, 진은 아지마와 함께 돌아왔다. 진과 아지마는 지난 몇 달 동안 많은 이야기를 나눴고, 오늘 진은 내러티브 기술의 시작점을 다시 가져온다. 진은 아지마와 그의 가족이 구입한 집의 초인종을 누르면서 아지마와 그의 가족이 새로운 나라에 정착하려고 한다는 것을 알게 된다. 진이 집 안으로 들어서자 아랍 음악이 흘러나온다.

> 아지마는 나를 위해 집에서 즐겨 듣는 아랍 음악을 CD 플레이어로 틀어 주고 있었다. 또한 나를 위해 터키식 커피를 만들어 주었고, 커피포트에 정성스럽게 끓여 테이블에 놓인 두 개의 작은 컵에 따라 주었다. 그는 이전에 커피가 자신을 행복하게 해 주고 예전의 자신을 떠올리게 해 준다고 말했었다. “커피 냄새를 맡으면, 오! 특히 아침에, 특히 아침에요. 터키식 커피.” 아지마는 알레포(Aleppo)에 있는 집에 있을 때 배운 아침 생활 방식을 설명하며, 자신이 아침을 어떻게 보내는 것을 좋아하는지 설명했다. 그는 “냄새. 냄새”가 어땠는지 설명하며, “저는 냄새가 태양을 바라보거나 달을 바라보거나 그냥 생각하는 것보다 더 강력하다고 생각해요. 냄새는 당신을 몇 초 사이에 수년으로 데려갈 수 있어요”라고 했다. 아지마가 나를 식탁에 앉

으라고 초대할 때, 나는 시리아의 고향 집에서 대접했을 법한 달콤한 간식들이 정성스럽게 차려져 있는 것을 보았다. 나는 새로운 공간에서 다시 상상한 시리아 고향 집의 냄새, 소리, 맛을 통해 아지마가 떠나온 고향 집으로 이동한다.

진은 아지마가 오늘 아침의 만남이 당분간 마지막이 될 수도 있다는 것을 느끼면서 한 일에 대해 생각한다. 두 사람은 우정을 통해 서로를 이어 주는 내러티브 줄거리(narrative thread)의 감각, 즉 그들이 연락을 계속 주고받을 것임을 알고 있다. 진이 방문했을 때, 아지마는 자신이 떠나온 세계를 진이 여행하도록 초대하기 위해 시리아 알레포에 있는 집의 냄새와 소리를 이용해 세계를 유희적으로 만들어 냈다. 또한 아지마는 진에게 자신이 시리아 고향 집에서 가져온 냄새, 소리, 맛으로 가득 채워질 새로운 집을 어떻게 다시 상상하는가를 보여 준다. 9장에서는 "우리가 다른 사람들과 융합하기 위해 노력하면서, 무엇이 될 수 있는지를 향해 … 점점 더 많은 길을 제시하면서 우리 자신의 지평에"(Greene, 1994:190) 닿는 것에 대해 썼다. 내러티브 탐구는 경이로움, 리미널리티, 상상력, 놀이성을 살리기 위해 노력하는 혼란스럽고 반복적인 과정이다.

5부
관계성

관계성은 내러티브 탐구의 핵심 아이디어다. 내러티브 탐구의 존재론적, 인식론적 토대는 교육철학자 듀이(Dewey, 1934; 1938)의 실용주의 철학에 그 뿌리를 둔다. 듀이를 바탕으로 우리는 경험이 "내러티브든 아니든 모든 탐구가 진행되는 근본적인 존재론적 범주"(Clandinin & Rosiek, 2007:39)라는 주장을 발전시켰다. 내러티브 탐구는 관계적 존재론을 기반으로 작동한다. 즉, 내러티브 탐구는 경험 자체를 내러티브적으로 바라보며 관계적 앎과 존재에 대한 고려를 필요로 한다. 내러티브 탐구는 사람들이 어떻게 살고 있는지에 대한 호기심, 그리고 사람들의 경험을 구성하는 요소들에 대한 호기심이라는 존재론적 입장에서 진행된다. 내러티브 존재론은 경험이 지속적으로 상호 작용해 사람들과 그들이 상호 작용하는 맥락 모두에서 변화를 초래한다는 것을 의미한다(Dewey, 1938; 1981). 내러티브 존재론은 연구자로 하여금 듀이(Dewey, 1934)가 '일상적 경험'이라고 명명한 연구자와 연구 참여자 모두의 경험, 즉 우리가 관계 속에서 살았던 삶을 이해할 수 있는 방식으로 들어가도록 요청한다. 13장에서는 내러티브 탐구에서 관계적 존재론에 의해 정치적이고 사회적인 것이 형성되는 방식에 대한 이론적 토대를 보여 준다. 14장에서는 내러티브적으로 사고하기가 책임을 불러일으키는 존재론적 헌신을 수반하는 방식을 다룬다.

13장
정치적이고 사회적인 전경

개요

이 장에서는 사회적이고 정치적인 맥락 내에서의 개인 간 관계에 대해 질문을 던진다. 우리는 콜스, 노이만, 애덤스 같은 저자를 통해 내러티브 탐구에서 정치적이고 사회적인 맥락이 항상 작용하지만 탐구의 출발점은 아니라는 것을 보여 준다. 삶은 중심에 있고 맥락 내에서 이해된다. 우리는 개인적이고 사회적인 것이 서로 얽혀 있는 것으로 이해하는 데 관계적 윤리가 핵심이 되는 방식을 강조한다.

경계를 흐리게 하기

진은 책장을 올려다보며 "나한테 저 책이 있다는 걸 알아. 얼마 전에 다 읽었어"라고 말했던 모든 순간을 회상한다.

> 이러한 순간들을 떠올리며, 진은 이처럼 '잃어버린' 책 중 많은 책이 자기 집 책장에 있다는 사실을 깨달았다. 이 사실을 깨달으며 그는 더 이상 자신의 개인적 독서 자료와 전문적 독서 자료를 구분할 수 없다는 점을 이해했다.
>
> Clandinin & Connelly, 2000:163~164

개인적 독서와 전문적 독서를 구분할 수 없다는 것은 우리 삶을 단편적으로 나눌 수 없음을 상기시켜 준다. 진의 집에 있는 서재에 앉아 있으면 그의 독서 깊이와 폭을 알 수 있다. 어린이책을 포함해 다양한 역사적 시기와 지리적 장소에 걸친 책들을 포괄하는 읽을거리가 있다. 그러나 그것은 진이 단순히 독서 자료에 대해 절충적인 감각을 가지고 있음을 의미하는 것은 아니다. 대부분의 텍스트는 개인적인 것으로 시작한다. 회고록이나 자서전으로 볼 수 있는 텍스트도 있고, 이론적인 것으로 보이지만 여전히 개인적인 감각에 기반을 둔 텍스트도 있다. 개인적인 것을 읽음으로써 우리는 사람들의 삶을 형성하고 사람들의 삶에 의해 형성되는 사회적, 정치적 전경에 대한 감각을 이해하는 법을 배운다. 한 걸음 물러서면 우리는 이러한 텍스트를 다양한 방식으로 읽을 수 있다는 점을 알 수 있다. 또한 그 텍스트들이 내러티브 탐구 내에서 항상 개인적인 것으로 시작하면서 정치적이고 사회적인 것을 이론화하는 방식을 알려 준다는 점도 알 수 있다. 아마도 그것은 "삶이 천천히 우리에게 얼룩을 남겼다"(Addams, 1930:6)는 말을 이해하는 한 가지 방법일 것이다. 사빈은 내러티브 탐구자들이 재현적인 것으로 이해되는 내러티브와 존재론적인 것으로 이해되는 내러티브를 구분하는 것의 중요성을 이해하도록 도왔다. 내러티브 탐구자로서 우리는 재현으로서의 내러티브에도 관심이 있지만, 무엇보다도 내러티브 탐구를 존재론적인 것으로 이해한다. 사빈이 헤번(Vincent Hevern)(1999)과의 인터뷰에서 언급했듯이, 사빈과 브루너(Bruner, 1985) 모두 처음에는 재현의 방식으로서 내러티브와 존재론적 형식으로서 내러티브를 구분하지 않았다. 두 사람 모두 재현으로서 내러티브에 더 많은 관심을 가졌다. 그러나 내러티브 탐구자들은 사빈이 후기 연구에서 그랬듯이 인간을 항상 문화적, 사회적, 제도적, 시간적 이야기 안에 있는 존재로 본다. 이야기는 항상 개인적인 것인 동시에 맥락적 내러티브 안에 내포되어 있다.

비라는 자신의 책장으로 눈을 돌리며, 개인적 텍스트와 전문적 텍스트를 구별하는 것이 불가능하다는 사실에 공감한다. 그 역시 사회적, 정치적 전경을 이해하려고 노력하면서도 자서전에 끌린다. 그 사람이 누구인지에 대한 질문은 많은 부분 그 사람이 하는 일에 근거를 둔다. 비라는 종종 유년기 후반과 청소년기에 읽기 시작했던 시와 희곡, 즉 상상의 감각이 돋보이는 작품들에 다시 이끌린다.

블라디미르: 나도 그 의견에 동의하기 시작했어. 평생 나는 '블라디미르, 이성적으로 생각해. 너는 아직 최선을 다해 시도하지 않았어'라고 말하면서, 나에게서 그 최선을 꺼내려고 노력했지. 그리고 나는 다시 투쟁했어. [그는 고민하며 투쟁에 대해 생각한다. 에스트라공에게 향한다.] 그래, 자네 다시 여기에 와 있군.

Beckett, 1953[82)]

블라디미르는 비라에게 삶에 대한 헌신, 그리고 사람들에 대한 돌봄과 그들이 살고 있는 전경, 즉 고통을 간직한 전경에 대한 돌봄을 연결해 준다. 이는 시간, 장소, 사회적 맥락에 기반한 헌신과 돌봄이다. 이 장에서는 내러티브 탐구가 정치적이고 사회적인 전경, 즉 경험과 관련해 형성되고 이해되는 전경에 위치한다는 아이디어를 보여 준다. 내러티브 탐구에 참여하는 사람들은 연구 중에 있는 전경의 일부이며, 자신이 연구하는 경험, 즉 자신이 살고 있는 세계를 만드는 데 도움이 되는 경험에 연루되어 있다는 점을 인정한다. 내러티브 탐구에서 탐구자는 은유적으로 외부에 서 있는 것이 아니라, 연구 중인 현상의 일부다. 우리는 항상 "우리가 연구하려고

---

82) 희곡 『고도를 기다리며』의 일부다.

가정하는 퍼레이드에 참여하고 있다"(Clandinin & Connelly, 2000:81)는 사실을 인정할 필요가 있다.

경험으로 전환하기

청소년기에 비라는 학교를 떠나 학교와는 거리가 먼 환경에서, 학교의 제도적 내러티브 안에 존재하는 청소년에 대한 지배적 내러티브 밖에서 일하며 시간을 보냈다(1장 참조). 비라는 엘리트주의를 특징으로 하고 차이를 침묵시키는 학교의 제도적 내러티브와 종종 부딪혔다. 12학년이 되었을 때, 비라는 부모님께 자신에게 별로 의미가 없는 학교 시스템에 적응하는 데 충분한 시간을 보냈고 학교를 그만두겠다고 말했다. 부모님과 오랜 시간 논쟁을 벌이고 미래 가능성에 대해 논의한 뒤, 비라는 학교를 떠났다. 비라의 부모님은 그에게 일자리를 찾아야 한다고 단호하게 말했다. 비라는 정신병원에서 일자리를 찾았다.

> 정신병원에서 일하는 것이 잘 맞을 것 같아 보였다. 나는 그 일이 의미 있고 무엇보다도 흥미로울 것이라고 상상했다. 도시로 이사를 가서 내가 상상했던 삶에 대해 천천히 생각해 볼 수 있게 해 줄 것 같았고 … 이사를 하면 가능성

이 있을 것 같았다. 부모님의 친구와 이웃들은 정신병원에서 일하기로 한 선택을 매우 의아해했다. 나는 지배적인 이야기들과 부딪히면서 표면으로 드러나기 시작한 뚜렷한 긴장감을 알아차리기 시작했다.

당신이 애나(Anna)를 만나 보았다면 좋았을 것이다. 그는 활기차고, 자신감 넘쳤으며, 자신만의 방식으로 스타일리시했다. 애나는 당신이 상상할 수 있는 가장 화려하고 어울리지 않는 옷을 입었다. 그의 짧고 검은 머리는 다양한 스타일의 머리핀과 고무줄로 묶여 뒤로 넘겨져 있었다. 애나는 항상 여러 개의 목걸이를 했으며, 긴 목걸이끈이 유행하기 훨씬 전부터 그걸 하고 다녔다. 애나는 화려했다.

애나의 손가락은 계속되는 흡연으로 인해 갈색이 되었다. 밝게 칠해진 애나의 손톱은 손가락 얼룩과 결코 어울리지 않았다. 하지만 애나에겐 상관없었다. 애나는 사람들의 관심을 끄는 것을 두려워하지 않았고, 사람들을 불러내는 것도 두려워하지 않았다. 애나와 사랑에 빠지는 것이 내게는 왠지 쉬웠다.

애나를 처음 만나고 몇 년 후, 비라는 콜스(Coles, 1989)가 쓴 글을 접했다. 그 글에서 콜스는 정신과 의사 교육과정에서 지도교수 중 한 명이었던 루트비히 박사(Dr. Ludwig)

와의 상호 작용을 통해, 그의 경력 초기에 내러티브로의 전환이 이루어졌다고 말했다. 루트비히 박사는 "흥미로운 것은 연대기가 어떤 이론을 위해 제공하는 확증보다 생생한 삶의 전개라는 것이다"(Coles, 1989:22)라고 계속 주장했다. 콜스는 "그들의 이야기, 당신의 이야기, 나의 이야기, 그것은 이 여행에서 우리 모두가 가지고 가는 것이며, 우리는 서로의 이야기를 존중하고 그것으로부터 배울 의무를 서로에 대해 가진다"(Coles, 1989:31)고 말하며 비라가 삶에서 배우는 경험과 내러티브에 수반되는 윤리적 책임에 주목하도록 했다.

정신과 레지던트로서의 콜스의 연구를 읽고 비라는 적십자에서 1년간 자원봉사를 마친 후 정신병원에서 일했던 해의 기억을 떠올렸다. 급여는 아주 적었고, 비라는 현장에서 살았다. 당시 독일에서 정신병원은 종종 폐쇄형과 개방형 병동, 법의학 병동과 장애인 시설이 섞여 있는, 정상이라는 지배적인 서사에 적응하지 못하는 사람들이 격리된 작은 마을 형태로 설립되었다. 카페테리아에서는 직원들에게 식사를 제공했고, 인접한 바에서는 환자들에게 저녁의 놀거리를 제공했지만 술을 마실 수는 없었다.

> 애나는 환자였다. 애나는 인생의 대부분을 정신과 병동에서 보냈으며, 심각하고 쇠약해진 정신 건강 문제로 평생을 힘들어했다. 내가 애나를 만났을 때 그는 50대 초반

이었다. 친척들의 방문도 없었다. 애나가 나와 가까워졌다고 말할 수는 없지만, 나는 애나와 가까워졌다. 나에게 가장 인상 깊었던 일 중 하나는 애나와 함께 북해로 여행을 간 것이었다. 당시 나는 열일곱 살이었고, 왠지 애나가 세상을 보는 것이 좋을 거라고 생각했다. 나는 어떻게든 애나와 함께 일하는 사람들에게 이것이 애나에게 좋은 것일뿐만 아니라 애나가 세상을 보는 것이 중요하다고 설득했다. 독일 북해에 위치한 작은 섬마을은 나에게 친숙했다. 대도시 중심지와 달리, 애나가 모험을 떠나기로 결심하면 내가 애나를 더 쉽게 추적할 수 있을 것이라고 생각했다. 물론 애나도 나도 돈이 없었고, 내가 받은 적은 월급과 애나가 받은 정부 지원금으로 동네 호스텔에 머물 수 있을 뿐이었다. 우리가 도착했던 그날을 나는 여전히 기억한다. 아름답고 화창하고 따뜻한 날이었다. 애나는 바다에 가 본 적이 없었고, 일련의 새롭고 낯선 경험에 몹시 흥분한 상태가 되었다.

호스텔에 체크인하던 것을 기억한다. 높은 테이블은 수학여행을 온 것이 분명한 어린이와 청소년들에 둘러싸여 있었다. 애나는 즉시 아이들의 눈을 사로잡았다. 그의 화려함은 너무나 확연히 달랐다. 애나는 아이들과 함께 테이블 옆에 서서 줄담배를 피우며, 아이들에게 담배꽁초를 권했다. 음, 출발은 좋았다. … 유스호스텔에 도착한

지 15분도 안 되어서 우리는 스토리라인을 만들어 냈다. 애나는 정신병원에서는 쉽게 접할 수 없는 탄산음료를 즐겨 마셨다. 몇몇 어린이와 청소년이 탄산음료를 마시는 것을 보고, 애나는 그들에게 담배꽁초를 권한 뒤 자신이 그것을 마셔도 되냐고 물었다. … 애나에게는 말이 되는 물물 교환 시스템이었다.

개인적인 것으로 시작하기

메이 사턴(May Sarton)(1980; 1987)의 일기는 내러티브 탐구자들이 개인적인 것에서 시작하지만 그 안에서 더 큰 맥락의 내러티브를 볼 수 있도록 도와준다. 사턴이 그랬던 것처럼, 우리의 출발점은 항상 개인적인 것이며, 이야기를 탐구하면서 우리는 사회적이고 정치적인 전경이 개인적인 것을 어떻게 형성했는지를 보게 된다. 개인적인 것에 대해 세심한 주의를 기울여야만 더 큰 내러티브를 이해할 수 있다. 사턴은 자신의 일상을 글로 쓰면서 친구와의 방문, 만들고 먹었던 식사, 심고 수확했던 정원 등 모든 것이 지극히 개인적이라고 묘사한다. 그러나 사턴은 또한 주의 깊은 독자들에게 일부 친구들과는 달리 자신이 가지고 있는 특권 문제를 보여주고, 우리의 사회적 내러티브에서 나이가 사람들을 어떻게 다르게 표시하는지 보여 주고, 성적 지향이 그의 삶을 어떻게 형성하는지를 보여 주며, 미국 사회의 윤곽을 형성하는 인종과 인종차별로 우리를 안내한다. 사턴은 이 모든 것을 자신의 일상에 대한 이야기, 즉 자신만의 삶을 만들어 가는 한가운데에 그를 위치시키는 이야기로 풀어낸다.

우리는 자신의 이야기로 시작하지만 애나가 중심인물이 되어 가는 비라의 이야기에서도 비슷한 점을 볼 수 있다. 비라는 **그 일이 의미 있고 무엇보다도 흥미로울 것이라고 상상하며**, 자신이 유년 시절에 의미를 찾았던 이야기를 들려준다. 병원에서의 비라의 일은 **도시로 이사를 가서 비라가 상상했던 삶에 대해 천천히 생각해 볼 수 있게 해 줄 것 같았고 … 이사를 하면 가능성이 있을 것 같았다.** 그리고 비라는 애나가 **활기차고, 자신감 넘쳤으며, 자신만의 방식으로 스타일리시**했고, 애나와의 관계에서 애나가 자신과 가깝다고 느꼈는지는 알 수 없지만, 자신은 애나와 가깝다고 느꼈던 것으로 묘사한다.

비라는 자신의 이야기를 말하면서, 자신과 애나의 개인적인 이야기 모두를 형성한 사회적, 정치적 전경을 가시화한다. 그들 각자의 삶에서 개인적인 것, 그들 사이에 살았던 개인적인 것에 주목함으로써, 우리는 더 큰 내러티브 형태를 감지할 수 있다. 우리는 비라를 학교 내러티브의 제약을 경험하고 자신의 삶을 형성할 더 의미 있는 무언가를 찾기 위해 조기에 학교를 떠날 가능성을 본, 행위성을 가진 특권 있는 청소년으로 본다. 비라는 북해의 섬으로 여름휴가를 떠날 충분한 자원이 있는 가족 내러티브 안에서 어린 시절의 삶을 구성했다. 그는 또한 학교 교육과 가정이라는 제도적 내러티브를 떠나 당시 독일 정신병원을 형성했던 또 다른 제도적 내러티브로 들어가기를 선택한다. 비라는 제도적 내러티브에서, 적십자 자원봉사자라는 내러티브 안이긴 했지만, 저임금 노동자가 된다. 비라에게 이것은 자신이 선택한 사회적이고 제도적인 전경이었기에, 그해 이후 돌아올 가능성은 항상 존재했다.

애나는 다양한 사회적, 제도적 전경 속에 있는 정신병원에 살고 있으며, **인생의 대부분을** 이러한 전경에서 살았다. 정신병원에는 심각한 정신 건강 문제가 있는 사람들을 위한 각본이 있고, 애나는 평생 그 각본, 즉 자신을 비정상적이라는 범주에 가둔 각본 안에 남을 것이다. 비라와 애나 둘 다 당시 독일의 도심 안과 밖 모두에서 자립적인 제도적 장소였던 정신병원의 내러티브 안에서 그들의 관계를 구성한다. 애나를 알게 되면서 비라는 여행이 **애나에게 좋은 것일 뿐만 아니라 애나가 세상을 보는 것이 중요하다**는, 애나를 위한 다른 이야기를 구성한다. 이 시점에서 비라는 다시 한번 사회적, 제도적 전경 내에서 자신의 행위성을 행사하며 자신과 애나 모두의 이야기에 개입한다. 그들이 호스텔에서 시간을 보낼 때, 어린이와 청소년에게 담배를 피우면 안 되고 낯선 사람과 물물 교환을 해서도 안 된다는 다른 지배적인 사회적, 정치적 내러티브가 분명해진다.

비라는 내러티브 탐구에서 내러티브 탐구자가 사회적이고 정치적인 전경과 함께, 그리고 그것에 대해 사고할 때, 우리가 우리 자신의 삶을 회상해야만 한다는 것을 상기한다. 여기에는 우리 삶이 우리 자신만의 것이 아니라 다른 이들에 의해 규정되고 기록된다는 사실을 일찍부터 배운다는 인식이 포함되어 있다. 우리는 우리 삶에서 배우고 있다(Neumann & Peterson, 1997). 우리가 우리 삶에서 배운다는 개념으로 사고할 때, 우리는 비로소 집으로 가는 길을 찾는다는 느낌이 든다. 노이만은 다음과 같이 썼다.

> 글쓰기를 통해 나 자신과 내 일을 위해 배운 것은 내 전문적인 일, 특히 연구를 수행하는 데서 내가 지금 다른 사람들과 관계를 맺는 방식이 수년 전 자신의 이야기를 말하려고 노력하던 아버지에게서 배운 것을 반영한다는 것이다. 이러한 관계 맺음의 방식은 내가 인터뷰하는 사람들의 삶을 경청하는 방식, 그들의 삶을 상상하는 방식, 그들이 느끼고 아는 것을 전달하기 위한 말의 한계를 느끼는 방식, 그들이 말하는 동안에도 그들이 알고 배우는 것을 이해하지 못하는 나의 무능함을 느끼는 방식 등을 포함한다.
>
> Neumann, 1997:91

나중에 노이만은 "다른 차원에서 그것은 내가 아무리 노력했더라도 내 삶과 분리된 삶에서 결코 배울 수 없음을 가리켰다"(Neumann, 1997:91)고 말했다. 내러티브 탐구자로서 우리 연구는 경험을 우리 삶의 일부로 이해하는 것이며, 따라서 이것은 우리 연구의 사회적, 정치적 의미에 중요하다. 집으로 가는 길을 찾는다는 감각은 살고, 다시 살고, 말하고, 다시 말하는 이야기의 세부 사항과, 살고 말하는 것에서 발생하는 침묵, 공백, 혼란에 세심하게 주의를 기울일 필요성을 특징으로 한다. 세심한 주의는 우리가 사람들의 삶의 사회적이고 정치적인 전경을 보고 이름을 붙이는 데 도움을 준다.

침묵으로 사고하기

우리는 말하지 않은 이야기, 즉 우리를 매우 깊이 형성했지만 아직 그것을 표현할 단어를 찾지 못한 이야기와 경험을 항상 생각하지는 않는다. 이러한 경험을 형성하는 것은 종종 사회적, 정치적 맥락이다. 바로 이 지점에서 우리는 말하지 않거나 침묵된 이야기를 추구해야 하는 것인지 확신할 수 없다(Neumann, 1997). 침묵은 종종 사람들이 직면하는, 사회적으로 새겨진 도전, 낙인, 공포, 삶의 불의와 불공정함을 담고 있다. 우리가 이것들을 열 수 있고, 열어야 할까? 그에 어떤 이익이 있을까? 내러티브 탐구자들이 침묵으로 사고할 때, 노이만(Neumann, 1997)은 "나는 어머니의 삶을 통해 말 없이 살아가는 이야기의 침묵 속에도 알고 말해야 할 텍스트가 존재한다는 것을 배웠다. 비록 그 이야기가 예상하지 못한 방식으로 벌어질 수 있지만 말이다"(Neumann, 1997:92)라고 말한다.

경험과 침묵을 형성하는 사회적, 정치적 전경은 종종 사회적 조건의 영향뿐 아니라 시간과 장소에 걸친 해프닝과 사건의 정치적 함의를 반영한다. 침묵은 내러티브 탐구의 필수적인 부분인데, "우리는 침묵과 함께, 침묵 속에서 살고 있으며 … 우리가 말한 경험 이야기와 말하지 않은 경험 이야기는 침묵에 의해 형성되고, 또한 침묵을 형성하기도 하기"(Blix, Caine, Clandinin & Berendonk, 2021) 때문이다. 침묵에 특히 주목해 사미족[83] 가족의 세대 간 경험을 탐구한 블릭스(Bodil Blix)와 동료들의 연구에서 연구자들은 침묵한다는 것의 개념을 탐구하는 동시에 침묵이 "우리를 내면으로 향할 수 있게 해 주는 고요함(quietness)과 평온함(stillness)"을 의미한다는 것을 인식한다. 이들은 "이런 식으로 침묵은 다른 종류의 존재를 담고 있는데, 여기서 다른 종류의 존재란 우

83) 사미족(Sami)은 북유럽 스칸디나비아 반도 북구와 러시아의 콜라 반도 등에 거주하고 있는 우랄계 소수 민족이다.

리가 평온함이라 이해하는 것과 함께 시간적으로 살아가는 것에서 알 수 있는 가능성의 존재를 의미한다"(Blix, Caine, Clandinin & Berendonk, 2021:583)고 말한다.

침묵은 고요함과 평온함을 의미할 수 있지만, 커비(Kerby, 1991)는 수치심과 존중의 결여가 침묵을 확대할 수 있음을 상기시켜 준다. 수치심과 무례함이 침묵을 형성할 때 욕망, 인정, 책임이라는 윤리적 질문이 가시화된다. 사미족인 블릭스 가족의 침묵 경험에서 침묵은 기숙학교를 포함한 식민 지배의 경험을 특징으로 한다. 수치심은 사미족이라는 정체성에 대한 블릭스 가족의 침묵을 포함해 그의 가족 이야기 속에서 깊은 침묵을 나타냈다. 침묵은 가족, 개인 또는 관계를 보호하는 방식으로 작용하기 때문에 침묵을 깨뜨리기는 종종 어렵다. 몰리 앤드루스(Molly Andrews)는 이를 이해하는 데 도움을 준다.

> 침묵은 항상 그것을 둘러싸고 있는 것과 관련해서만 존재한다. 그것은 말과 말 사이의 공백이므로 말한 것의 의미뿐 아니라 말할 수 있는 것의 의미를 구성하는 데 도움이 되며, 말하지 않은 것과 말할 수 없는 것 모두의 피난처가 된다.
>
> Andrews, 2010:161

피난 공간으로서 침묵은 사회적, 정치적 전경이 삶을 얼마나 강력하게 형성하는지를 보여 준다.

비라는 침묵과 사회적, 정치적 전경 간의 연관성, 그리고 침묵 경험의 관계적 측면을 생각하면서 다시 한번 애나와 함께한 시간을 떠올린다. 애나와 함께 앉은 순간 비라는 처음으로 버림받음과 추방에 대해 생각하게 된다. 평생을 제도적 환경에서 살아온 애나는 영속성에 대한 약속이나 깊은 사랑의 감정이 전혀 없는 좁은 구조와 관계 속에서 삶을 구성해 왔다. 애나의 삶에는 많은 침묵이 있었는데, 가족사진이나 어린 시절에 의미 있었던 물건들, 우정이나 친척들과 관계의 추억들을 상징하는 물건들이 없을 때 드러나는 침묵이었다. 애나는 가족의 안정, 사랑과 애정에 대한 당연시된 개념에 대해 비라의 궁금증을 불러일으켰다. 비라는 섬 방문이 애나에게 미친 영향을 회고적으로만 궁금해했다. 그 경험이 애나에게 더 많은 침묵을 만들어 냈나? 그 경험은 애나에게 그의 삶과 정신병원에서 살았던 다른 사람들의 삶의 사회적, 정치적 전경을 가시화했나? 비라는 자신의 특권이 만들어 낸 침묵을 더욱 심화하는 데 어떤 역할을 했나?

페미니스트 실용주의로 전환하기

> 해변에서 우리가 함께 보낸 시간, 모험심 넘쳤던 기차 여행, 해변에 함께 앉아 우리 각자가 어떻게 그곳에 오게 되었는지 궁금해하던 시간 등, 나는 애나를 자주 생각한다. 이제 나는 애나가 나와 함께 해변에 앉아 있을 때 무엇을 궁금해했을지 궁금하다. 애나와의 경험을 통해 나는 사회적 책임에 대한 더 큰 질문뿐 아니라 가부장주의, 정신병원에 있는 사람들이 결코 경험하지 못한 자유와 기쁨 사이의 긴장도 생각하게 되었다. 누가 정상인지를 누가 결정할 수 있을까? 우리 모두는 누구의 규칙에 따라, 누구의 규칙과 함께 살고 있을까?

비라와 애나의 경험을 생각하면서, 우리는 내러티브 탐구자로서 우리 연구가 애덤스와 같은 페미니스트 실용주의자들의 작업과 공명하고 그 영향을 받는다는 사실을 상기한다. 특히 우리는 애덤스가 헐하우스에서 일을 수행하는 방식에서 많은 정보를 얻는다. 헐하우스는 1889년 애덤스가 주로 이민자 출신인 빈곤층과 노동자 계급이 거주하는 동네에 공동 설립한 정착촌이었다. 처음에는 남성과 여성에게 서비스를 제공했지만, 나중에는 점차 여성에게 돌봄을 제공하는 데 중점을 두었다. 헐하우스에서 일하면서 애덤스는 경청, 참여, 리더십, 행동주의(activism) 사이의 명확한 연결고리를 구축했다. 애덤스는 사회 문제와 다양성을 이해하고 공동체에 대한 도덕적 헌신을 촉진하기 위해 경청하고 경험에 참여할 필요성을 명확히 했다. 애덤스는 헐하우스에서의 경험에 대해 다음과 같이 썼다.

> 우리는 우리가 받은 한결같은 친절과 예의에 끊임없이 깊은 감명을 받는다. 아마도 이러한 초기의 나날은 가난한 사람들 사이에서 지속적인 생활을 위해 확실히 필수적인 것으로서 단순한 인간적 토대를 마련했을 것이다. 첫째는 도시의 다른 지역보다 산업 지구에 거주하는 것에 대한 선호로, 그것이 흥미롭고 인간에게 매력적이기 때문이다. 둘째는 사람들을 비슷하게 만드는 것이 그들을 갈라놓는 것보다 훌륭하고 낫다는 확신으로, 이러한 기본적 유사성이 적절히 강조된다면 인종, 언어, 신조, 전통의 덜 본질적인 차이들을 쉽게 초월할 수 있다는 확신이다.
>
> Addams, 1916:5장, n.p.

비라는 애나를 비롯한 정신병원 내 다른 사람들과 함께했던 경험을 다시 생각하면서, 이러한 경험과 그에 대한 탐구가 어떻게 심오한 방식으로 자신을 형성했는지 깨닫는다. 비라는 자신의 경험에 대한 탐구를 통해 권력, 제도, 사회적 규범, 즉 사람들의 삶의 사회적, 정치적 전경에 질문을 제기한다. 비라가 학교를 일찍 그만둔 것은 그에 대해, 그에게 기대되는 내러티브의 단절을 의미했지만 그가 학교를 일찍 그만둔 것과 고도로 구조화되고 규범적인 환경인 정신병원에서 일한 것은 우리가 살고 있는 사회적이고 정치적인 세계를 이해하는 핵심으로서 사람들의 삶에 대한 비라의 호기심과 관심을 불러일으켰다. 다른 사람들의 삶에 귀 기울이고 참여하며 그 방법을 모색하면서, 비라는 다른 가능성을 상상하는 것이 얼마나 중요한지 알게 되었다. 애덤스의 말은 비라에게 반향을 일으킨다.

> 우리는 세상의 무감각함과 딱딱함의 상당 부분이 다른 사람들의 경험에 대한 이해를 가로막는 상상력의 결여 때문이라는 것을 상식으로 배웠다. 그러한 경험의 결과는 궁극적으로 삶에 대한 우리의 이해를 결정하기 때문에, 우리에게는 도덕적 의무 아래서 경험을 선택한다는 확신이 이미 있다. 우리가 동료들을 경멸하게 되고, 우리가 이전에 존중하기로 결정한 특정 유형의 사람들과 교제하는 것을 의식적으로 제한한다면, 우리가 우리 삶의 범위를 엄청나게 제한할 뿐만 아니라 우리의 윤리 범위도 제한하는 것임을 본능적으로 안다.
>
> Addams, 2002:8

헐하우스에서 애덤스가 했던 일에 대해 쓴 것을 읽으면서, 그가 그곳을 일터로만 생각한 것이 아니라 자기 삶으로 여겼다는 것을 알 수 있었다. 애덤스의 접근 방식은 사회적 경험의 도덕적 필요성을 가시화했다. 다작 작가였던 애덤스는 (비록 그가 그 공로를 항상 인정받았던 것은 아니지만) 철학적 아이디어와 사상을 받아들여 많은 사람에게 영향을 미쳤다. 시그프리드(Haddock Seigfried)는 애덤스를 "학자들이 자기 이론이 해결해야 하는 문제로 괴로워하는 공동체의 일원이 되어야 한다는 급진적인 입장을 채택함으로써 듀이의 주장을 한 단계 더 발전시킨 사람"(Seigfried, 1996:58)으로 보았다. 애덤스는 내러티브 탐구자들이 삶에 대한 실용주의적 사고의 중요성과 인간 경험의 공통 기반을 탐구해야 할 필요성을 명명하는 데 도움을 준다.

윤리와 행동의 문제로서 사회적이고 정치적인 것

모리스 해밍턴(Maurice Hamington)은 애덤스의 연구를 돌봄윤리와 연결한다. 해밍턴은 "인간 체현의 도덕적 중요성을 암묵적으로 이해한 돌봄윤리학자로서 애덤스의 사례를 제시하기 위해 나는 그의 공감적 지식 개념, 도덕성에 대한 관계적 접근, 맥락의 가치화를 살펴볼 것"(Hamington, 2004:99)이라고 말했다. 해밍턴은 계속해서 다음과 같이 말한다.

> 돌봄은 윤리적 고려 사항을 맥락, 관계, 정의적 지식으로 전환하는 개인적이고 사회적인 도덕성에의 접근을 의미하며, 이는 돌봄의 체현된 차원을 인식할 경우에만 완전히 이해될 수 있다. 돌봄은 개인의 번영과 성장에 전념하면서도 우리의 상호 연결성과 상호 의존성을 인정한다.
>
> Hamington, 2004:3

애덤스의 연구에서 잘 드러나는 성장, 상호 연결성, 상호 의존성은 내러티브 탐구의 핵심이다. 코넬리와 클랜디닌은 "교육받은 삶을 사는 것을 지속적인 과정"으로 설명한다. 이들은 "사람들의 삶은 시간이 지남에 따라 구성된다. 전기 또는 삶의 이야기는 살아지고, 이야기되고, 다시 이야기되고, 다시 살아진다. 우리에게 교육은 삶과 삶의 이야기를 다시 이야기할 가능성과 함께 얽혀 있다"(Connelly & Clandinin, 1998:246~247)고 보았다.

내러티브 탐구에서는 윤리를 삶을 살아가는 것과 얽혀 있고, 함께하는 지속적인 과정에서 협상되는 것으로 본다. 윤리는 교육 기관 안팎에서의 학문과도 밀접한 관계가 있다. 그렇다면 내러티브 탐구 관점에서 윤리적인 것으로 여겨지는 것은 무엇일까? 탈파드 모한티(Chandra Talpade Mohanty)

는 집에 대한 정의를 내리면서, 다음과 같이 말한다.

> 편안한, 안정적인, 물려받은, 친숙한 공간이 아니라 사회적 불의에 대한 집단적 분석과 급진적 변혁에 대한 비전을 공유하는, 친숙함과 애정과 헌신이 있는, 상상력이 풍부하고 정치적으로 충전된 공간이다.
>
> Mohanty, 1993:53

관계적 윤리로 사고하기

우리는 윤리적인 것과 정치적인 것의 연결을 보고, 그런 식으로 경험에 초점을 맞추는 일이 행동주의와 투쟁의 가능성을 열어 준다고 생각한다. 우리는 『내러티브 탐구의 관계적 윤리(Relational ethics of narrative inquiry)』에서 다음과 같이 썼다.

> 삶 만들기의 실제적 결과에 주의를 기울이며 경험에 대한 특별한 관점 안에서 연구하는 것은 우리가 관계적 윤리를 살아내는 방식을 형성한다. 경험에 대한 실용주의 관점에 기반한 우리의 철학적 입장을 가시화하는 것은 우리가 관계적 윤리를 어떻게 고려하게 되었는지를 이해하는 데

> 특히 중요하다. 클랜디닌과 로지엑(Jerry Rosiek)은 내러티브 탐구가 개인의 경험뿐 아니라 "개인의 경험이 구성되고, 형성되고, 표현되고, 실행되는 사회적, 문화적, 제도적 내러티브"를 탐구하기 때문에 "평범한 삶의 경험에 대한 존중"(Clandinin and Rosiek, 2007:42)으로 시작된다고 설명한다.
>
> Clandinin et al., 2018:42

2018년에 우리는 관계적 윤리에 대한 이해를 다섯 가지 핵심 차원으로 정리했다. 첫째로 상상력, 즉흥성, 놀이성을 가지고 세계여행에 참여할 필요성, 둘째로 경청과 삶을 허용하는 방식으로 천천히 움직일 필요성, 셋째로 경험의 진행성(ongoingness)에 대한 깨어 있음과 함께 윤리를 항상 진행 중이며 만들어지는 것으로 이해할 필요성, 넷째로 윤리적으로 사는 것은 곧 우리를 불/편함의 장소에 놓는 리미널 공간에서 사는 것임을 인정하는, 불확실성과 알지 못함에 항상 관여할 필요성, 다섯째로 윤리적 관계는 항상 우리에게 침묵과 사색으로 가만히 주의 깊게 주목할 것을 요구하는 생생한 체현임을 이해할 필요성이다. 이러한 주요 특징이 관계 속에서 존재하는 윤리적 방식을 개괄하지만, 애덤스의 말을 고려해야 한다. "행동은 실제로 윤리를 표현하는 유일한 매개체다. … 구체적인 경우에 무엇을 해야 하는가에 대한 질문에 직면할 때, 이론에 따라 행동할 의무가 생길 때 도덕적 판단이 필요한 상황이 된다"(Addams, 2002:119).

8장에서는 내러티브 탐구에서 우리가 공동체를 이해하는 방법을 이야기했고, 린데만 넬슨의 연구를 바탕으로 어떻게 "선택의 공동체가 대항 이야기 - 저항과 불복종의 내러티브 - 를 통해 그들이 체현한 '발견된' 공동체의 패러다임 이야기를 도전하고 수정하도록 허용했는지"(Lindemann Nelson, 1995:24) 보였다. 린데만 넬슨은 또한 "저항과 불복종은 물론 그것을 촉진하는 스토리텔링과 마찬가지로 진행 중인 과정이지만, 대항 이야기가 효과를 발휘하려면 그 이야기가 공동체의 행동을 허용하는 일시적인 정지 지점에 도달해야 한다"(Lindemann Nelson, 1995:37)는 점을 상기시켜 준다. 우리 행동을 공동체와 상호 연결된 것으로 보는 것은 중요하다. 우리는 비라가 애나와 관계 맺는 것을 행동의 형태로 읽을 수 있지만, 비라가 공동체 맥락에서 행동을 고려하고 참여하고 나서야 비로소 중요한 결과를 가져올 수 있다.

또한 8장에서는 대안적 사회관계, 혹은 선택의 공동체의 필요성을 보여 주기 위해 프리드먼(Friedman, 1989)의 글을 인용했다. 프리드먼의 말을 생각하면서, 우리는 9장에서 다른 상상력의 역할을 우리의 윤리 및 행동 개념과 관련해 생각해 보았다. 또한 이 장에서는 애덤스가 상상력을 어떻게 다루고 있는지 살펴본다. 베이트슨은 다음과 같이 말한다.

> 경험이 최고의 스승이라는 것은 진부한 말이지만, 많은 사람이 경험에서 배움을 얻지 못하기도 한다. 익숙한 것을 바라보고 그것을 유지하는 가정(assumptions)과 권력 관계를 분별하며, '이것만이 유일하게 가능한 방법이 아니다. 이렇게 해야만 하는 것은 아니다'라고 말하려면 무엇이 필요할까?
>
> Bateson, 1997:viii

베이트슨의 주장에 따라 우리는 새로운 방식을 상상할 때 우리가 그것에 연루되어 있음을 인식하고, 우리가 연루되어 있기 때문에 변할 수밖에 없다는 사실을 인식한다. 이러한 방식으로 우리는 사회적, 정치적 전경에서의 모든 변화가 곧 개인적인 변화이기도 함을 이해한다. 이는 위험에 대한 개인의 감각 없이 논의할 수 없다. 해밍턴이 "행동하는 것은 위험하다. (그러나) 애덤스는 그 위험을 민주주의 정신의 일부로 기꺼이 받아들인다"(Hamington, 2004:119)고 했던 것처럼 말이다. 내러티브 탐구에서 행동은 탐구의 필수적인 부분이다.

이 장에서 우리는 경험, 나아가 관계적 윤리와 관련해 정치적, 사회적 전경을 어떻게 이해하는지 보여 주었지만, 행동의 중요성을 간과할 수 없다. 사뮈엘 베케트의 작품에서 우리에게 그 연결을 보여 줄 뿐 아니라 우리가 행동해야 하는 긴급성을 설명하는 사람은 블라디미르다.

블라디미르: 공허한 담론에 시간을 낭비하지 말자구! (조금 멈추었다 격렬히) 기회가 있을 때 뭔가를 해 보세! 우리가 매일 이 세상에 필요한 인물은 아니야. 사실 우리 개인으로는 필요한 인물이 아니지. 다른 사람들도 이런 경우에 더 낫지는 않더라도 똑같이는 대처할 걸세. 모든 인류를 향한 도움의 외침이 여전히 우리 귀에 맴돌고 있어! 그러나 이 순간, 이 장소에서, 우리가 좋든 싫든 모든 인류는 바로 우리를 말하는 거야. 너무 늦기 전에 우리 이것을 최대한 활용하세! 잔인한 운명으로 태어난 고약한 족속들을 한 번이라도 그럴듯하게 대표해 보세! 자네 생각은 어떤가? (에스트라공은 아무 말도 하지 않는다.) 팔짱을 끼고 장단점을 따져 보면 족속에 대한 우리 공로가 적지 않다는 것은 사실일세. 호랑이는 동족이 위험에 빠지면 앞뒤 가리지 않고 뛰어들기도 하고, 깊은 덤불로 달아나기도 하지. 하지만 그것은 문제가 아닐세. 우리가 여기서 무엇을 하고 있느냐, 그것이 문제지.

Beckett, 1953:n.p.

요약

이 장에서는 개인적 경험이라는 출발점을 통해 내러티브 탐구에서 사회적, 정치적 맥락을 이해하는 방법을 보여 주었다. 사빈을 통해 우리는 경험이 항상 사회적, 문화적, 제도적 이야기 안에 위치한다는 것을 보였다. 또한 내러티브 탐구에서 사회적인 것과 정치적인 것이 항상 관계적 윤리와 행동에 얽혀 있다는 관점을 발전시키기 위해 노이만과 애덤스 같은 이론가들을 활용했다. 14장에서는 내러티브 탐구에서 헌신, 책임, 의무의 중요성을 살펴본다.

14장
헌신, 책임, 의무

개요

이 장에서는 헌신, 책임, 의무를 끌어내는 내러티브 탐구의 관계적 존재론을 형성한 이론적 자원을 살펴본다. 우리는 애덤스(Addams, 2002)와 같은 실용주의 학자들의 연구에서 책임에 대한 아이디어를 얻었는데, 그는 자신의 글과 헐하우스에서의 작업을 통해 특권을 가진 사람들이 사회 정의에 부합하는 방식으로 살아갈 필요성을 보여 주었다. 실용주의적 관점에서 볼 때 관계성은 삶을 살아가는 데서 책임, 헌신, 의무를 이끌어 낸다.

실용주의적 관점에서 책임을 고려할 때 우리는 '응답하다, 대답하다, 대가로 약속하다'라는 뜻의 라틴어 어근 'respondere'에서 책임의 의미를 끌어온다. 'responsibility'라는 영어 단어는 라틴어 어근에 있는 책임 의식을 담고 있다. 이 단어는 우리가 관계를 맺고 있는 사람들에게 응답하고, 다른 사람들과 우리가 속한 공동체에 응답해야 할 필요성을 환기한다. 보답에 대한 약속의 감각은 책임이 우리와 관계가 있는 사람들에 대한 우리 의무, 미래 지향적인 이야기에 대한 헌신과 어떻게 밀접하게 연결되는지 생각하게 한다. 이러한 미래 지향적인 이야기에서 우리는 미래에 대한 감각, 즉 우리가 하거나 하지 않은 일이 앞으로 살고 말해질 이야기에 계속 반향을 일으킬 것이라는 감각을 가지고 우리 행동을 형성할 필요가 있음을 인식한다. 우리는 또한 행동과 말이 개인의 모습을 만들어 내는 동시에 개인의 삶이 타인 및 세상과의 관계에서 행동을 불러일으킨다고 주장한 아렌트(Arendt, 1958)에 주목한다.

경험으로 전환하기

1990년 초에 나는 앨버타대학교 채용 공고에 지원하라는 초대에 응했다. 초등교육과 정규직 부교수를 뽑는다는 채용 공고였고, 교사교육 연구센터를 위한 제안서를 작성해야 한다는 조건이 추가되어 있었다. 양적 연구 지향성이 강한 기존의 측정 및 평가 센터와 균형을 맞추기 위해 질적 연구를 환영하는 센터가 되어야 한다는 암묵적인 메시지가 담겨 있었다. 이 센터는 다양한 학과, 학부, 대학의 승인을 받아야 했다. 연구센터가 어떤 곳이어야 하는지에 대한 기준은 거의 없었다.

1990년 여름, 나는 그 자리를 채우기 위해 앨버타대학에 임용되었다. 학자로 일한 지 7년째가 된 나는 새로운 기관으로 들어가고 있었다. 그때까지 나는 다른 대학의 교사교육 프로그램에 대한 대항 이야기를 구성하고 살아내는 데 많은 시간을 보냈다. 이 프로그램의 핵심은 여러 기관, 여러 학문 분야와 주제 영역에 걸쳐 함께 일하는 협력적 방식이었다. 이러한 프로그램의 기획 회의에서 교수진, 교사, 예비 교사들은 어린이와 가족과 다른 교사와 전문가에 대한 책임, 교육을 통해 우리가 만들고자 하는 세상에 대한 책임을 자주 이야기했다.

하지만 연구센터라니? 교사교육에서? 내가 따르거나 실천해야 할 명확한 모델이나 계획은 없었고 놀이성을 지닌 많은 동료/친구들의 공동체에 둘러싸여 있었기 때문에 나는 유희하는 것에 열려 있었으며 유능하게 보이지 않는 것, 알지 못하는 것, 가능한 것들에 대한 놀라움에 열려 있었다. 나는 '유능하다는 것'이 어떤 것인지 잘 몰랐던 것 같다. 인생과 학문적 경력의 그 시점에서, 나는 연구센터와 교사교육으로 간주되는 것을 다른 방식으로 생각할 수 있는 공간을 만들고 싶었다. 이미 측정 및 평가 연구센터가 있었지만, 다른 종류의 센터에 대한 대항 이야기를 쓰는 것은 다른 가능성을 탐색할 기회였다. 놀이성을 통해, 다르게 상상하는 것이 가능해 보였다. 제도적 내러티브에서 놀이성에 대한 경험이 많지 않았던 나는, 맥신 그린이 말한 것처럼 다르게 상상하는 것에 마음을 열기 위해 친구들의 공동체로 눈을 돌렸다.

테이블. 테이블이 꼭 필요하다.

큰 테이블이어야 한다. 누구나 와서 이야기할 수 있는 테이블.

우리는 특정 시간에 테이블에 앉기로 약속할 필요가 있다. 그렇게 하면 사람들은 항상 대화할 수 있는 사람이 있다는 것을 알 수 있다.

누구나 올 수 있나? 그렇다. 자신을 연구자라 명명하는 사람뿐만 아니라 교사, 학부모, 어린이, 청소년, 교장, 그 밖의 사람들도 올 수 있다. 포용적이어야 한다. 자신을 이제 막 연구자라 생각하기 시작한 사람들과 대학의 교사교육자뿐만 아니라 학부모 가족, 어린이를 위한 공간이 필요하다. 또한 교사교육에 관심이 있는 대학원생과 학부생도 초대된다.

누구나 올 수 있고 항상 차를 마실 수 있으며, 중요한 것들, 적어도 모인 사람들에게 중요한 것들에 대해 앉아 이야기할 수 있는 일종의 식탁이다.

상상력과 책임감, 공동체에 대해 우리가 좋아하는 학

자들인 맥신 그린, 비비언 페일리, 엘리엇 아이스너(Elliot Eisner), 넬 나딩스, 폴라 건 앨런(Paula Gunn Allen), 해나 아렌트 같은 사람들을 상상하며 읽고, 다른 순간과 경험을 떠올리고, 서로 이야기를 나누는 동안 서서히 시간, 장소, 사람, 사건들의 차원을 가진 구조를 만드는 방법에 대한 이미지가 춤추기 시작했다. 우리 사이에는 우리가 다른 사람에게 어떻게 보일지 신경 쓰지 않아도 되는 공동체가 있다는 것에서 오는 일종의 자신감이 있었다. 우리는 자기중요성(self-importance), 연구의 규범, 모호함을 열어 두고 공간을 개방한다는 것이 무엇을 의미하는지 걱정하지 않았다. 연구센터를 상상하는 것 자체가 일종의 탐구 프로젝트가 되었다. 어떤 모습, 어떤 느낌일까? 이곳에 오는 사람들은 어떤 경험을 하게 될까? '세상 끝에서 춤추다'(LeGuin, 1989, 책 제목)라는 표현처럼 우리는 얼마만큼 가장자리를 넓혀 갈 수 있을까?

이 장에서 우리는 진의 연구센터 설립 경험을 생각해 본다. 교사교육개발연구센터는 수년에 걸쳐 우리와 많은 사람의 보금자리가 되었다. 이 테이블은 우리가 책임, 헌신, 의무를 이해하게 된 방식에서 매우 중요하다. 이러한 개념은 내러티브 탐구의 관계적 존재론의 기본이며 실용주의 및 페미니스트 학자들의 이론적 연구에 기반을 둔다. 우리는 다른 글

(Clandinin & Rosiek, 2007)과 이 책의 다른 부분(1장 참조)에서 다음과 같이 주장했다.

> 내러티브 탐구의 관계적 존재론은 인간과 인간을 둘러싼 환경–삶, 공동체, 세계– 사이에 새로운 관계를 생성하는 것이다. 이는 "그것들을 다루는 새로운 방식을 가능하게 해 결국에는 이전 것보다 더 현실적이지는 않지만 더 중요하고 덜 압도적이고 덜 억압적인 새로운 종류의 경험 대상을 만들어 내는 것"(Dewey, 1981b:175)이다.
>
> Clandinin & Rosiek, 2007:39

덜 압도적이고 덜 억압적인 새로운 관계의 생성은 책임과 헌신, 그리고 아마도 의무에 대한 질문에 관심을 기울이는 것이 중요함을 강조한다. 우리는 이러한 새로운 관계가 우리가 속한 물리적 환경뿐 아니라 공동체에도 중요하다는 것을 이해한다.

실용주의자로 전환하기

책 전체에 걸쳐 서술했듯이, 내러티브 탐구자로서 우리의 존재론적 입장을 형성한 듀이와 애덤스 같은 실용주의 학자들의 연구에 내러티브 탐구가 복잡한 방식으로 근거를 둔다고 본다. 실용주의 연구에 기반을 둔 우리는 사람들이 삶을 살아가면서 하는 경험뿐만 아니라, 경험을 하고 삶을 사는 것이 무엇을 의미하는지에 계속 관심을 기울인다. 1장과 2장에서 우리는 지식의 개념을 경험적이고 도덕적이며 맥락적이고 체현된 것으로 설명했다(Connelly & Clandinin, 1985; 1988). 지식을 이러한 방식으로 보면 우리 행동에 대한 실제적인 결과와 함의를 인정하고, 주의를 기울이고, 이해할 수 있다. "나아가, 경험 안에 위치하며 경험에 의해 형성되는 것으로서 이러한 지식 개념은 사회적, 문화적, 가족적, 언어적, 제도적 내러티브 안에서 살아가는 삶에 주의를 기울이는 것의 중요성에 우리 관심을 집중시킨다"(Clandinin et al., 2018:17). 관계적 존재론으로 연구하면, 우리가 항상 사람들 사이의 새로운 관계를 향해, 그리고 장소에 기반을 둔 내러티브뿐만 아니라 제도적, 사회적, 문화적 내러티브 내에서 연구하고 있음을 분명하게 보여 줄 수 있다. 내러티브 탐구 내에서 우리는 세상을 살아가는 것의 일부인 책임, 헌신, 의무에 주의를 기울이는 세계를 다시 상상하고 재창조하기 위해 노력한다. 세계를 다시 상상하고 재창조한다는 의미는 진이 다른 사람들과 함께 공동체를 형성한다는 감각으로 연구센터의 업무를 상상하기 시작했을 때 강하게 나타났다.

8장에서 썼듯이, 내러티브 탐구자로서 우리는 공동체가

사람들의 정체성을 규정하고 이러한 규정된 정체성에 따라 행동할 때 우리를 어떻게 형성하는지에 주의를 기울인다. 내러티브 탐구자로서 우리는 린데만 넬슨과 마찬가지로 "우리 공동체는 우리를 안내하는 것 이상의 역할을 한다. 공동체는 우리를 구성한다"(Lindemann Nelson, 1995:28)는 것을 이해한다. 세계와 공동체의 일부로 살아간다는 것은 단지 우리 자신뿐만 아니라 더 큰 세계와 공동체에 대한 우리의 책임과 그 안에서 우리가 누구인지에 주의를 기울이는 것을 요구한다.

관계적 존재론과 함께, 관계적 존재론을 통해 연구하는 것은 일상의 평범한 경험에 주의를 기울일 것을 요청한다. 관계적 존재론은 내러티브 탐구에서 아는 자와 알려진 것의 관계, 앎과 행동의 관계, 아는 방법과 아는 것의 관계, 앎과 침묵의 관계를 강조한다. 관계적 존재론적 헌신은 실천, 삶을 살아가는 것에 기반을 두며 과거와 현재의 경험 및 상상된 미래와의 관계에 근거한 이해를 불러일으킨다(Clandinin & Rosiek, 2007).

우리는 다음과 같이 썼다.

> 관계적 윤리와 사람들이 살아가는 사회적 조건에 관심을 가지면서, 우리는 사회 정의와 형평의 입장에서 경험을 이해하고 탐구할 책임이 있다고 주장하는 페미니스트 철학자들을 주목하게 되었다. 따라서 내러티브 탐구자로서

> 우리의 작업에서 관계적 존재론은 우리가 타협보다는 차이와 사회적 행동에 주의를 기울이도록 한다. 관계적 윤리는 우리가 실제 문제와 사회적 가치를 다루도록 한다. 애덤스(Addams, 1902)가 지적했듯이 우리는 사람들과의 관계에서 알게 되는 짜증, 불확실성, 당혹스러움에 주의를 기울여야 한다.
>
> Clandinin et al., 2018:19

교사교육 연구센터를 상상하고 설립하는 진의 이야기에서 우리는 그의 이해가 교육과 연구가 어떻게 삶 만들기의 일부인지 아는 것에 의해 이미 형성되었음을 본다. 이는 진이 교사교육에서 자신의 초기 작업에 대해 썼던 것처럼 **여러 기관, 여러 학문 분야와 주제 영역에 걸쳐 함께 협력하는 방식**에 의해 형성된 것이다. 이는 또한 그와 **교수진, 교사, 예비 교사들이 어린이, 가족, 다른 교사 및 전문가에 대한 책임과 교육을 통해 우리가 만들고자 하는 세상에 대한 책임에 대해 자주 이야기**했던 그의 앎에 의해 형성된 것이다.

페미니스트 사고로 전환하기

진은 놀이성을 지닌 **많은 동료/친구들의 공동체에 둘러싸여**

다른 사람들과 함께 일하는 것을 중요하게 생각했고, 그가 꿈꾸는 연구센터는 유희하는 **것에 열려 있으며, 알지 못하는 것과 가능한 것들에 대한 놀라움에 열려 있는** 곳이었다. 하지만 진이 몰랐던 것은 자신이 생각하는 교사교육 연구센터를 만들기 위해 동료들과 같은 아이디어를 가지고 함께 일하는 방식이었다. 진은 연구센터가 다른 상상을 할 수 있는 곳이 되려면 당연한 것, 일상적인 것에 맞서 일할 필요가 있다는 것을 알고 있었다. 진은 제인 톰킨스(Jane Tompkins)(1997)가 회고록 『학교에서의 삶(A life in school)』에서 "제도적 구성의 바깥에 자신을 배치하고, 사실상 리미널 상태로 도약"(Heilbrun, 1999:76)했던 것처럼, 연구센터가 그 중간 어딘가에 위치할 수 있다는 것을 발견했다.

내러티브 탐구의 책임 개념은 저서와 헐하우스에서의 일을 통해 특권을 가진 사람들이 사회에서 다른 사람들과 책임감 있는 방식으로 살아갈 필요성을 보여 준 애덤스(Addams, 2002) 같은 페미니스트 실용주의 학자들의 연구에 기반을 둔다. 실용주의적 관점에서 관계성은 삶에 대한 책임과 헌신을 끌어낸다. 관계적 존재론은 우리 각자가 누구에게, 누구를 위해 책임이 있는지, 그리고 다른 사람들에 대해서뿐만 아니라 우리와 그들이 속한 공동체에 대해 우리의 헌신은 무엇인지 질문하도록 요구한다. 진과 동료들은 교사교육 연구센터에 대해 논의하면서 자신들이 누구에게 책임이 있는지,

어떤 공동체가 자신들의 책임과 헌신의 일부인지 질문을 던졌고 연구센터가 **누구나 와서 이야기할 수 있는** 장소, 즉 연구자로 명명된 사람뿐 아니라 어린이, 교사, 가족 및 그 밖의 사람들에 대한 헌신과 책임이 있는 곳임을 결정했다.

처음 내러티브 탐구에서 책임과 헌신의 문제에 관심을 돌린 철학자가 애덤스인 것은 아니다. 그린, 페일리, 헤일브룬, 나딩스, 건 앨런같이 책임에 대해 생각하도록 한 다른 철학자들도 있었다. 하지만 애덤스는 우리가 내러티브 탐구로 무엇을 하려고 하는가에 대해, 특히 실용주의 철학 및 민주주의와 대화에 관심이 있는 학자들을 생생하게 구현할 연구센터를 설립하는 우리 작업에 대해 이야기할 때 '반드시' 읽어야 하는 사람으로 자주 언급되었다. 예를 들어 헤일브룬은 애덤스에 대해 다음과 같이 썼다.

> 병에 걸리고 우울했던 제인 애덤스는 … 의사의 권유로 유럽 여행을 하던 중 런던 이스트 엔드(East End)의 이층 버스 꼭대기에서 도시 빈민가의 열악한 모습을 처음으로 목격했다. 그는 이 광경을 보고 "절망과 분노"에 사로잡혔고, 불안한 현실에 대응할 수 있는 유일한 맥락이 문학적인 것이라는 사실을 깨닫고 더욱 낙담했다고 『헐하우스에서 20년』에 썼다. 애덤스는 우리 여성들이 현실과의 접촉점을 찾는 대신 "문학에 마음을 빼앗기며" 시간을 낭비

> 하고 있다고 생각했다. 몇 년 뒤 런던을 두 번째로 방문한 후 애덤스는 시카고에 정착촌을 시작하기로 결심했는데, 그것은 가난한 사람들뿐만 아니라 젊은 중산층 여성들을 위한 것이기도 했다. 애덤스는 "공부에만 전념하던 젊은 여성들이 활동의 균형을 회복하고 … 삶 자체로부터 삶을 배울 수 있는" 곳을 원했다.
>
> Heilbrun, 1999:68

헤일브룬의 묘사에 따르면, 애덤스는 정착촌 거주자와 그곳에서 일하는 중산층 여성들 모두에게 "삶 자체로부터 삶"을 배울 가능성을 얻는 것이 중요하다는 점을 강조하면서 관계적 존재론을 바탕으로 작업했다. 애덤스는 헐하우스의 모든 참가자를 위한 배움의 상호성을 보는 것이 중요함을 보여주었다. 그가 시도했던 일은 내러티브 탐구에서의 우리 의도와 교사교육 연구센터가 할 수 있는 역할에 힘을 실어 주는 것처럼 보였다. 헐하우스에서의 작업을 바탕으로, 매키나와 프랫은 애덤스가 적대감이 아닌 협력을 통한 사회 변화에 대한 개념을 보여 준다고 말했다.

> 그는 사람들을 '위해' 좋은 일을 하기보다는 사람들과 '함께' 좋은 일을 해야 한다고 믿었다. 자신의 삶에 도움이 필요하거나 개선이 필요한 사람들은 그 개선을 위해 이름을

> 붙이고 일을 하는 데 참여해야 했다. 민주주의는 모든 사회적 관계에서 작동해야 했다. 이런 종류의 진전은 느리지만 더 안전했다.
>
> McKenna & Pratt, 2015:50

진이 교사교육 연구센터에서 고려하고 있던 것을 포착하여 모두를 **큰 테이블**에 초대해 대화에 참여하도록 한 것은 바로 이러한 아이디어였다. 애덤스는 헐하우스에서의 경험을 통해 사회 윤리에 대한 페미니스트 아이디어를 발전시켰다. 가족에서 발전한 개인 윤리를 사회 윤리의 기초로 사용하는 것을 비판하며, 애덤스는 사회 윤리에 대해 다음과 같은 우려를 표했다.

> 과장된 개인적 도덕성은 종종 사회적 도덕성으로 오인되며, 사회적 상황에 적용하기 전까지는 그것의 총체적 부적절성이 발견되지 않는다. 민주적 경험의 기초 없이 사회적 도덕성을 달성하려는 시도는 바로잡고 안내받을 유일한 가능성을 상실하는 결과를 초래하며, 과장된 개인적 도덕성으로 끝날 뿐 사회적 도덕성은 전혀 달성하지 못한다.
>
> Addams, 2002:78

듀이와 다른 실용주의 학자들처럼 애덤스는 일상의 경험

을 문제의 근원으로 보고, 우리가 선택하는 탐구 문제는 삶에 대한 우리의 이해에서 나오는 윤리적 결정이라는 것을 이해했다.

우리는 나중에 애덤스의 책을 읽으면서, 내러티브 탐구에서 책임과 헌신에 대한 이해를 형성하고 이름을 붙이는 데 도움을 받았다. 애덤스가 탐구에서 자신이 다른 사람들과 함께한 경험의 일부였던 것으로 관계적 존재론을 표현할 때, 우리는 애덤스의 생각이 우리 아이디어와 일치한다는 것을 발견했다. 애덤스는 "사회 윤리의 표준은 고립된 샛길을 여행함으로써 달성되는 것이 아니라, 모두가 서로를 위해 모습을 드러내고 적어도 서로 짐의 크기를 보아야만 하는, 혼잡한 공동의 길에서 섞임으로써 달성된다는 것을 배우고 있다"(Addams, 2002:7)고 썼다.

제인 애덤스의 이 문장을 읽을 때 새로운 센터라면 어디든 **큰 테이블**이 필요하다는 진의 주장과 유사한 점을 볼 수 있다. **누구나 와서 이야기할 수 있는 테이블. 자신을 연구자라 명명하는 사람뿐만 아니라** 많은 사람에게 열려 있는 포용적인 대화의 공간이 필요했다. **자신을 이제 막 연구자라 생각하기 시작한 사람을 위한 공간, 즉 대학의 교사교육자뿐만 아니라 학부모, 가족, 어린이를 위한 공간이 필요하다. 또한 교사교육에 관심이 있는 대학원생과 학부생도 초대된다.**

서로 배우고 "적어도 서로 짐의 크기를 볼 수"(Addams,

2002:7) 있는 포용적인 공간에 대한 감각은 내러티브 탐구의 기본 개념이다. 이는 페미니즘과 실용주의 학문 내에 위치한 내러티브 탐구의 관계적 존재론과 관계적 윤리를 다시 한번 강조한다.

내러티브 탐구에서 우리는 개인적 윤리만 가지고 생각할 수 없으며, 우리 자신을 개인 및 가족 관계 이상의 책임과 헌신을 지닌 더 큰 공동체의 일부로 볼 수 있도록 하는 사회적 윤리를 가지고 작업해야만 한다. 우리는 다음과 같이 썼다.

> 관계적 존재론은 관계적 윤리에 대한 이해를 가지고 연구를 수행할 것을 요구한다. 이때 관계적 윤리는 연구 참여자와의 관계에서 우리가 누구인지, 연구자인 우리를 비롯해 사람들이 살고 있는 더 큰 세계 또는 세계들과의 관계에서 우리가 누구인지에 대한 더 큰 질문에 이르게 한다. 이처럼 관계적 윤리와 필연적으로 얽혀 있는 관계적 존재론은 상호성, 존중, 호혜성의 고려를 요청한다. 그러나 그것은 또한 개인에 대한, 우리가 속한 세계에 대한 책임에 질문하도록 요구하며 우리가 현재 존재하는 세계와 우리의 연구가 이끄는 미래 세계의 연루에 대해 질문하도록 한다.
>
> Clandinin et al., 2018:20

서로와의 관계에서 우리가 누구인지, 그리고 우리가 살고 있고 연루된 세계와의 관계에서 우리가 누구인지에 대한 질문은 우리로 하여금 은유적 테이블에 초대된 사람들을 고려하게 한다. 원주민 학자이자 시인 건 앨런은 우리가 모일 때 요구되는 대화의 종류를 고려하라고 말한다. 그는 다음과 같이 썼다.

> 진실, 진실을 받아들이는 일은 충격적인 경험이다. 그것은 문화 무아지경(culture trance)의 구속의 장막을 산산조각 낸다. 잘난 척, 오만함, 우월감, 자만심을 부서뜨린다. 그것은 우리 각자의 삶의 본질과 질, 우리 내면의 삶과 세상의 삶에 대한 책임을 인정할 것을 요구한다. 진실, 내면적으로 받아들여진 겸손한 진실은 사람을 취약하게 만든다. 당신은 옳고, 독선적이며, 동시에 진실할 수는 없다.
>
> Gunn Allen, 1998:64

진실과 진실성(truthfulness) 개념은 중요하다. 이는 우리를 취약하게 만들며, 또한 대화에 참여하고 관계 속에서 존재하는 방식으로 살아가도록 요구한다. 이러한 이해는 아렌트의 연구를 다시 살펴보게 하고 진실과 진실성, 공적이고 사적인 공간을 가로지르며 우리가 누구인지 생각하도록 한다.

해나 아렌트: 공적인 것과 사적인 것의 이론적 근거

아렌트는 또한 우리가 내러티브 탐구에서 대화, 사회적 형평성, 사회적 포용의 중심성을 생각하는 데 도움을 주었다. 아렌트(Arendt, 1958)는 행동과 말이 개인의 현상을 위한 공간을 만드는 동시에, 개인의 삶이 다른 사람들 및 세계와 관련한 행동을 불러일으킨다고 주장했다. 그러나 공적 장소에서 일어나는 많은 일의 특징은 행동의 부재, 공적인 삶에 대한 관심의 부족이다. 행동은 사람들 사이에서 일어나기 때문에, 개인주의에 도전하고 공적 공간들과 공동의 세계가 필요하다는 것을 이해하는 것이 중요하다.

아렌트는 공적 영역의 본질을 포착하기 위해 테이블이라는 은유를 사용했다. 아렌트는 다음과 같이 썼다.

> 세상에서 함께 산다는 것은 테이블이 둘러앉은 사람들 사이에 위치하듯이 본질적으로 사물의 세계가 그것을 공유하는 사람들 사이에 있다는 것을 의미한다. 세계는 모든 사이(in-between)와 마찬가지로 인간과 관계를 맺는 동시에 인간을 분리한다.
>
> Arendt, 1958:52

아렌트가 테이블이라는 은유를 사용한 것과 **누구나 와서**

이야기할 수 있는 테이블의 중요성에 대한 진의 감각을 고려하면, 우리가 아렌트의 작업에 끌린 것은 놀라운 일이 아니다. 아렌트로 인해, 우리는 내러티브 탐구 안에서 함께 모이고 대화할 수 있도록 서로에게 헌신하는 것이 중요하다는 것을 알 수 있었다. 테이블 주위에 모이는 이러한 정신, 즉 아렌트가 "순수한 인간적 유대감"(Arendt, 1958:180)이라고 명명한, "사람들이 다른 사람들과 **함께** 있으면서 서로를 위하지도 반대하지도 않는"(Veck & Gunter, 2020:7)[84] 정신은 내러티브 탐구에서의 책임과 헌신이라는 개념에 반향을 불러일으킨다. 진이 쓴 것처럼, 연구센터에는 **누구나 올 수 있고 항상 차를 마실 수 있으며, 중요한 것들, 적어도 모인 사람들에게 중요한 것들에 대해 앉아 이야기할 수 있는 일종의 식탁**이 필요하다. 진이 연구센터의 핵심으로 상상했던 이 물리적 테이블에서, 진은 또한 테이블에 앉은 사람들이 논쟁이나 '찬성 또는 반대' 토론에 참여하는 것이 아니라 서로, 그리고 세상과 자기 자신과 대화할 것이라고 상상했다. "아렌트가 보여 주는 매우 인상적인 점은 우리가 다른 사람의 말을 들을 수 없다면 우리가 정말로 말하기 시작할 수 없다는 것이다. 대신 우리의 발화는 그저 수많은 주장으로 쏟아져 나온다"(Veck & Gunter, 2020:6). 우리가 서로 그리고 자신과 관계를 맺는 대화에 대

84) 강조는 원문(Veck & Gunter, 2020)을 따랐다.

한 이러한 개념은 우리를 사랑의 인식(Lugones, 1987)에 참여하는 것의 중요성으로 되돌아가게 하는데, 이는 우리가 가능한 것에 대한 감각을 가지고 놀이처럼 즐겁게 참여할 수 있는 방식이며, 인간의 다원성이 핵심인 곳이다. 대화에서 함께 모이는 것을 이해하는 것은 연구 참여자와 연구자가 서로 협력해 경험을 탐색할 때 내러티브 탐구의 일부다.

내러티브 탐구에서 우리는 인간이 되기 위한 방법으로서 '현상의 공간'[85]의 중요성에 대한 아렌트의 개념을 활용한다. 내러티브 탐구에 참여함으로써 우리는 연구에서 우리 그리고 참여자들의 존재를 "온전히 행동하고 말하는 의지, 자신을 세계에 삽입하고 자신의 이야기를 시작하려는 의지"(Arendt, 1958:186)를 나타내는 것으로 이해할 수 있다. 아렌트는 우리가 대화에 들어갈 때 "말을 통해 '누구'인지"를 드러내고 "행동을 통해 새로운 시작을 설정하며"(Arendt, 1958:184), 우리는 항상 한가운데로 들어가거나 아렌트가 설명한 것처럼 "즉각적인 결과를 느낄 수 있는, 이미 존재하는 그물망에 빠진다"(Arendt, 1958:184)는 것을 볼 수 있도록 도와준다. 각 사람이 들어오면 그들은 이미 존재하는 그물망 안에 중첩되고 "결국 새로 온 사람의 독특한 삶의 이야기로 나타나는 새로운 과정을 시작하며, 그가 접촉하는 모든 사람들의

---

85) 305쪽 각주를 참고하라.

삶의 이야기에 독특한 영향을 미친다"(Arendt, 1958:184). 이런 식으로 우리는 서로에 대한, 서로를 위한, 우리 세계에 대한, 세계를 위한 책임, 다른 사람들과 함께 그러한 세계에서 행동해야 하는 헌신과 의무에 대한 책임에 질문을 던지는 것이 중요함을 이해하게 된다.

아렌트에 따르면, 우리는 필연적으로 자기 행동에 대한 책임뿐만 아니라 우리와 같은 세계를 공유하는 다른 사람들에 대한 책임에 주의를 기울여야 한다. 그렇게 함으로써 우리가 하지 않는 것, 하지 않았던 것, 행동하지 않기 때문에 지속되는 공백과 침묵에도 우리 책임이 있다는 것을 이해할 필요가 있다. 아렌트는 인간으로서 우리가 "세계의 연인"(Arendt, 1996:17)이 되어 세계를 사랑하고 그 안에서 살아감으로써 세계를 살기 좋은 곳으로 변화시키는 방법에 관심을 갖도록 한다. 아렌트에 따르면 "세계는 그것을 사랑하는 사람들로 구성된다. … 거주와 사랑에 의해 스스로를 구성하는 것은 인간 세계다. … 세계를 '그것답게' 만드는 세계에 대한 사랑은 '세계의' 존재에 달려 있다"(Arendt, 1996:66).

또한 아렌트는 우리가 행동할 때, 때때로 상상할 수 없는 방식으로 상황을 변화시킬 잠재력을 가지고 있음을 알 수 있도록 도와준다. 아렌트의 아이디어는 현재의 이야기가 예측할 수 없고 상상도 할 수 없는 미래의 이야기로 바뀔 수 있다는, 미래 지향적인 이야기에 대한 실용주의적 아이디어와 공명한다. 우리가 충분히 세심하게 주의를 기울인다면, 우리는 그 멈춤에서 단절과 혼란, 공백, 침묵과 불평등을 볼 수 있게 된다.

요약

이 장에서 다룬 책임, 헌신, 의무에 관한 질문은 내러티브 탐구에서 내러티브적으로 사고한다는 의미의 일부다. 이러한 질문들은 우리가 연구 참여자의 경험 안에서, 그리고 우리가 살고 있는 더 큰 세계 및 서로와 관련하여 우리가 누구인지 가시화하도록 요청한다. 제리 로지엑은 내러티브 탐구에서 우리의 작업이 "우리 정체성과 주관성에 대한 개인적 영향과 거시적 사회적 영향 사이의 관계적 긴장"(Rosiek, 2018:206)을 명시적으로 구현한다고 강조한다. 우리는 "그러한 경험의 개인적 차원"뿐만 아니라, "더 광범위한 사회적 힘이 우리의 감정, 정체성, 옳고 그름에 대한 감각을 변화시키는 방식"(Rosiek, 2018:206)을 가시화하도록 서로 도와야 한다. 우리가 연구 참여자의 삶과 우리의 삶, 우리가 상상하는 미래를 형성하는 사회적, 정치적 세계에 참여하려면 우리가 누구이고 우리의 책임, 헌신, 의무가 무엇인지에 대한 질문에 명시적인 관심을 기울여야 한다. 우리는 공동체와 소속감(8장 참조)에 대한 고려와 우리가 살고 있는 더 큰 내러티브를 이해하는 방법의 중요성을 상기한다. 아렌트에 따르면 우리는 항상 개인적, 사회적, 정치적, 그리고 그 사이 공간에 동시에 참여하는 테이블에서 함께 세상을 만들어 가고 있다.

방법론 노트

5부 방법론 노트에서는 다양한 정치적, 사회적 전경에 있는 사람들과의 관계에서 책임과 헌신을 실천하는 방식을 살펴본다. 이러한 헌신은 각 내러티브 탐구 연구의 전반에 걸쳐 실행되며 연구가 공식적으로 종료된 이후에도 오랫동안 지속된다(Caine & Estefan, 2011). 우리가 헌신에 대해 어떻게 생각하는지는 참여자들과 함께 연구에 참여하기 전에 이미 드러난다. 우리는 내러티브 줄거리뿐 아니라 현장 텍스트와 내러티브 기술의 단편(Clandinin, 2013)을 활용하고, 이를 가시화하면서 우리 연구의 개인적, 실제적, 사회적 의미(Clandinin & Connelly, 2000)를 고려한다.

우리 작업에서 중요한 부분은 행동과 결과가 내러티브 탐구자로서 우리가 하는 일에 필수적이라는 점을 이해하는 것이다. 케인과 동료들은 다음과 같이 썼다.

> 우리는 "존재론적 행위의 장점을 판단하기 위해 사용하는 것이 우리의 정체성, 정서, 가장 근본적인 관계에 대한

영향을 포함하는, 우리 경험의 지속적인 흐름에서 촉발되는 결과들"(Rosiek, 2013:697)이라는 로지엑의 견해를 공유한다. 이러한 미래의 결과적 초점은 우리가 생각하는 방식을 형성한다. 그것은 우리가 한가운데서(Clandinin & Connelly, 2000) 살아가기라고 부르는 것에 대한 이해를 형성하며, "앎의 활동에서 확장된 책임감"(Rosiek, 2013:700)에 대한 이해를 형성한다.

Caine et al., 2017:134

이러한 결과의 감각 또는 결과적 감각에 대해 생각할 때, 우리가 어떻게 행동하고 어떻게 행동에 참여하는지 사고하도록 요청받는다. 우리는 베케트(Beckett, 1953)의 희곡 『고도를 기다리며』에서 블라디미르가 다음과 같이 이야기하는 장면을 떠올린다.

공허한 담론에 시간을 낭비하지 말자구! (조금 멈추었다 격렬히) 기회가 있을 때 뭔가를 해 보세! … 잔인한 운명으로 태어난 고약한 족속들을 한 번이라도 그럴듯하게 대표해 보세! 자네 생각은 어떤가? (에스트라공은 아무 말도 하지 않는다.) … 호랑이는 동족이 위험에 빠지면 앞뒤 가리지 않고 뛰어들기도 하고, 깊은 덤불로 달아나기도 하지. 하지만 그것은 문제가 아닐세. 우리가 여기서 무엇을 하고 있느냐, 그것이 문제지.

공동체의 맥락에 우리의 연구를 위치시키기

2부 방법론 노트에서는 우리 연구가 공동체 사람들과 함께 어떻게 위치하는지를 보여 주었다. 우리는 또한 COSI, MCHB, 시리아 센터와 함께 연구의 초기 양상을 어떻게 상상하고, 시작 단계에 어떻게 참여했는지 설명했다. 우리는 난민으로 캐나다에 도착한 경험이 있는 하난과 자마르드를 연구 보조원으로 의도적으로 고용했다. 그들에게는 고용을 공식화하는 것이 중요하다는 점을 알고 있었기 때문이다.

우리 연구팀에는 대학원생[질리언 비노(Gillian Vineau), 제니퍼 도드(Jennifer Dodd)], 박사후 연구원[히로코 구보타(Hiroko Kubota)], 교육적 맥락에서 다양성에 초점을 두어 수년 동안 프로그램을 개발하고 이를 주도한 사람들[헤더 레이먼드(Heather Raymond)], 교육부 내에서 일하며 난민을 위한 계획 개발 및 감독을 담당한 사람들[캐시 투굿(Kathy Toogood)]이 포함되어 있었다. 이본 추이도 연구팀의 일원이었다. 이 연구팀을 구성할 때 우리는 헤더, 캐시, 이본이 매일 난민 가족과 관련된 업무에 종사하고 있다는 점을 염두에 두고 여러 부문에 걸쳐 일할 수 있도록 고려했다. 이는 우리가 학교 맥락에서의 어려움에 대해 듣는 것뿐만 아니라 내러티브 줄거리에 대한 응답으로 발전한 정당화가 유용할 것이라 상상했기 때문에 중요했다.

우리는 공동체라는 맥락 안에 우리 연구를 위치시키지만, 공동체에 대한 우리 헌신은 더 광범위하다. 비라는 10대 시절부터 난민과 함께 일해 왔으며, 동유럽과 아시아에서 온 난민들과 함께 일했던 이모에게 많은 것을 배웠다. 보다 최근에 비라는 COSI와 앨버타난민건강연합(Alberta Refugee Health Coalition)의 일원이 되었다. 이러한 맥락에서 비라는 이본 및 다른 사람들과 함께 지역사회 보건센터를 개발하기 위해 노력했다. 수년의 작업 끝에 지역사회 보건센터는 2021년 문을 열 예정이다.[86] 비라와 진은 난민인 대학원생들과도 교류해 왔다. 우리가 공유한 것은 몇 가지 사례지만, 분명한 것은 우리가 하는 일이 시간, 장소, 사회적 관계를 가로지르는 우리 삶의 일부라는 것이다. 우리가 삶에서 배우는 것이 우리가 연구에 참여하는 방식을 형성하고, 우리가 연구 참여자들과 함께 연구하며 배우는 것이 삶에서 우리가 하는 일을 형성한다.

86) 예정대로 문을 열었다.

연구 참여자들과의 관계에서 우리의 헌신을 이해하기

히로코는 마리아와 함께한 것에 대한 내러티브 기술에서 다음과 같이 이야기한다.

> "우리 집에 와서 엄마에게 영어를 가르쳐 주실 수 있나요?"
>
> 우리가 큰 체육관에서 달리기를 하다 잠시 쉬고 있을 때 엘함은 숨을 헐떡이며 흥분한 목소리로 나에게 물었다. 우리는 체육관에서 겨울 부츠 중 하나를 발로 멀리 차고, 다른 아이들과 함께 그 부츠를 쫓아갔다. 2018년 2월이었다. … 그 금요일, 우리는 체육관에서 열리는 특별 활동인 요리 수업을 위해 우리가 평소 다니던 커뮤니티센터 밖으로 나갔다. 체육관과 연결된 주방에서 후무스[87]를 만드는 동안 엄마들은 함께 영어를 배웠다. 엄마들은 체육관에 아이들을 데려왔는데, 아이들은 이 넓은 공간에서 신나게 뛰어다니며 서로 어울려 놀았다.
>
> 엘함은 눈을 반짝이며 호기심에 차 내 눈을 바라보며 내 반응을 기다렸다. 즉흥적인 부츠 차기 게임에 열중하

---

87) 병아리콩을 으깨 오일, 마늘과 섞은 중동 지방 음식으로 빵과 함께 먹는다.

며 시간 가는 줄 모르고 신나게 달리던 엘함의 웃음 가득 한 볼은 붉은색으로 강렬하게 물들었다.

"물론이지. 너희 집에 갈게!" 나는 대답했다.

엘함의 미소는 더 활짝 번졌다. 내 대답을 듣고 엘함은 그의 부츠를 공중으로 높이 찼다.

이 내러티브 기술 단편은 우리가 연구 관계의 목적이 무엇인지를 다른 사람들과 협상하는 방법을 보여 준다. 우리는 미취학 아동을 둔 시리아 난민 가족의 경험에 대해 배우는 것을 연구 목적으로 정했지만, 가족들이 다른 목적으로 우리 연구에 참여할 수 있다는 점에 깨어 있었다. 사람들이 연구에 참여하는 다양한 이유에 주의를 기울이는 것의 중요성을 기억하도록 요청한 것은 엘함이었다.

이처럼 연구 목적의 지속적인 협상에 주의를 기울이는 것은 우리가 수행하는 연구뿐 아니라 우리가 맺고 있는 펼쳐지는 관계들에 대해 연구 참여자들과 함께 살아가는 우리의 헌신을 형성한다. 내러티브 탐구에서 우리는 연구의 삶 속에서 연구 목적이 바뀔 수 있고, 경이로움과 불확실성이 발생해 우리가 하는 일을 협상하고 재협상해야 할 수도 있다는 위험을 감수한다. 그러나 우리는 모든 사람이 지식을 가지고 있다는 것을 알기 때문에 그렇게 한다. 우리는 엘함이 엄마에 대한 깊은 관심을 갖고 있으며 영어를 배우는 것이 엄마에게 중요하다는 것을 알고 있음을 배웠다.

일찍이 콜스는 연구 참여자의 연구 참여에 대한 헌신은 관계에 있는 사람인 우리에게 중요한 의무를 부여한다는 점을 상기시켜 주었다.

> 자기 자신, 자기 경력, 학계 또는 독자의 세계에 대한 의무가 아니라 결국 서서히 자신의 정보원이나 접촉자 또는 정보 제공자가 되어 가는 사람들, 그리고, 그곳에서 매주 … 그토록 취약하고 힘들고 위태로운 삶 속에서 은혜롭게도 관대하고 열린 마음을 가진 선생님과 친구들이 되어 가는 사람들에 대한 의무는 무엇일까?
>
> Coles, 1989:61~62

헌신에 대해 생각할 때, 우리는 경험과 함께 사고하고 경험에 응답해야 한다는 압박을 더욱 받는다.

경험과 함께 사고하고 경험에 응답하기

우리는 "매주" 긴밀한 관계를 통해 배우면서 관계적 윤리를 반영하는 방식으로 경험에 응답하는 방법을 신중하게 생각해야만 한다(Clandinin et al., 2018). 이는 쉬운 일이 아니며,

우리는 응답 공동체에 참여해야 한다. 우리는 응답 공동체가 얼마나 중요한지, 응답 공동체가 아렌트(Arendt, 1958)의 현상의 공간을 어떻게 형성하는지 설명했다.

> 응답 공동체는 다양한 사회적, 정치적 관계를 가능하게 하는 다른 방식으로 세계를 마주하도록 도와준다. 현상의 공간은 응답 공동체에만 존재하는 것이 아니라, 응답 공동체로 인해 더 큰 세계 내에서 가능해지고 유지된다.
>
> Caine, Clandinin, & Lessard, 2020:665

엘함이 히로코에게 엄마 마리아에게 영어를 가르쳐 달라고 요청했을 때, 비라는 히로코와 함께 요리 수업에 참석하고 있었다. 그날 부츠는 높이 날아갔고, 그날의 웃음소리는 오늘도 여전히 울려 퍼지고 있다. 그날 이후 얼마 지나지 않아 엘함과 마리아는 히로코와 함께 연구에 참여했다. 엘함이 학교에 대한 이야기를 하기 시작한 것은 훨씬 나중이었다.

> 특히 엘함은 유치원의 한 교사 때문에 유치원 전체에 대한 부정적 인상이 형성되었다고 말했다. 엘함은 자기 경험을 회상하며 천천히 조심스럽게 말을 이어 갔다. "선생님은 저를 정말 … 정말로 나쁘게 대했어요. 선생님은 제 이름을 정확하게 부르지 않았어요. 저를 부를 때 항상 제

이름을 바꿔서 불렀어요. 제가 그것은 제 이름이 아니라고 말하니까 선생님이 '네 이름이 원래 있던 곳으로 돌아가' 라고 말했어요. 저는 늘 슬퍼서 많이 울었어요."

나(히로코)는 엘함이 선생님에게 "네 이름이 원래 있던 곳으로 돌아가"라는 말을 들었을 때의 감정을 상상해 보려고 노력했다. 이미 낯선 환경에서 긴장감과 외로움을 느꼈을 엘함은 그 순간 깊은 낙담과 당혹감을 경험했을 것이다. 이러한 감정은 심지어 엘함이 진정으로 소속되기를 바랐을 다른 학생들과 학교 환경과의 단절감으로 해석될 수도 있을 것이다. … 유치원에서 행복했던 순간이 있었냐고 물었을 때, 엘함은 재빨리 대답했다. "유치원에서 행복했던 순간은 없었어요. 저는 항상 슬펐어요."

10장에서 비라가 얀과 함께 보여 준 것처럼, 내러티브 기술을 읽을 때마다 상실감과 배신감 같은 뚜렷한 슬픔이 느껴진다. 시간이 지남에 따라 우리는 다음과 같은 사실을 인식한다.

이야기가 다시 이야기되고 다시 살아지는 방식을 예측하는 것은 불가능하다. 그러나 우리는 연구자와 참여자로서의 경험 모두에서 "우리 경험의 지속적인 흐름에"(Rosiek, 2013:697) 영향이 있을 것이라는 점을 알고 있다. 내러티브 탐구자로서 우리는 '세계는 우발적이고 지속적으로 변

> 화하며 결코 제자리에 고정되어 있지 않기 때문에 개선이 결코 영구적이거나 확실하지 않다'는 듀이의 실용주의적 주장을 염두에 둔다(McKenna & Pratt, 2015).
>
> Caine et al., 2018:13

히로코가 엘함과 마리아를 만나면서, 그리고 우리가 참여자들의 경험 전반에 걸친 공명을 통해 생각하면서(Clandinin, 2013), 우리는 잠시 멈추어 다르게 행동하고 상상하기 위한 인간의 잠재력을 잃지 않는 것이 얼마나 중요한지를 숙고한다. 상상력이라는 아이디어 안에서 우리는 경험을 다시 이야기하기 시작하고, 다르게 상상할 수 있다(Brockmeier, 2009). 이 상상력의 개념 안에는 행위성이 있다.

그러나 더 많은 것이 작용하고 있으며, 그것에 대해 듀이는 다음과 같이 말한다.

> 따라서 실용주의는 역사적 경험주의의 확장으로 나타나지만, 선험적인 현상이 아니라 결과적 현상을, 선례가 아니라 행동의 가능성을 주장한다는 점에서 근본적인 차이점이 있다. 그리고 이러한 관점의 변화는 그 결과에서 거의 혁명적이다. 이미 지나간 사실을 반복하는 데 만족하는 경험주의에는 가능성이 있을 자리가 없다.
>
> Dewey, 1931:32~33

듀이의 사상을 고려한다는 것은 우리가 단순히 경험을 열거하지 않는다는 것, 분석할 수 있는 객관적 단위로서 이야기를 말할 수 없다는 것을 의미한다. 대신 우리는 가능성, 상상력, 궁극적으로는 행위성의 공간을 창조하도록 요청받는다. 루고네스(Lugones, 1987)의 아이디어가 내러티브 탐구자로서 우리에게 가장 도움이 되는 점이 바로 이것이다. 루고네스의 놀이성 개념은 매우 중요하다.

> 우리는 연구자와 연구 참여자들이 다른 이들과의 관계 속에서 자신을 위치 짓도록 허락하는 방식으로 인종적, 사회적, 정치적, 경제적 경계와 사회적 차이에 도전할 필요가 있다. 이러한 방식의 참여는 다양한 방식의 의미 만들기, 기대를 깨는 텍스트의 창조에 대한 개방성을 보여 준다.
>
> Dewart et al., 2019:369

우리는 그 상황 즉시 엘함에게 응답할 방법을 찾아야 한다는 부담을 느꼈지만, 또한 재현의 문제도 함께 생각해야만 한다. 우리가 경험을 재현하는 방식이 성장 역량을 인정하는지, 그 재현의 방식이 응답의 행동으로 이어지는지 확인하는 것이 중요하다.

개인적, 실제적, 사회적 중요성에 주목하기

각 내러티브 탐구 연구는 연구의 개인적, 실제적, 사회적 중요성에 주목해야 한다(Clandinin & Connelly, 2000). 우리는 이 책 전반에 걸쳐 연구의 개인적 중요성에 주의를 기울이는 방식으로 자서전적 탐구에 참여하는 것이 얼마나 중요한지 보여 주었다. 우리가 애덤스의 저서를 자주 인용한다는 점을 고려하며, 로지엑과 프랫의 다음과 같은 지적에 주목한다.

> 애덤스의 사회적 탐구 방법에는 세 가지 특징적인 요소가 있다. 첫째, 사회 개선 과정의 전 단계가 아니라 그 과정의 일부로서 수행되는 탐구에 대한 헌신, 둘째, 탐구에 의해 촉발된 존재론적 전환의 중요한 위치로서 탐구자의 주관성에 대한 개념, 셋째, 자아 개념의 전환과 타인과의 친밀한 관계를 포함해 연구자의 주관성의 전환을 표현하는 내러티브 방식이다.
>
> Rosiek & Pratt, 2013:584

연구의 개인적 중요성을 성찰하면서, 우리는 실제적이고 전문적인 경험뿐 아니라 개인적 경험에 의해 형성된다. 이러한 경험들은 우리 연구의 실제적 중요성을 이해하는 데 도움이 된다. 방법론 노트에서 살펴본 연구에서는 사회적 포용의 실천을 발전시키는 것을 목표로 하는 사회적 돌봄 기관뿐 아니라 학교, 정착 기관 내부 및 이와 관련된 내러티브 줄거리를 배치하는 것이 중요하다.

우리 연구의 사회적 중요성은 종종 사회적 포용, 이주, 행복, 가정, 소속감 등의 개념과 같은 추가적인 이론적 아이디어로 구성된다. 그러나 우리 연구의 사회적 중요성은 사회 정의 어젠다 안에서 구성되며 우리 목표는 개인과 공동체의 안녕을 위한 역량을 구축하는 것임을 이해하는 것도 중요하다 (Caine et al., 2018). 그렇게 할 때 우리는 미래를 예상하며 이해의 틀을 잡는 것을 항상 고려하게 된다(Rosiek, 2013).

그리고 이 방법론 노트에서 책임과 헌신을 고려할 때, 우리가 하는 모든 일이 관계적 윤리에 따라 이루어진다는 (Clandinin et al., 2018) 점을 기억하는 것이 무엇보다 중요하다. 민주주의와 사회 정의에 대한 우리의 이해를 뒷받침하는 것은 우리의 윤리적 이해이며, 가장 중요하게는 우리 삶의 일부가 되어 가는 사람들에 대한 우리의 의무다.

에필로그

이 책의 마지막에 이르러, 우리가 윤곽을 그린 아이디어가 아직 개발 중이며, 그린(Greene, 1995)이 만들어지고 있는 중인 사람들을 언급했듯이 '아직은 아니다'라는 점을 염두에 둔다. 우리는 우리 작업이 완성되었다고 보기보다는, 내러티브 탐구에 대한 우리 아이디어가 내러티브적 사고를 향한 여정 중에 있다고 본다. 우리는 우리가 무엇이며 내러티브 탐구가 무엇인지에 아직 도달하지 않았다.

우리는 이 책에서 개괄적으로 설명한 아이디어들이 우리 내러티브 탐구 작업의 토대가 된다는 것을 안다. 이는 우리에게 친숙한 이론적 아이디어들이며, 책을 쓰면서 책장에서 책을 꺼내 다시 읽고, 가장 좋아하는 구절과 개념들을 표시하는 것은 오랜 친구를 방문하는 느낌이었다. 종이 파일 더미에서 오래된 논문들을 다시 찾고 기억에 남는 논문들을 온라인에서 검색할 때도 비슷한 일이 일어났다. 과거에도 이러한 작업을 자주 했지만, 동시에 그것 모두를 함께 모아 본 적은 없었다. 우리는 이러한 이론적 아이디어를 한데 모으면서 이 책의 목적이 어떻게 다른지 강조했다. 우리가 쓴 다른 책에서, 우리는 방법론으로서 내러티브 탐구를 전면에 내세우거나 연구 참여자들의 경험, 예컨대 졸업 이전 학교를 일찍 그만둔 연구 참여자 등의 경험(Clandinin, Caine & Steeves, 2013)과 공명하는 내러티브 줄거리를 보여 주었다. 이 책에서는 여러 이론가들이 현상으로서의 내러티브 탐구에 대한 우리 이해를 어떻게 형성했는지 명시했다.

이론적 아이디어는 다양하지만 절충적이지 않다. 가장 중요한 초점은 경험으로, 이는 우리의 이해를 복잡하게 하는 데 도움을 주고, 우리가 경험에 대해, 경험을, 경험과 관련해 사고하는 방식에 도전하는 작업에 관심을 기울이게 한 개념이다. 하지만 도입에서도 언급했듯이, 우리는 사람들의 경험에 특정한 아이디어를 적용하지는 않았다. 경험에 특정 개념이나 이론을 적용해 그것이 탐구의 출발점이 되게 함으로써 특권을 부여하는 대신, 우리는 경험에서 출발한다. 이론적 아이디어와 경험의 관계에 대한 다소 거꾸로 된 관점, 즉 경험이 우리를 다양한 이론들로 이끄는 출발점이라는 관점은 경험을 분석하는 렌즈로서 특정 이론이나 개념을 사용하는 보다 일반적인 방식에 대한 일종의 대항 이야기다. 듀이(Dewey, 1938)의 아이디어에 따라, 우리는 이론을 탐구와 경험의 관계에 놓음으로써 이론에 참여하게 된다. 이러한 방식은 이론적 아이디어를 이해하는 것뿐만 아니라, 우리 자신의 삶과 오랜 세월 동안 함께해 온 연구 참여자들의 삶의 관점에서 이론에 도전하고 그러한 관점에서 이론을 이해하는 것이었다. 우리가 누구이고 어떤 사람이 되어 가는지는 우리의 연구를 특징짓는 이론적 아이디어나 우리가 매일 살아가는 삶과 분리될 수 없다.

우리가 이 책을 쓰게 된 계기는 내러티브 탐구자로서 우리 연구의 이론적 근거를 보여 주고자 하는 열망 때문이었다. 이 책을 쓰면서 우리는 우리에게 중요한 연구, 오랜 시간에 걸쳐 우리를 형성한 연구를 읽고 다시 읽고, 그러한 연구에 대해 생각하고 쓰는 것을 얼마나 즐겼는지 기억했다. 우리는 내러티브 탐구의 철학적 기반을 이해하는 데 도움을 주기 위해 이론가들 및 그들의 아이디어와 여러 방식으로 대화에 참여했다. 우리의 바람은 내러티브 탐구에서 경험이 관계적 존재론의 맥락을 벗어나서는 이해될 수 없다는 것을 보여 주는 것이었다.

이 책을 집필하는 동안 우리는 함께 앉아 읽고 이야기를 나누었다. 우리는 또한 해나 아렌트, 실용주의 철학자들, 관계적 윤리에 대해 쓴 저자들의 연구에 초점을 맞춘 다양한 학자 그룹과 함께 세 개의 다른 독서 그룹에 참여했다. 우리가 이 책을 집필하던 2020년에 박사 과정 학생 메리 핑코스키(Mary Pinkoski)는 다음과 같은 메모를 진에게 보냈다.

마일스 호튼(Myles Horton)의 말[비판이론에 관한 논문(Kincheloe, MacLaren, & Stinberg, 2011)에서]을 의역한 것인데, 다음과 같습니다. 마일스 호튼은 "학생들에게 텍스트를 읽는다는 것이 무엇을 의미하는지 증언하기"(Hoton & Freire, 1990) 위해 학생들과 함께 책을 읽는 방식에 대해 말했습니다. 호튼은 계속해서, 좋은 독자가 된다는 것은 독서를 연구의 한 형태로 보는 것이기 때문에 독서는 쉬운 노력이 아니라고 말했습니다. 그는 독서가 무언가를 찾는 방식이 되고, 무엇인가를 찾는 것은 창조와 재창조 행위와 직결되는 기쁨을 가져다준다고 결론지었습니다.

읽고, 다시 읽고, 대화에 참여하는 것은 내러티브 탐구에 대한 이해를 증진하는 중요하고 지속적인 과정이다.

실용주의, 그리고 저항의 전통과 급진적 이론화

프랫(Pratt, 2002)의 저서 『원주민 실용주의: 미국 철학의 뿌리 다시 생각하기(Native pragmatism: Rethinking the roots of american philosophy)』는 우리를 실용주의 내 저항의 전통에 주목하도록 했으며, 우리는 매키나와 프랫(McKenna & Pratt, 2015)의 최근 연구를 접하면서 더 많은 것을 이해하게 되었다. 로지엑(Rosiek, 2013)은 급진적 이론화, 미래 지향적인 이야기와 연결된 정치적 행동 한가운데에 실용주의 전통을 위치 짓는 것이 중요하다고 지적한다. 이러한 미래 지향적 사고는 내러티브 탐구의 발전에 중요한 의미가 있다. 우리는 삶이 항상 만들어지고 있으며 한가운데에서 살아지고 이야기된다는 것을 이해하지만, 로지엑은 "그렇다면 과거나 현재뿐 아니라 경험의 미래 가능성의 생성에도 근거를 두는 탐구 실천은 어떤 모습일까?"(Rosiek, 2013:697)라는 질문을 던짐으로써 이러한 개념에 더 주의를 기울일 것을 요청한다. 내러티브 탐구의 이론적 근거를 보여 줌으로써, 우리는 스스로 미래 지향적인 탐구의 실천에 참여하고 있다고 간주한다.

실용주의, 그리고 저항의 전통과 실용주의의 관계를 이해할 때, 우리는 관계적 방식으로 저항을 이해하고 있음을 가시화할 필요가 있다. 애덤스(Addams, 2012)는 다원주의 감각을 지키기 위해 위계에 저항하고 확실성에 도전할 것을 요청한다. 바로 거기서 저항은 우리가 대화에 참여하고 경험의 다양성을 인정하며 이해하게 한다. 우리는 경험의 일부이며, 삶이 살아지고 상상되는 지속적인 사회적 맥락을 형성한다. 각 내러티브 탐구 연구는 이러한 저항의 전통이 어떻게 실행되는지에 대한 이해를 더욱 구체화한다.

정치적 함의: 페미니스트 실용주의자로 전환하기

듀이(Dewey, 1938)는 우리가 가장 먼저 읽은 실용주의자이자 우리 아이디어를 형성하는 데 처음으로 영향을 준 사람이지만, 우리의 작업을 정치적인 것으로 명명하도록 도움을 준 것은 애덤스(Addams, 2002) 같은 페미니스트 실용주의자들이었다. 애덤스(Addams, 1930)는 헐하우스에서 사람들과 교류하면서 광범위하게 글을 쓰고 철학적 사고에 참여하기도 했다. 애덤스(Addams, 1916)의 초점은 사람들의 사회적 현실을 변화시키는 데 있었다. 애덤스는 사람들의 사회적 현실을 바꾸기 위해 노력하면서, 자신의 철학적 사상을 바꾸기 위해 자신이 겪었거나 알고 있었던 경험에 의존했다. 애덤스(Addams, 2002)에게 페미니즘과 실용주의는 밀접하게 얽혀 있었고, 그는 보편적인 것을 기각하는 대신 일상적 삶에 존재하는 다원성과 억압을 인정하게 되었다. 애덤스는 사람들의 삶의 복잡성을 외면하지 않았다. 애덤스는 우리에게 관계적 윤리(Clandinin et al., 2018), 형평성 및 행동주의에 대해 계속 생각할 것을 요청한다.

우리 연구의 정치적 함의에 대해 생각할 때, 우리는 또한 역사적 사건 및 기억에 관한 우리 연구의 중요성을 깨닫는다.

햄플은 다음과 같은 사실을 상기시킨다.

> 기억 상실의 정치적 함의는 분명하다. 기억의 권위는 자아에 대한 개인적인 확인에 있으며, 따라서 윤리적 발달을 향한 첫걸음이다. 자신의 삶을 쓴다는 것은 두 번 사는 것이며, 두 번째 삶은 영적이고 역사적이다. 왜냐하면, 회고록은 내러티브 형식을 추구하면서 개인의 내면 깊은 곳에 도달하고, 어떤 정치적 분석도 할 수 없는 그 시대의 삶을 파악하기 때문이다.
>
> Hampl, 1999:37

햄플(Hampl, 1999)은 개인과 개인의 윤리적 발달에서 기억 상실의 정치적 함의에 대해 썼지만, 원로 이자벨 쿠트네이는 공동체에서의 정치적 함의를 상기시켜 준다. 햄플은 "기억의 아름다움은 세부적인 것을 표현하고 감각에 경의를 표하는 재능, 삶의 입자를 사랑할 수 있는 능력, 우리 존재의 풍요로움과 특이성에 있다. 기억의 기능은 지극히 개인적인 것으로 경험되지만, 놀랍게도 정치적이다"(Hampl, 1999:33)라고 말한다. 원로 이자벨 쿠트네이는 개인의 삶뿐만 아니라 공동체의 삶에도 관심을 기울인다. 그렇게 함으로써 햄플은 개인과 공동체 모두에게 정치적인 것이 중요하다는 것을 가르쳐 준다. 그의 가르침에서 개인과 공동체는 모두 중요하다. 이것은 "대조적으로, 주로 사회적 단위를 다루며 개인은 그 삶과 행동이 그들이 속한 사회에 중요한 정도로만 다루는"(Carr, 1997:18) 역사와는 다르다.

우리는 연구를 진행하면서 사람들의 삶과 공동체와 관련된 현재의 사회 정치적 어젠다에 질문을 제기한다. 우리는 경험을 계속해서 그 중심에 두는 창의적인 방법, 억압의 개념에 도전하고 그것을 파괴하는 경험에 가까이 머무르는 방법, 미래 지향적인 이야기를 만들어 내는 방법을 고민한다.

시간성, 장소, 그리고 사회적 관계

시간이 '지남에 따라', 그리고 '제시간에'라는 시간성에 대한 아이디어는 새로운 방식으로 우리를 도전한다. 우리는 2020년 코로나19 팬데믹이 우리 삶을 모두 바꿔 놓기 전에 이 책을 쓰기 시작했다. 우리는 아룬다티 로이(Arundati Roy)와 같은 작가들의 글을 읽었다.

> 역사적으로, 팬데믹은 인간에게 과거와의 단절과 새로운 세상의 상상을 강제했다. 이번 사태도 다르지 않다. 코로나19는 한 세계와 다음 세계를 연결하는 관문이자 포털이다. 우리는 편견과 증오, 탐욕, 넘쳐나는 데이터 뱅크와 죽은 아이디어, 죽은 강과 연기 자욱한 하늘의 시체를 끌고 그 문을 걸어서 통과하는 것을 선택할 수도 있다. 아니

> 면 우리는 또 다른 세계를 상상할 준비를 하며 짐이 거의 없이 가볍게 걸어갈 수도 있다. 그리고 그것을 위해 싸울 준비가 되어 있다.
>
> Arundati Roy, 2020:n.p.

로이는 우리를 내러티브 탐구자로서 항상 우리 작업의 일부였던 시간성, 장소, 사회적 관계에 대한 고려, 즉 우리의 이야기를 관문이자 포털로 보는 것에 대한 고려로 되돌아가게 한다. 이는 특정한 때도 다른 때도 아닌, 한 장소나 사회적 관계도 다른 장소나 또 다른 사회적 관계도 아닌, 한가운데에 있는 시간성에 대한 고려다. 로이는 우리에게 다른 사람이 되기를 강제하는 시대에서 우리가 다시 상상하고 다른 것이 될 수 있음을 상기시킨다. 재앙과 심각한 혼란이 이어지는 시대는 현실과 상상 모두의 가능성이 있는 시대다.

참고문헌

Addams, J. (2002). *Democracy and social ethics. Introduction by C.H. Seigfried. 1902*. Urbana, IL: University of Illinois Press.

Addams, J. (1930). *Twenty years at Hull House*. New York: Macmillan.

Addams, J. (1916). *The long road of woman's memory*. Urbana, IL: University of Illinois Press.

Ahmed, S. (2010). *The promise of happiness*. Durham: Duke University Press.

Ahmed, S. (1999). Home and away: Narratives of migration and estrangement. *International Journal of Cultural Studies*, 2(3), 329-47.

Ahmed, S., & Stacey, J. (2001). *Thinking through the skin*. London: Routledge.

Andrews, M. (2010). Beyond narrative: The shape of traumatic testimony. In M. Hyvaerinen, L. Hyden, M. Saarenheimo, & M. Tamboukou (Eds.), *Beyond narrative coherence* (pp. 147-66). Amsterdam: John Benjamins.

Anzalúda, G. (1987). *Borderlands/La Frontera: The new mestiza*. San Francisco: Aunt Lute Books.

Arendt, H. (1996). *Love and Saint Augustine.* In J. Vecharelli Scott & J. Chelius Stark (Eds.), Chicago: The University of Chicago Press.

Arendt, H. (1958). *The human condition.* Chicago: The University of Chicago Press.

Ayers, W. (1995). Social imagination: A conversation with Maxine Greene. *International Journal of Qualitative Studies in Education*, 8(4), 319-28. https://doi.org/10.1080/0951839950080401

Baldwin, S. S. (1999). *What the body remembers.* Toronto: Vintage Canada.

Basso, K. (1996). *Wisdom sits in places: Landscape and language among the western Apache.* Albuquerque, New Mexico: University of New Mexico Press.

Bateson, M. C. (2000). *Full circles, overlapping lives: Culture and generation in transition.* New York: Random House.

Bateson, M. C. (1997). Foreword. In A. Neumann & P. L. Peterson (Eds.), *Learning from our lives: Women, research, and autobiography in education* (pp. vii-viii). New York: Teachers College Press.

Bateson, M. C. (1994). *Peripheral vision: Learning along the way.* New York: Harper Collins.

Bateson, M. C. (1989). *Composing a life.* New York: Grove Press.

Beckett, S. (1953). *Waiting for Godot.* London: Faber & Faber.

Bhabha, H. K. (1994). *The location of culture.* London: Routledge.

Blaise, C. (1993). *I had a father: A postmodern autobiography.* Toronto: Harper Collins.

Blix, B., Caine, V., Clandinin, D.J. & Berendonk, C. (2021). Considering silences in narrative inquiry: An intergenerational story of a Sami family. *Journal of Contemporary Inquiry, 50*, 4, pp. 580-594.

Brockmeier, J. (2009). Stories to remember: Narrative and the time of memory. *Storyworld: A Journal of Narrative Study*, 1, 115-32.

Buber, M. (1971). *I and thou.* New York: Charles Scribner's Sons.

Bruner, J. (1962/1979). *On knowing: Essays for the left hand.* Cambridge, MA: Belknap Press. (Original work published in 1962)

Bruner, J. (2004). Life as narrative. *Social Research,* 71, 691-710.

Bruner, J. (2002). *Making stories: Law, literature, life.* Cambridge, MA: Harvard University Press.

Bruner, J. (1985). Narrative and paradigmatic modes of thought. In E. Eisner (Ed.), *Learning and teaching the ways of knowing* (pp. 97-115). Chicago, IL: National Society for the Study of Education.

Caine, V. (2010). Narrative beginnings: Travelling to and within unfamiliar landscapes. *Qualitative Health Research*, 20(9), 1304-11.

Caine, V. (2007). *Dwelling with/in stories: Ongoing conversations about narrative inquiry, including visual narrative inquiry, imagination, and relational ethics.* Unpublished doctoral dissertation,

University of Alberta, Edmonton, Alberta, Canada.

Caine, V. (2002). *Storied moments: A visual narrative inquiry of Aboriginal women living with HIV*. Unpublished master's thesis, University of Alberta, Edmonton, Alberta, Canada.

Caine, V., Clandinin, D.J., & Lessard, S. (2020). Considering response communities: Spaces of appearance in narrative inquiry. *Qualitative Inquiry,* 27(6), 661-6.

Caine, V., & Estefan, A. (2011). The experience of waiting: Inquiry into the long-term relational responsibilities in narrative inquiry. *Qualitative Inquiry*, 17(10) 965-71. https://doi.org/10.1177/1077800411425152

Caine, V. & Steeves, P. (2009). Imagining and playfulness in narrative inquiry. *International Journal of Education and the Arts,* 10(25), 1-14.

Caine, V., Steeves, P, Clandinin, D. J., Estefan, A., Huber, J., & Murphy, S. (2018). Social justice practice: A narrative inquiry perspective. *Journal of Education, Citizenship, and Social Justice*, 13(2),133-143. https://doi.org/10.1177/1746197917710235

Carr, D. (1997). Narrative and the real world: An argument for continuity. In L. Hinchman and S. K. Hinchman (Ed.), *Memory, identity, community: The idea of narrative in the human sciences* (pp. 7-25). Albany: State University of New York Press.

Carr, D. (1986). *Time, narrative, and history*. Bloomington, IN: Indiana University Press.

Cisneros, S. (1989). *The house on Mango Street.* New York: Vintage.

Clandinin, D. J. (2013). *Engaging in narrative inquiry.* Walnut Creek, CA: Left Coast Press.

Clandinin, D. J. (1989). Developing rhythm in teaching: The narrative study of a beginning teacher's personal practical knowledge of classrooms. *Curriculum Inquiry,* 19(2), 121-41.

Clandinin, D. J. (1985). Personal practical knowledge: A study of teachers' classroom images. *Curriculum Inquiry,* 15(4), 361-85.

Clandinin, D., & Caine, V. (2008). Narrative inquiry. In Lisa M. Given (Ed.), *The Sage Encyclopedia of qualitative research methods* (pp. 542-545). Thousand Oaks, CA: Sage.

Clandinin, D. J., Caine, V., & Lessard, S. (2018). *Relational ethics in narrative inquiry.* London: Routledge.

Clandinin, D. J., & Connelly, F. M. (2000). *Narrative inquiry: Experience and story in qualitative research.* San Francisco: Jossey-Bass.

Clandinin, D. J. & Connelly, F. M. (1995). *Teachers' professional knowledge landscapes.* New York: Teachers College Press.

Clandinin, D. J., & Connelly, F. M. (1994). Personal experience methods. In N. K.Denzin and Y. S. Lincoln (Eds.), *Handbook of qualitative research* (pp. 413-427). Thousand Oaks, CA: Sage.

Clandinin, D. J., Huber, J., Huber, M., Murphy, M. S., Murray Orr, A., Pearce, M., & Steeves, P. (2006). *Composing diverse identities.* New York: Routledge.

Clandinin, D. J., & Rosiek, J. (2007). Mapping a landscape of narrative inquiry: Borderland spaces and tensions. In D. J. Clandinin (Ed.), *Handbook of narrative inquiry: Mapping a methodology* (pp. 35-75). Thousand Oaks: Sage Publishing.

Clandinin, D. J., Steeves, P., & Caine, V. (Eds.). (2013). *Composing lives in transition: A narrative inquiry into the experiences of early school leavers.* London: Emerald.

Coles, R. (1989). *The call of stories: Teaching and the moral imagination.* New York: Houghton Mifflin.

Connelly, F. M. & Clandinin, D. J. (1999). *Shaping a professional identity: Stories of educational practice.* New York: Teachers College Press.

Connelly, F. M., & Clandinin, D. J. (1998). Asking questions about telling stories. In C. Kridel (Ed.), *Writing educational biography: Explorations in qualitative research* (pp. 245-53). New York: Garland.

Connelly, F. M., & Clandinin, D. J. (1990). Stories of experience and narrative inquiry. *Educational Researcher*, 19(5), 2-14.

Connelly, F. M., & Clandinin, D. J. (1988). *Teachers as curriculum planners: Narratives of experience.* New York: Teachers College Press.

Connelly, F. M., & Clandinin, D. J. (1985). Personal practical knowledge and the modes of knowing: Relevance for teaching and learning. *NSSE Yearbook*, 84(2), 174-98.

Connelly, F. M., Phillion, J., & He, M. F. (2003). An exploration of narrative inquiry into multiculturalism in education:

Reflecting on two decades of research in an inner-city Canadian community school. *Curriculum Inquiry*, 33(4), 363-84.

Craig, C. J. (2005). Historical research and narrative inquiry: Striking similarities, notable differences. *American Educational History Journal*, 32(2), 214-18.

Crites, S. (1986). Storytime: Recollecting the past and projecting the future. In T. Sarbin (Ed.) *Narrative Psychology: The storied nature of human conduct* (pp 152-73). New York: Praeger.

Crites, S. (1979). The narrative quality of experience. In L. Hinchman and S. K. Hinchman (Ed.), *Memory, Identity, Community: The idea of narrative in the Human Sciences* (pp. 26-50). Albany: State University of New York Press.

Crites, S. (1971). The narrative quality of experience. *Journal of the American Academy of Religion*, 39(3), 291-311.

Cruikshank, J. (1990). *Life lived like a story: Life stories of three Yukon native elders*. Lincoln: University of Nebraska Press.

Dewart, G., Kubota, H., Berendonk, C., Clandinin, D.J., & Caine, V. (2019). Lugones' metaphor of 'world travelling' in narrative inquiry. *Qualitative Inquiry*. https://doi.org/10.1177/1077800419838567

Dewey, J. (1981). Experience and nature: A re-introduction. In J. Ratner (Ed.), *John Dewey, the later works* (Vol. 1, pp. 330-61). Carbondale: Southern Illinois University Press.

Dewey, J. (1958). *Experience and nature*. New York: Dover.

Dewey, J. (1938). *Experience and education*. New York: Collier

Books and Macmillan.

Dewey, J. (1934). *Art as experience.* New York: Berkley Publishing Group.

Dewey, J. (1933). Underlying philosophy of education. In J. A. Boydston (Ed.), *John Dewey, the later works* (Vol. 8, pp. 77-103). Carbondale: Southern Illinois University Press

Dewey, J. (1931). The development of American pragmatism. In H. S. Thayer (Ed.), *Pragmatism: The classic writings* (pp. 23-40). In- dianapolis, IN: Hack

Dewey, J. (1916). *Democracy and education: An introduction to the philosophy of education.* New York: The Macmillan Company.

Dewey, J. (1910). *How we think: A restatement of the relation of reflective thinking to the educative process.* Boston, MA: D. C. Heath.

Dillard, A. (1987). *An American childhood.* New York: Harper & Row.

Dillard, A. (1974). *Pilgrim at Tinker Creek.* New York: Harper & Row.

Downey, C. A., & Clandinin, D. J. (2010). Narrative inquiry as reflective practice: Tensions and possibilities. In N. Lyons (Ed.), *Handbook of reflection and reflective inquiry: Mapping a way of knowing for professional reflective practice* (pp. 285-397). Dordrecht, Netherlands: Springer.

Freeman, M. (2010). *Hindsight: The promise and peril of looking backward.* Oxford: Oxford University Press.

Fried, E. (1979). *Liebesgedichte.* Germany: Wagenbach.

Friedman, M. (1993). *Encounter on the narrow ridge: A life of Martin Buber.* New York: Paragon.

Friedman, M. (1989). Friendship and modern friendship: Dislocating the community. *Ethics*, 99(2), 275-90.

Gilligan, C. (1982). *In a different voice: Psychological theory and women's development.* Cambridge, MA: Harvard University Press.

Greene, M. (2007). Imagination and the healing arts. Access 12 December, 2019 at https://maxinegreene.org/uploads/library/imagination_ha.pdf

Greene, M. (2001). *Variations on a blue guitar: The Lincoln Center Institute lectures on aesthetic education.* New York: Teachers College.

Greene, M. (1995). *Releasing the imagination: Essays on education, the arts, and social change.* San Francisco, CA: Jossey-Bass Publishers.

Greene, M. (1994). Carpe Diem: The arts and school restructuring. *Teachers College Record*, 95(4), 494-507.

Gunn Allen, P. (1998). *Off the reservation: Reflections on boundary-busting, border-crossing loose cannons.* Boston, MA: Beacon Press.

Hamington, M. (2004). *Embodied care: Jane Addams, Maurice Merleau-Ponty, and feminist ethics.* Urbana: University of Illinois Press.

Hampl, P. (1999). *Memory and imagination.* New York: Norton & Company.

Heilbrun, C. (1999). *Women's lives. A view from the threshold.*

Toronto: University of Toronto Press.

Heilbrun, C. (1988). *Writing a Woman's Life*. New York: Norton & Company.

Hevern, V. W. (1999). Narrative, believed-in imaginings, and psychology's methods: An interview with Theodore R. Sarbin. *Teaching of Psychology*, 26, 300-4.

Hoffman, E. (1994). Let memory speak. In *New York Times*, Section 7, Page 5.

Johnson, M. (2017). *Embodied mind, meaning, and reason*. Chicago: University of Chicago Press.

Johnson, M. (2007). *The body in the mind: The bodily basis of meaning, imagination and reason*. Chicago: University of Chicago Press.

Kearney, R. (1988). *The wake of imagination*. Minneapolis, MN: University of Minnesota.

Kennedy, M. (2001). *Race matters in the life/work of four, white, female teachers*. Unpublished doctoral dissertation, University of Alberta, Edmonton, Alberta, Canada.

Kerby, A. P. (1991). *Narrative and the self*. Bloomington, IN: Indiana University Press.

Lagemann, E. C. (1989). The plural worlds of educational research. *History of Education Quarterly*, 29(2), 185-214.

Lakoff, G., & Johnson, M. (1980). *Metaphors we live by*. Chicago: University of Chicago Press.

Le Guin, U. (1989). *Dancing at the edge of the world*. New York: Perennial Library.

Lessard, S. (2010). *"Two-stones" stories. Shared teachings through the narrative experiences of early school leavers.* Unpublished master's thesis, University of Alberta, Edmonton, Canada.

Lessard, S. (2014). *Red worn runners: A narrative inquiry into the stories of Aboriginal youth and families in urban settings.* Unpublished doctoral dissertation, University of Alberta, Edmonton, Alberta, Canada.

Lessard, S., Kootenay, I., Whiskeyjack, F., Chung, S., Clandinin, D.J., & Caine, V. (2020). Working with Indigenous elders in narrative inquiry: Reflections and key considerations. *Qualitative Inquiry*, 27(1), 28-36.

Lindemann Nelson, H. (1995). Resistance and insubordination, *Hypatia*, 10(2), 23-40.

Lorde, A. (1984). *Sister outsider: Essays and speeches.* Berkeley: Crossing Press.

Lugones, M. (2003). *Pilgrimages/Peregrinajes: Theorizing coalitions against multiple oppressions.* Lanham, MD: Rowman & Littlefield.

Lugones, M. (1987). Playfulness, 'world'-travelling, and loving perception. *Hypatia*, 2(2), 3-19. https://doi.org/10.1111/j.1527-2001.1987.tb01062.x

MacIntyre, A. (1981). *After virtue.* Notre Dame: University of Notre Dame.

Marmon Silko, L. (1997). *Yellow woman and a beauty of the spirit: Essays on Native American life today.* New York: Simon & Schuster.

Marmon Silko, L. (1991). *Almanac of the dead.* New York: Penguin.

Marmon Silko, L. (1977). *Ceremony.* New York: Viking.

Maxwell, R. (2001). *Culture works: The political economy of culture.* Minneapolis: University of Minnesota Press.

McKenna, E., & Pratt, S. (2015). *American philosophy from Wounded Knee to the present.* London: Bloomsbury.

Merleau-Ponty, M. (1968). *The visible and the invisible.* Chicago: Northwestern University Press.

Mickelson, J. R. (2015). *Facing the shards.* Bell Canyon, CA: FYD Media.

Min Ha, T. (1989). *Woman, native, other: Writing postcoloniality and feminism.* Bloomington, IN: Indiana University Press.

Mott, R. (2006). Digitizing Leslie Silko's Laguna landscape. *Image & Narrative,* 14.

Neumann, A. (1997). Ways without words: Learning from silence and story in post-Holocaust lives. In A. Neumann & P. L. Peterson (Eds.), *Learning from our lives: Women, research, and autobiography in education* (pp. 91-120). New York: Teachers College Press.

Neumann, A., & Peterson, P. L. (1997). *Learning from our lives: Women, research, and autobiography in education.* New York: Teachers College Press.

Noddings, N. (1983). *Caring: A feminist approach to ethics and moral education.* Berkeley: University of California Press.

Oakley, A. (1992). *Taking it like a woman.* New York: Flamingo.

Okri, B. (1997). *A way of being free*. London: Phoenix.

Oxford Lexico. (n.d.) Wonder. *Oxford English dictionary*. Accessed 5 January, 2020 https://www.lexico.com/definition/wonder

Ozik, C. (1989). *Metaphor & memory. Essays*. New York: Vintage.

Paley, V. (2010). *The boy on the beach: Building community through play*. Chicago: University of Chicago Press.

Paley, V. (1993). *You can't say you can't play*. Cambridge, MA: Harvard University Press.

Paley, V. (1990). *The boy who would be a helicopter*. Cambridge, MA: Harvard University Press.

Paley, V. (1986). *Mollie is three: Growing up in school*. Chicago: University of Chicago Press.

Paley, V. (1984). *Boys and girls: Superheroes in the doll corner*. Chicago: University of Chicago Press.

Pinar, W. (Ed.). (1998). *The passionate mind of Maxine Greene: "I am —not yet"*. Bristol, PA: Farmer Press.

Polanyi, M. (1958). *Personal knowledge: Towards a post-critical philosophy*. Chicago: University of Chicago Press.

Polkinghorne, D. (1988). *Narrative knowing and the human sciences*. New York: SUNY Press.

Pratt, S. (2002). *Native pragmatism: Rethinking the roots of American philosophy*. Bloomington, IL: Indiana University Press.

Ricoeur, P. (1992). *Oneself as another*. Chicago: The University of Chicago Press.

Roger, C., & Buber, M. (1960). Dialogue between Martin Buber and Carl Rogers. *Psychologia,* 3(4), 208-21.

Rosiek, J. (2018). Afterword. In Clandinin, D. J., Caine, V., & Lessard, S. *Relational ethics in narrative inquiry* (pp. 204-9). London: Routledge.

Rosiek, J. (2013). Pragmatism and post-qualitative futures. *International Journal of Qualitative Studies in Education*, 26(6), 692-705.

Rosiek, J. & Pratt, S. (2013). Jane Addams as a resource for developing a reflexively realist social science practice. *Qualitative Inquiry*, 19(8), 578-88.

Roy, A. (2020). The pandemic is a portal. *Financial Times.*

Rubin, C. (1986). *Autobiographical memory*. New York: Cambridge University Press.

Sandel, M. (1982). *Liberalism and the limits of justice.* Cambridge: Cambridge University Press.

Sarbin, T. (2004). The role of imagination in narrative construction. In Daiute, C., & Lightfoot, C. (Eds.), *Narrative analysis: Studying the development of individuals in society* (pp. 5-20). Thousand Oaks, CA: Sage Publications.

Sarbin, T. (2001). Embodiment and the narrative structure of emotional life. *Narrative Inquiry*, 11(1), 217-25.

Sarbin, T. (1998). Believed-in imaginings. In DeRivera, J., & Sarbin, T. (Eds.), *Believed-in imaginings: The narrative construction of reality*, (pp. 15-30). Washington, DC: American Psychological Association.

Sarton, M. (1980). *Recovering: A journal.* New York: Norton & Company.

Sarton, M. (1987). *At seventy.* New York: Norton & Company.

Sartre, J. P. (1964a). *Nausea*, trans. Lloyd Alexander (New York: New Directions, 1964). First published in French in 1938.

Sartre, J. P. (1964b). *The words.* New York: Braziller.

Schachter, D. L. (1996). *Searching for memory. The brain, the mind, and the past.* New York: Basic Books.

Schön, D. (1983). *The reflective practitioner: How professionals think in action.* New York: Basic Books.

Seigfried, H. (1996). *Pragmatism and feminism: Reweaving the social fabric.* Chicago: University of Chicago Press.

Smith, J. A. (2008). *Qualitative psychology. A practical guide to research questions.* (2nd ed.). Los Angeles: Sage.

Spence, D. (1982). *Narrative truth and historical truth: Meaning and truth in psychoanalysis.* New York: Norton & Company.

Stone, E. (1989). *Black sheep and kissing cousins: How our family stories shape us.* New York: Penguin Books.

Swanson, C. (2019). *A narrative inquiry alongside the familial curriculum making experiences of urban Indigenous children and Families.* Unpublished doctoral dissertation, University of Alberta, Edmonton, Alberta, Canada.

Talpade Mohanty, C. (1993). The epistemic status of cultural identity: On 'beloved' and the postcolonial condition. *Cultural Critique*, 24, 41-80.

Tompkins, J. (1997). *A life in school. What the teacher learned.* New York: Basic Books.

Torgovnick, M. (1994). *Crossing ocean parkway*. Chicago: University of Chicago Press.

Van Gennep, A. (1960). *The rites ofpassage*. London: Routledge.

Van Wyck, P. (2008). An emphatic geography: Notes on the ethical itinerary of landscape. *Canadian Journal of Communication*, 33(2), 171-91.

Veck, V., & Gunter, H. M. (Ed.). (2020). *Hannah Arendt on educational thinking and practice in dark times. Education for a world in crisis*. London: Bloomsbury.

White, H. (1984). The question of narrative in contemporary historical theory. *History and theory*, 23(1), 1-33.

White, H. (1980). The Value of Narrativity in the Representation of Reality. *Critical Inquiry*, 7, 5-27.

White, H. (1978). *Topics of discourse: Essays in cultural criticism.* Baltimore and London: John Hopkins University Press.

Woolf, V. (1977). *A room of one's own*. London: Grafton Press.

Wright, A. (Ed.). (1986). *The delicacy and strength of lace: Letters between Leslie Marmon Silko and James Wright*. Saint Paul, MN: Graywolf.

Young, M. (2005). *Pimatisiwin: Walking in a good way - A narrative inquiry into language and identity*. Winnipeg, MB: Pemmican Publications.

역자 참고 문헌

Arendt, H. (1958). *The human condition*. Chicago: The University of Chicago Press. 이진우·태정호 옮김(2009). 『인간의 조건』. 한길사.

Clandinin, D. J. (2013). *Engaging in narrative inquiry*. Walnut Creek, CA: Left Coast Press. 염지숙·강현석·박세원·조덕주·조인숙 옮김(2015). 『내러티브 탐구의 이해와 실천』. 교육과학사.

Clandinin, D. J., Caine, V., Lessard, S., & Huber, J. (2016). *Engaging in narraive inquires with children and youth*. New York: NY, Routledge.

Clandinin, D. J. & Connelly, F. M. (1995). *Teachers' professional knowledge landscapes*. New York: Teachers College Press.

Clandinin, D. J., & Connelly, F. M. (2000). *Narrative inquiry: Experience and story in qualitative research*. San Francisco: Jossey-Bass. 소경희·강현석·조덕주·박민정 옮김(2007). 『내러티브 탐구: 교육에서의 질적 연구의 경험과 사례』. 교육과학사.

Connelly, F. M., & Clandinin, D. J. (Eds.) (1999). *Shaping a professional identity*. New York, NY: Teachers College Press.

Turner, V. (1970). *The forest of symbols*. Cornell University Press.

장용규 옮김(2020). 『상징의 숲 1』.지식을만드는지식.

van Gennep, A. (1981). *Les rites de passage.* Mouton Publishers. 김성민 옮김(2022). 『통과의례』. 달을 긷는 우물.

찾아보기

ㅁ

ㅂ

ㅅ

ㅇ

ㅊ

ㅋ

ㅌ

ㅍ

ㅎ

지은이

비라 케인(Vera Caine)

캐나다 앨버타대학교 간호대학 교수다.

진 클랜디닌(D. Jean Clandinin)

캐나다 앨버타대학교 명예교수이자 교사교육개발연구센터 초대 디렉터다.

숀 레서드(Sean Lessard)

캐나다 앨버타대학교 사범대학 중등교육 전공 부교수다.

옮긴이

염지숙

건국대학교 유아교육과 교수다. 캐나다 앨버타대학교에서 유아교육전공으로 박사학위를 받고, 교사교육개발연구센터에서 박사후 과정을 마쳤다. 연구 방법론으서 내러티브 탐구를 국내에 처음으로 소개하고, 내러티브 탐구 관련 역서와 논문을 다수 출판했다. 대표 저역서로 『질적연구: 전통별 접근』(공저, 2022), 『이야기의 사회과학: 생애사와 내러티브 연구』(공저, 2023), 『내러티브 탐구의 이해와 실천』(공역, 2015), 『내러티브 탐구를 위한 연구 방법론』(공역, 2011)이 있으며, 주요 논문으로는 "〈내러티브 탐구: 그 철학적 뿌리〉 번역 경험으로부터 배우기"(공저, 2024), "극소규모 학교에서 삶으로서의 교육과정 만들어가기"(2022), "내러티브 탐구 연구방법론에서 관계적 윤리의 실천에 대한 소고"(2020) 등이 있다.

김아람

숙명여자대학교 글로벌거버넌스연구소 연구교수다. 연세대학교 교육학과에서 박사학위를 받았다. 주요 논문으로 "〈내러티브 탐구: 그 철학적 뿌리〉 번역 경험으로부터 배우기"(공저, 2024), "관계적 내러티브 탐구자-되기: 내러티브 탐구 과정에서의 긴장과 협상을 중심으로"(2021), "삶으로서의 교육과정-되기: 세 청년의 대학경험에 대한 내러티브 탐구"(2021) 등이 있다.